W0372103

Dungl^s

Vollwert-Backbuch

Willi Dungl / Hans Gradwohl

Dungl[s]
Vollwert-Backbuch

Brot und Mehlspeisen von echtem Schrot und Korn

Orac Wien · München · Zürich

Dieses Buch entstand unter Mitarbeit von Leo Mazakarini.

Die Zeichnungen in diesem Buch stammen von Hermann Franz.

ISBN 3-7015-0253-6
Copyright © 1994 by Verlag Orac
im Verlag Kremayr & Scheriau, Wien
Alle Rechte vorbehalten
Schutzumschlag: Bronislaw Zelek
Graphische Gestaltung: Gottfried Moritz
Technik: Imprima W. Menches
Satz: Bernhard Computertext KG, Wien
Druck und Bindung: Wiener Verlag, Himberg bei Wien

Inhaltsverzeichnis

Erklärung einiger Fachausdrücke

Aufdressieren = aufspritzen. Mittels Dressiersack Formen auf Backblech geben.
Bohrung = Struktur der Krume
Garnieren = Verzieren eines Kuchens oder einer Torte
Handwickeln = Salzstangen oder Hörnchen (Kipferl) zusammenrollen
Kneten, durchkneten = gründliches Durchmischen des Teiges
Masse ausschlagen = mittels Rührbesen eine Masse so lange rühren, bis sie schaumig wird und ein großes Volumen erreicht
Rundwirken = das Formen des Teigstückes
Wirken der Kaisersemmel = durch Einschlagen der Teigstücke den charakteristischen Stern der Semmel erzielen

Brot...

... ist ein ganz besonderes Lebensmittel. Mehr noch: es steht symbolisch für alles, was wir für unser körperliches Überleben brauchen. Und es ist ein über die Zeiten weisendes religiöses Sinnbild.
Es hat schon was für sich, wenn man ab und zu einmal Brot selbst backen will. Dafür gibt es tausend Gründe, die alle hier zu erwähnen zu weit führen würde: praktische, ethische, geschmackliche, gesundheitliche.
Wir empfehlen jedenfalls unseren Freunden, zumindest manchmal ihr eigenes Brot selbst zu backen,

- weil Brot aus dem eigenen Ofen besser schmeckt,
- weil Brotbacken eine kreative und daher sinnvolle Freizeitbeschäftigung ist, an der die ganze Familie teilnimmt,
- weil man beim Brotbacken die bereits verlorene und unmittelbare Beziehung zum Brot wiederfindet,
- weil Brotbacken wahrhaft Freude macht. Und weil man mit „Selbstgebackenem" vielen Freunden Freude machen kann;
- weil Brotbacken einen großen selbsterzieherischen Wert hat;
- weil wir mit Vollkornbrot (und nur solches wollen wir backen) unsere Gesundheit versöhnen können;
- weil... ja, wie gesagt, weil es tausend Gründe dafür gibt, sein Brot selbst zu backen.
  Wenn auch der wahrscheinlich überzeugendste jener sein wird, daß Brot, Gebäck und Mehlspeisen, aus Vollkornmehl zubereitet, unsere Geschmackssinne überzeugen und betören.

So gesehen, ist Vollkornbrot eine wahrhafte Quelle der Lebensfreudigkeit. Und die brauchten wir alle miteinander — heute mehr als je zuvor.
Zugegeben, man halst sich damit „Arbeit" auf. Und mancher mag sich fragen: „Warum soll ich mir das antun, wenn es Vollkornbrot bei jedem Bäcker gibt und ich sowieso keine Minute Zeit habe?"
Es hat schon seine Richtigkeit, was da eingewendet wird. Auf dem Brotmarkt gibt es zwischen hundert und zweihundert Brotsorten: da sind sicherlich viele dabei, die auch strengen Vollwert-Kriterien entsprechen. Warum also selbst backen? Und warum dafür Zeit aufwenden? Da wär's ganz gut, zu überprüfen, wie lange man täglich vor dem Fernsehapparat sitzt. Und sich an jene Zeiten zu erinnern, als man noch keine Bildröhre im Wohnzimmer glotzen hatte: wie vielen Hobbys konnte man damals noch frönen? Wieviel hat man beim Basteln diskutiert? Und wieviel Zeit ist dennoch „frei" gewesen?! Sie könnten sich an sich selbst ein Beispiel nehmen: an dem, der Sie damals waren. Und sich selbst an den Ohren ziehen.

Backen wir unser eigenes Brot, unser eigenes Gebäck,
- so wissen wir präzise, welche Zutaten wir in welchem Frischezustand verwendet haben,
- und wir sind sicher, daß die Chemie draußen geblieben ist.

Ferner gibt's halt wirklich nichts Schöneres als jene befriedigende Arbeit, von der erfüllt man vor seinem eigenen gelungenen Vollwertbrot steht.

Und die ganze Wohnung ist voll des köstlichsten Brotduftes...

Man hört oft einen weitverbreiteten Einwand gegen den Umgang mit Sauerteig: dieser wäre sehr kompliziert „anzumachen". Diesbezüglich können wir Sie wirklich beruhigen: wenn Sie sich, und das ist kein leeres Versprechen, an unsere oft erprobten Rezepte halten, kann nichts schief gehen.

Es gilt, wie oft im Leben, auch hier, daß nur jener gewinnt, der erst gewagt hat. Unsere Gegenwart ist durch das Wort vom „Mangel im Überfluß" charakterisiert. Obwohl wir alle satt, ja sogar oft genug übersatt sind, breiteten sich im Laufe der vergangenen Jahre in zunehmendem Maße Mangelerscheinungen aus: an Vitamin B1, B2, B3, Müdigkeit, die Neigung zu Fettleibigkeit, Stimmungsschwankungen. Vitamin- und Mineralstoffmangel. Mangel an Ballaststoffen, die die Funktion einer Magen-Darm-Polizei und zugleich einer Magen-Darm-Reinigungsmannschaft erfüllen.

Wir würden uns freuen, wenn dieses Buch eine neue Dimension in Ihre Freizeit brächte, vor allem aber eine neue Dimension in Ihr Gesundheitsverständnis.

Wir sollten die üblen Ernährungsgewohnheiten, die uns während der letzten Jahrzehnte vielfach von außen her diktiert worden sind, vergessen, sollten uns — wie in allen anderen Bereichen auch — wieder unserer Allmutter Natur erinnern.

Wir haben den einzelnen Rezepten Kalorien- beziehungsweise Joule-Angaben beigefügt, obwohl es in diesem Zusammenhang eigentlich nicht um konsumierte Energiemengen geht, sondern um die biologische Vollwertigkeit der verwendeten Nährstoffe sowie um deren richtigen Einsatz. Dennoch ist es gut, wenn man über die dem eigenen Körper zugeführten Energiemengen informiert ist.

Wir haben im Umgang mit Vollwertkost eine vieljährige berufliche Erfahrung und haben diese voll in das vorliegende Buch gesteckt. Daher werden Sie auch eine Menge von Rezepten finden, die zu den Betriebsgeheimnissen der Biobäckerei Hans Gradwohl zählen. Wir geben Ihnen unsere reiche Erfahrung und unsere Rezepte gerne weiter. Nicht zuletzt deshalb, weil es auch uns Freude macht, Freunden Freude zu machen.

Willi Dungl — Hans Gradwohl

Der Stellenwert des Brotes in unserer Ernährung

Symbolisch ist Brot der Mittelpunkt unserer Ernährung. „Unser täglich Brot gib uns heute..." beten Christen zu ihrem Gott, und „wer nie sein Brot in Tränen aß..." heißt es bei Goethe. Brot gehört — geht man auf seinen Hauptbestandteil Korn zurück — zu den ältesten Nahrungsmitteln der Menschheit.
Selbstverständlich ist es richtig, daß „der Mensch nicht vom Brot allein" lebt; dazu braucht er viel mehr, braucht differenzierte Eiweiße und Fette, Vitamine und Spurenelemente auch aus anderen Produkten dieser Erde. Aber: ein Leben ohne Brot ist nicht vorstellbar und wahrscheinlich auch nicht möglich — zumindest nicht in unseren Breiten.
Wir werden, nachdem wir uns in diesem Buch ausführlich mit vielen Aspekten des Themas Vollwert-Gebäck (vor allem natürlich auch mit Brot- und Gebäcksrezepten) beschäftigt haben, erkennen, daß die Vitalstoffe des Brotgetreides entscheidend dazu beitragen können, ob wir uns wohlfühlen oder nicht, ob wir gesund bleiben oder nicht, ob wir leistungsfähig sind oder nicht.
Es wird hierzulande — in der Bundesrepublik, in Österreich, in der Schweiz — relativ viel Brot und Gebäck gegessen: rund siebzig Kilogramm jährlich pro Mann, Frau und Nase. Das ist zwar weniger als vor rund dreißig Jahren (damals rund 110 Kilogramm), aber immerhin noch beachtlich. Und ein Beweis auch für den Wahrheitsgehalt der Zahlen, die der weltberühmte Marketing-Philosoph Ernest Dichter ermittelt hat: danach gilt Brot bei 81 Prozent aller Verbraucher als das wichtigste Nahrungsmittel. Und jetzt holt es sogar — nach dem Tief zur Zeit des „Wirtschaftswunders", Anfang der sechziger Jahre — wieder an Terrain auf. Brot ist populär. Das beweisen nicht zuletzt die weit über hundert auf unseren Märkten und in unseren Bäckerläden angebotenen Brotsorten. Ein durchaus sympathischer Zustand, wenn er nicht auch dazu beitragen würde, daß ob dieser Fülle eine fast heillose Verwirrung eingesetzt hat... Denn keineswegs alles, was sich heute als *vollwertig* oder mit dem Beiwort *Vollkorn* — geschweige denn mit *„bio"* — verkauft, entspricht auch nur annährend dieser Aussage. Was *wir* unter den Begriffen *Vollwert* und *Vollkorn* verstehen, geht aus den folgenden Ausführungen eindeutig hervor.
Bevor wir ins Detail gehen, einige zur Nachdenklichkeit stimmende Feststellungen. Getreidearten wachsen weltweit. Und es gibt keinen Monat des Jahres, in dem nicht irgendwo auf unserem Planeten Getreide geerntet wird: Während wir im Januar die Eisblumen an unseren Fensterscheiben betrachten können, bringt man in Australien und in Chile das reife Getreide ein. Und wenn in Indien der Weizen gedroschen wird, verteilt hierzulande der Osterhase buntbemalte Eier. Die Türken, die Mittelamerikaner und die Vorderasiaten ernten ihr Getreide, wenn unsereins in den April

geschickt wird. Und während wir „Stille Nacht, Heilige Nacht" singen, könnte im Süden Afrikas ein Erntedankfest stattfinden...

Wir haben Getreide genug auf der Welt. Im Angesicht Tausender verhungernder Kinder liest es sich zu Recht beschämend, daß die Getreideernte der Erde ausreichte, um jeden einzelnen Menschen dieser Welt täglich mit 2000 Kalorien zu versorgen. Es hapert an der Verteilung dieses möglichen Überlebensgutes, aber nicht nur daran...

Bis zum Beginn der industriellen Revolution, ja sogar nachher noch, war das kein Thema, ob man vollwertig aß oder nicht. Denn man kannte kein anderes als das Vollkornbrot.

Nun stellt sich die Frage: Was ist das überhaupt — Vollkornbrot? Die Antwort ist leicht: *Vollkornbrot* auf Vollwertbasis *wird aus Vollwertmehl gebacken, das ausschließlich aus dem ganzen, frisch gemahlenen Korn hergestellt wurde* — und zwar mit Natursauerteig, ohne chemische Konservierungsmittel oder andere Zusatzstoffe. Durch die lange Natursauerteigführung werden die lebensnotwendigen Stoffe besser aufgeschlossen. Dabei ist es völlig egal, aus welchem Korn dieses Mehl hergestellt wurde: aus Roggen, Weizen, Hafer oder Gerste.

Viele Leute meinen, von der Werbung irritiert oder aus einem Vorurteil heraus: Schwarzbrot sei jedenfalls Vollkornbrot. Das ist meist falsch. Schwarzbrot ist ganz gewöhnliches, aus Auszugsmehlen hergestelltes Roggenbrot. Ebenso verhält es sich mit dem in der BRD so bezeichneten Graubrot, das aus grauem (Auszugs-) Mehl hergestellt wird. Graumehl ist vermahlener Roggen, Weißmehl vermahlener Weizen. Es ist übrigens üblich, daß den auf dem Markt angebotenen „biologischen Vollkornbroten" oft eine entsprechende Menge Auszugsmehl beigefügt wird. Und es ist überflüssig, zu sagen, daß man dadurch den Wert dieses Produktes herabsetzt.

Wie nun ist es zu dieser Entwicklung hin zum „Auszugsmehl" gekommen? So gesund Vollkornmehl auch ist, es hat einen entscheidenden Nachteil: es ist nicht wochenlang lagerbar. Das spielte keine Rolle, so lange man jene Menge, die in einer kleinen, regionalen Mühle gemahlen wurde, auch kurzfristig verwendete. Dieser Zustand ließ sich nicht mehr aufrechterhalten, als die Versorgung großer Ballungszentren komplizierter wurde, vor allem aber, als man zu Beginn des Industriezeitalters gewaltige Mahlmaschinen erfand und die entsprechenden Energiemengen bereit hatte, um diese auch zu betreiben. Die großen nun erzeugten Mehlquantitäten konnten nicht mehr kurzfristig verbacken werden, sie mußten über längere Zeiträume hinweg aufbewahrt werden können. Daher war es notwendig, nach Wegen und Möglichkeiten zu suchen, es lange in brauchbarem, verkaufsfähigem Zustand zu erhalten.

Erst hatte man — dieser Forderung folgend — festzustellen, warum das Mehl nach wenigen Wochen Lagerzeit ranzig wurde. Und weiters, wie zu verhindern wäre, daß sich im gelagerten Mehl Würmer und andere Insekten entwickelten. Die Fachleute fanden die Gründe des „Übels" sehr bald heraus: der Feind der Lagerung saß im Keim! Die in ihm enthaltenen ätherischen Öle oxydierten, veränderten sich also chemisch, und machten das Mehl ungenießbar. Was tun? Die Struktur dieses Keims kam den Wünschen der Frühindustriellen sehr entgegen: Wenn man ihn zu entfernen wünschte, brauchte man nur mittels entsprechenden Siebs die nach dem Mahlen größer gebliebenen Stückchen zurückhalten. Was durch die engen Maschen fiel, war das „Auszugsprodukt" Mehl. Ein weiterer Vorteil war damit verbunden:

auch die Schalen des Getreidekorns konnten solcherart leicht entfernt werden... Was man nicht wußte, nicht bedacht hatte, war: man hatte mit dieser Aktion dem Getreidekorn gleichsam das Herz herausgerissen, hatte ein totes Produkt und damit die Basis zur Verbreitung unzähliger Zivilisationskrankheiten geschaffen.
Es muß als selbstverständlich gelten, daß damals nicht ein paar perverse Industrielle nur um des eigenen Profites willen den Massen der Hungernden Schaden zufügen wollten. So naiv darf man die Lage nicht sehen. Man muß sich nur ins Gedächtnis rufen, daß es damals die Ernährungslehre praktisch nicht gab. Eben erst hatte man entdeckt, daß eine bestimmte Energiemenge notwendig ist, um den Körper am Leben zu halten, und hatte die Einheit „Kalorie“ geschaffen. Kalorien aber wurden dem Körper auch mittels des Auszugsprodukts zugeführt. Und was Vitamine, Spurenelemente und Mineralien für unsere Physis bedeuten, das hat der Mensch erst viel später erkannt. Über die Wichtigkeit der — bei dieser Art der Mehlherstellung eliminierten — Ballaststoffe (die ja keinerlei Energiefunktion zu erfüllen haben) wurde man sich erst in unseren Tagen klar. Also verfütterte man jahrzehntelang die wertvollen Anteile des Korns, die Vitalstoffanteile, aber auch die Ballaststoffe, ans Vieh, und überlebte mit dem toten Rest.
Daß man damals einen falschen Weg eingeschlagen hatte und daß eine auf Auszugsmehle aufgebaute Ernährung zu verheerenden Folgen im Hinblick auf Gesundheit und Wohlbefinden führen muß, daß nur im Vollkorn jene lebenswichtigen Stoffe enthalten sind, die wir dringend brauchen, ist eine Erkenntnis, die erst in den zwanziger Jahren des zwanzigsten Jahrhunderts erstmals formuliert wurde. Damals stellte der Ernährungsphysiologe Werner Kollath mittels Tierversuchen fest, wie unerhört groß der Unterschied zwischen Mehl aus dem ganzen Korn und Auszugsmehl ist. Professor Kollath leitete damit eine Entwicklung ein, die sich evolutionär durchzusetzen begann. Immer mehr Gelehrte beschäftigten sich mit dieser Thematik — Hay, Bircher-Benner, Wärland, Bruker, Schnitzer — und fanden neue Zusammenhänge heraus. In den Vereinigten Staaten von Amerika etwa Campell und Cleave, denen wir viel von unserem Wissen darüber verdanken, daß Genuß von „Auszugsprodukten“ — über längere Zeiträume hinweg — zu schweren Zivilisationskrankheiten führen muß, etwa zu Herzinfarkt und Arteriosklerose.
Mit diesem Wissen ausgerüstet, kann man über Autoren, die sich über Liebhaber des Vollkorns als „Naturapostel“ lustig machen, welche „Brotrezepte wie Kostbarkeiten“ handeln, nicht lächeln. „Brot ist für sie das Symbol für die Einheit von Menschheit und Natur, das ungeschälte Korn das Gleichnis für inneren und äußeren Frieden...“. Wenn Uhle und Brakenmeier diesen Satz auch noch so ironisch gemeint haben mögen, wir scheuen uns nicht, zuzugeben, daß wir ihn, wie er da steht, unterschreiben würden. Denn: Brot *ist* das Symbol für die Einheit von Mensch und Natur.

Ein wenig Brotgeschichte — ein paar Brotgeschichten

Der Mythologie nach war es ein Geschenk der Götter. Demeter, Griechenlands Göttin der Fruchtbarkeit und des Ackerbaus, sandte höchstpersönlich Tryptolemos auf Erden, um den Menschen die Kunde vom Brot zu bringen und sie den Ackerbau zu lehren. — Wenn diese Geschichte auch nur eine schöne Legende ist, so zeigt sie uns bereits klar, welchen Stellenwert das Brot in der frühesten Antike gehabt hat.
Als der Mensch seßhaft wurde, entwickelte er den Ackerbau. Vorher schon hat er sich weitgehend vegetarisch ernährt. Denn Pflanzen waren für ihn leichter erreichbar als Fleisch, zumal es sicherlich nicht einfach war, mit dem primitiven Werkzeug der Vorzeit Tiere einzufangen. Und ebenfalls nicht leicht, sie zu zerteilen, zuzubereiten. Dazu brauchte man ja in den meisten Fällen subtilere Fähigkeiten im Umgang mit Werkzeugen und dem Feuer.
Wissenschafter haben festgestellt, daß — ehe noch planmäßig gesät und geerntet wurde — ganze Völkerschaften jeweils in bestimmte Gebiete einwanderten, in denen sie aus Erfahrung — oder einer Überlieferung folgend — die von ihnen bevorzugten Gräser vermuteten: die Vorläufer der uns heute bekannten Getreidearten.
Unendlich lange, viele hundert Generationen lang, brauchte es wohl, bis der Mensch, seßhaft geworden, zum Hackbau fand und, nach der Domestikation der ersten Haustiere, den Urpflug entwickelte. Die ersten Anfänge der Agrikultur (die zugleich einen der wesentlichsten Entwicklungsschritte der Menschheit darstellten), dürften nach der letzten Eiszeit anzusiedeln sein. Sie liegen etwa zehntausend Jahre zurück. Mag sein, daß es Hirse war, die der Mensch als erstes Getreidegras kultivierte. Archäologen konnten auch Vorgänger unseres Weizens und der Gerste aus prähistorischer Zeit bergen: sechs- bis siebentausend Jahre alt...
Noch nomadisierend, dürften unsere Altvorderen entdeckt haben, daß man die Samen von Getreidepflanzen essen kann. Und als der Mensch gelernt hatte, mit dem Feuer umzugehen, hat er bald auch das Getreidekorn zu rösten geübt sowie es — mittels Wasser — zu kochen.
Der Weg von den frühesten Anfängen der Getreidekost zum ersten Brotfladen war also nicht mehr allzu weit. Man mußte wohl nur noch die Erfahrung machen, daß man Korn zwischen zwei mächtigen Steinen zerreiben und dieses „Vollkornmehl", mit Wasser verrührt, über Feuer backen könne. So mag man zum Brotfladen der Urzeit gelangt sein. Wie man möglicherweise zum „Ur-Bier" gefunden haben mag: indem man Korn im Wasser einige Zeit lang hat stehen lassen, die bereits vergärte Flüssigkeit wieder auffand und sie — zufällig oder neugierig geworden oder einfach durstig — genoß.
Fladenbrote finden wir weltweit: im alten Südafrika ebenso wie im prähistorischen Südostasien und in Südamerika. Das Einfache ist allüberall gültig.

Im heutigen Ural liegt die Urheimat des Weizens, des Emmer; so behaupten manche Bücher. Andere wieder: in Abessinien. Von Afrika her gelangte der Weizen über Babylon bis nach Ägypten. Auf Papyri finden wir bereits Abbildungen von Backöfen wie auch von verschiedenen Brotarten.
Die Ägypter gelten als die „eigentlichen" Erfinder des Brotes, zumal sie als erste den Sauerteig entwickelten. Das Brot, das sie — in aus Nilschlammziegeln aufgeschichteten Backöfen — buken, galt im Lande der Pharaonen als eine regelrechte Hauptmahlzeit. Brot reichte aus, um zu sättigen.
Auch das Volk Israel hatte früh schon eine direkte Beziehung zum Korn entwickelt: es röstete die Körner, oder man buk Fladen zwischen langsam glosenden Kamelmistschichten. Als die Nomaden seßhaft wurden, räumten sie dem Brot eine zentrale Stellung ein: Beinahe jedes Haus verfügte über einen eigenen Backofen; die Frauen taten die Backarbeit, später übernahmen die Männer diese Tätigkeit. Bis sich ein eigener, bald angesehener Berufsstand entwickelte: der Stand der Bäcker.
Die jüdische Religion gab dem Brot auch religiösen Stellenwert. Gott sprach zum Volke Israel: „Sieben Tage sollst du ungesäuertes Brot essen, und am siebenten ist des Herren Fest..." Mag sein, daß die besondere Betonung des *ungesäuerten* Brotes an die Zeit der israelitischen Gefangenschaft in Ägypten erinnern sollte, wo sie das ägyptische, *gesäuerte* Brot kennengelernt hatten und damit ein Feindbild verbanden. Möglich aber auch, daß Israel den Sauerteig aus ähnlichen Gründen ablehnte, wie es Fleisch ablehnte, das drei Tage alt war: als Gärungsprodukt, das der Erfahrung nach nicht ungefährlich sein konnte. Schaubrote, „Brote des Angesichts", lagen übrigens auch im jüdischen Stiftszelt: zwölf an der Zahl, an die zwölf Stämme Israels gemahnend.
Rund 600 Jahre vor der Geburt Christi setzte in Griechenland der Demeter-Kult ein: präzise zu jenem Zeitpunkt, als die Griechen zu Ackerbauern wurden. Wenn Ambrosia, das Brot des Lebens, bei den Hellenen auch einen bedeutenden Stellenwert hatte, so ließen sie die schwere Arbeit des Kornmahlens zwischen zwei Mühlsteinen lieber den weiblichen Sklaven über. Sogar Homer, der größte Epiker aller Zeiten, berichtet in seiner „Odyssee": „Dort waren die Mühlen des Königs, und es werkten daran im ganzen zwölf dienende Weiber, Gersten- und Weizenmehl, das Mark der Männer, zu mahlen. Alle anderen schliefen..." Verzweifelt bittet eine Mühlensklavin den Allvater Zeus, ihr doch in Zukunft diese krankmachende Mühsal des Mehlmahlens zu ersparen...
Bei den Römern tauchten die ersten Bäcker erst auf, als sie im zweiten vorchristlichen Jahrhundert Mazedonien eroberten. Cato, der berühmte Gelehrte, hat bereits damals und als erster die Wissenschaft des Getreideanbaus geschrieben. Ebenso zeichnete er für seine Landsleute das zeitgemäße Wissen über die Herstellung von Brot auf: immerhin hatten die Griechen, von denen er seine Kenntnisse bezog, zu diesem Zeitpunkt bereits Brote nach über siebzig Rezepturen erprobt... Roms Bäcker mauserten sich bald zum angesehensten Stand, waren zugleich auch Müller und erwählten droben im Himmel eine Backofengöttin, deren Fest sie alljährlich am 9. Juni feierlich begingen. Selbstverständlich verehrte man weiters auch die traditionelle Göttin des Landbaus, Ceres. Dem Bäckerstande, der es, wie fast immer im Laufe der weiteren Geschichte, zu Wohlhabenheit brachte, entstammten auch über die Zeiten hinweg berühmt gebliebene Menschen, zum Beispiel der römische Dichter Vergil.
Um die Zeitenwende wurde in Bethlehem, der Stadt Davids, Jesus geboren, der das

Brot zu einem zentralen Begriff seiner Lehre gemacht hat. Er setzte sich gleichsam selbst als Brot des Lebens ein. Bethlehem übrigens heißt, übersetzt: „Haus des Brotes“...

Wir wissen, daß Jesus, ehe er zu lehren begann, vierzig Tage lang in der Wüste gefastet hat und, hungernd, vom Bösen versucht wurde: „Bist du der Sohn Gottes, so sprich, daß diese Steine Brot werden.“ Worauf Jesus mit dem berühmten Wort antwortete, daß der Mensch nicht allein vom Brot lebe... Wenig später vermehrt Jesus sieben Brote und sieben Fische für seine Jünger: viertausend Männer wurden davon satt, „ausgenommen Weiber und Kinder...“ Bis in unsere Tage wird von Christen in der konsekrierten Hostie, einem ungesäuerten Brot, der mystische Leib Jesu verehrt.

Im „finstern Norden“ hatten die mittelalterlichen Kelten, Germanen und Slawen vorerst gewisses Mißtrauen gegen Ackerarbeit: zu sehr war man damals noch im Dämonenglauben verstrickt, zu sehr personifizierte man Winde und Wetter; ein Zustand, den erst die christlichen Missionen zu ändern versuchten, indem sie etwa Jesus als „Christus paniformis“ schilderten, als den brotgöttlichen Christus, oder indem sie christliche Heilige, zum Beispiel Martin von Tours, den etablierten Dämonen entgegensetzten. Lange Zeit war nicht, wie bei den Römern, der Weizen das wesentliche Brotgetreide der Germanen, sondern der Hafer, aus dem sie einen Brei mengten, den sie vor allem zur Biererzeugung brauchten. Der Weg zum Gerstensaft lag noch vor ihnen.

Um 800 nach Christus herrschten in Zentraleuropa die Franken. In dieser Zeit wütete hier wiederholt eine furchtbare Seuche. Die davon Betroffenen erlitten in ihrem Körper schreckliches Feuer. Nach außen hin äußerte es sich nur dadurch, daß Arme und Beine schwarz wurden, gleichsam verkohlten. Eigenartigerweise aber war diese Seuche nicht ansteckend. Hunderte, Tausende Menschen wurden von ihr erfaßt. Da nutzte es auch nichts, wenn man zur heiligen Genoveva betete, oder zum heiligen Antonius. Erst viel später, achthundert Jahre später, wurde die Ursache dieser im ganzen Mittelalter immer wieder auftretenden Krankheit geklärt. Die Schuld trug das doppelt giftige Mutterkorn, das in den Nervenbahnen wütet und Glieder abfaulen läßt. Verursacher: Claviceps purpurea, ein Pilz, der in der Roggenähre auftritt. Eine Folge des Umstands, daß man im Mittelalter kein Verhältnis mehr zu jener Sauberkeit gefunden hatte, die der Umgang mit Brot und Getreide erfordert.

Früh schon wurde die Kraft des Wassers eingesetzt, um Mühlräder zu betreiben. Und bald verband sich mit Mühlen eine Flut von Aberglauben. Wenn Christus Brot ist, so sagten sich die Leute, müsse wohl die Mühle etwas Besonderes sein. Darauf ist es zurückzuführen, daß man lange Zeit meinte, in diesen Häusern, vor denen ein Fluß ein Rad bewegte, da geschehe Unheimliches...

Die Bäckerzunft hatte im Mittelalter einen bedeutenden Stellenwert. Jeder einzelne Bäcker genoß gleichsam Gebietsschutz: das heißt, in seinem Gebiet konnte sich erst dann ein Nachfolger niederlassen, wenn der Vorgänger gestorben war oder resignierte. Und wurde ein Bäcker umgebracht, so zählte die Tat dreimal so schlimm wie ein gewöhnlicher Mord.

Da das Bäckergewerbe sehr attraktiv war, gestaltete man auch die Ausbildung entsprechend schwer. Lehrlings- und Gesellenjahren schloß sich eine mehrjährige Wanderschaft an.

Das Mittelalter ist gekennzeichnet von Epidemien und Hungersnöten. „Oh, welch

ein bittrer Anblick war's: weinende Kinder um Brot betteln seh'n und ohne Hilfe hinsterben wie Fliegen", berichtet ein russischer Schriftsteller des vierzehnten Jahrhunderts. Brot wurde damals oft aus Eichelmehl, Stroh und getrocknetem Tierblut hergestellt. Dazu kam, daß der Landwirt kein Prestige hatte, ja daß man den Bauern als versklavten Untertanen sah. Ihn dazu machte, indem man den freien Bauern vertrieb und an seine Stelle den Sklaven setzte. Feudalherren und Kirche nahmen gerne für sich, was solch eine lukrative Landwirtschaft einbrachte.
Die Kirche trat im Jahr 1215 durch das Lateranische Konzil direkt und indirekt in die Geschichte des Brotes ein: indem sie nämlich feststellte, Christus sei nicht symbolisch im Brot enthalten, sondern das Brot werde während des Meßopfers *wahrhaftig* in den Leib des Herrn verwandelt. Diese scheinbar nur die Religion selbst betreffende Feststellung hatte bedeutende Folgen. Denn eben in jener Zeit begannen Hostien „zu bluten". Damals wurden die Juden des Hostienfrevels geziehen. Die Folge: furchtbare Pogrome. Ganze jüdische Gemeinden wurden von den hysterisch gewordenen Menschen in Europa niedergesengt, die des Gottesmords beschuldigten Juden gefoltert und verbrannt. Jahrzehnte-, ja jahrhundertelang feierte man das „Wunder der Hostienblutung" mit großen rituellen Festen. Bis Professor Ehrenberg im Jahr 1848 eindeutig nachwies: niemals bisher hat eine Hostie geblutet, sondern Bakterien, bestimmte Monaden, die auf dem ungesäuerten Brot rote Flecken verursachten, die sich sichtbar ausbreiteten, waren die Verursacher dieses Spektakels gewesen.
Jahrhundertelang waren die Bauern, die alle ihre Zeitgenossen mit Nahrungsmitteln, mit Korn versorgten, unterprivilegiert, ausgebeutet, versklavt. Bauernaufstände wurden brutal niedergeschlagen. Bis das Faß endgültig überquoll: mit der Verbrennung des Jan Hus setzten die Bauernkriege ein und erfuhren neue Nahrung durch Martin Luthers Streitschriften. Was sollten diese armen Leute, kaum bewaffnet und des Militärhandwerks nicht kundig, gegen die Mächtigen? Noch dazu, wo sich Luther von ihnen, ohne daß sie ihm dazu Anlaß gegeben hatten, abwandte: „Wider die räuberischen und mörderischen Rotten der Bauern" (1525).
Columbus hatte Ende des fünfzehnten Jahrhunderts die Welt um einen riesigen Kontinent vergrößert: in Amerika lernten die Entdecker nicht nur die für die alte Welt neue Kartoffel kennen, sondern auch den Mais, über dessen schnelles Wachstum die Mannen des Genuesen gar nicht genug staunen konnten. Der Mais galt den Ureinwohnern Perus etwa als gleichermaßen zentrales und daher auch religiös gesehenes Nahrungsmittel wie uns das Korn. Bald hatte man den Mais auch nach Europa verpflanzt: nach dem Südosten des Kontinents, nach Spanien... Allerdings setzte er sich nicht als Brotgetreide durch, sondern als Polenta. Für die Ausbreitung der neuen Siedler in Amerika war Mais das entscheidende Lebens- und Überlebensmittel. Heinrich Eduard Jacob zitiert in seinem umfassenden Werk „6000 Jahre Brot" dazu einen Prediger aus Tennessee, um 1900: „Stellt euch vor, daß unsere Väter mit ihrem Brot von Weizen abhängig gewesen wären! Sie hätten hundert Jahre länger gebraucht, die Rocky Mountains zu erreichen. Mais bringt ein Vielfaches von dem, was der Weizen auf einem Hektar hergibt, verlangt aber nur ein Zehntel des Samens und vollends nur ein Drittel der Zeit zwischen dem Pflanzungsakt und der Ernte." Dennoch wurde der Weizen in den USA nicht nur heimisch, sondern derart erfolgreich, daß bald riesige Überproduktionen erzielt werden konnten.
Auch wenn die Barocke uns allen Glanz vorgaukelt, so dürfen wir nicht vergessen,

daß davon nicht einmal ein Schimmer auf die meisten Menschen jener Zeit fiel. Im Gegenteil: sie litten Hunger. Und Hunger war es auch, der immer wieder zu Revolutionen führte. Während Ludwig XIV. in Versailles prunkvolle Feste feierte, schrien die Massen nach Brot. Selbst die Bauern, die ja die Lebensmitteln zur Verfügung zu stellen hatten, durften gleichsam ihr eigenes Brot nicht essen. Und der Volkesschrei nach Brot, über den die unwissende Maria Antoinette sich wunderte, war kein symbolischer. Es ging präzise um Brot, vor allem um Brot, und nicht etwa um Kartoffeln! Wenn die Franzosen heute eine besondere Beziehung zum weißen Brot haben, so auch deswegen, weil sie seinetwegen eine Revolution geschlagen haben. Und weil sie, im Gegensatz zu den Deutschen, niemals Kartoffelesser waren. Und nicht Teigwarenesser, wie die Italiener.

Auch in Kriegen spielte Brot stets schon eine gewaltige Rolle. Es begann bereits bei den Römern, die zwei Arten von Komißbrot kannten: panis militaris für die Infanterie, panis nauticus für die Seemacht. Später dann, in den napoleonischen Kriegen, galt das französische Militärbrot als das beste. Die Franzosen, vor allem Malisset, hatten sich ja vorher schon und lange mit der Praxis des Brotbackens auseinandergesetzt. Dagegen hatte das deutsche und das österreichische Komißbrot niemals guten Ruf.

Ein neues Zeitalter in der Müllerei leitete der Amerikaner James Watt durch die Erfindung der Dampfmaschine ein. Eine Revolution der nun zu mahlenden Quantitäten. Im Jahre 1830 wurde die Walzenmühle erfunden, gegen Ende des Jahrhunderts die Sulzberger-Mühle — in der Schweiz, die keineswegs über große Getreidereichtümer verfügte. Doch das an Weizen bereits unendlich reiche Amerika griff zu und schuf damit die Basis für seine gigantische Mehlerzeugung.

Im vorigen Jahrhundert kamen auch eine Reihe neuer Maschinen auf, die es erlaubten, das Korn automatisch zu ernten, zu dreschen... Das hatte viele Vorteile, man konnte vor allem rationalisieren. Das hatte aber auch, wie sich bald herausstellen sollte, gewaltige Nachteile. Denn um höchste Renditen zu erzielen, wurde der Boden rücksichtslos ausgebeutet. Und seit Justus von Liebig den Kunstdünger erfunden hatte, brauchte man sich deshalb nicht einmal größere Sorgen zu machen. Was dem Boden fehlte, wurde einfach künstlich ersetzt... Das ging nur eine Zeitlang gut. Dann war der Boden unbrauchbar geworden. Denn wenn Bakterienkolonien bestimmter Arten und der Regenwurm nicht mehr ihre Arbeit versehen, wird der Boden unfruchtbar...

Brot fehlte auch im Ersten Weltkrieg — allen Ernstes traten damals Wissenschafter auf, die Brot aus Stroh oder aus irisch Moos zu backen empfahlen. Brot war in vielen Teilen der Welt im und nach dem Zweiten Weltkrieg vielbegehrte Mangelware. Und das, obwohl weltweit genug Korn wächst. Den Amerikanern haben wir es nach beiden großen Kriegen zu verdanken, daß wir mit ihrem Weizen überleben konnten. Und heute ist selbst die gigantische und gigantomanische Sowjetunion darauf angewiesen, Weizenlieferungen in größten Ausmaßen gerade von ihrem Erzfeind geliefert zu bekommen.

Unsere Weltgeschichte ist eine Geschichte auch des Brotes. Um seinetwillen wurden Kriege geführt, Millionen Menschen umgebracht. Heute könnten wir alle friedlich miteinander satt werden von dem Getreide, das die Welt anbietet. Wir sollten diese Chance nicht verpassen.

Unser tägliches Brot

Die Getreidearten	Die Brotgewürze
Das Wasser	Die Fette
Die Treibmittel	Weitere Brotzutaten

DIE GETREIDEARTEN

Als Korn bezeichnet man das regional jeweils wichtigste Brotgetreide. Hierzulande nennen wir den Roggen unser *Korn*. Das Korn der Franzosen ist der Weizen, jenes der Amerikaner der Mais („Corn flakes"). Ferner ist hier festzustellen, daß es „den" Weizen, „den" Roggen nicht gibt. Es gibt allein in Mitteleuropa rund zehn Roggen- und rund fünfzig Weizensorten.

DER WEIZEN

Dieses hochwertige Getreide beeinflußt heute in nicht geringem Maße die Weltpolitik. Die große Bedeutung hatte er allerdings schon während der vergangenen sechstausend Jahre: seit er dem Menschen als Nahrung dient. Leider hat der Mensch dieses Geschenk Gottes nicht in seiner Natürlichkeit erhalten. Sein Streben nach Profit und Umsatz hat ihn dazu verführt, es zu verfälschen und zu vergiften: durch Einsatz von Kunstdüngern, durch Beizen mit Gift und späterer Vergasung des Saatgutes. Und zum Schluß wird das Korn auch noch zu Auszugsmehlen vermahlen. Bis die Vitalstoffe alle draußen sind und nur mehr Stärke ohne jeden biologischen Wert übrig bleibt. Die Folgen dieser vitamin-, mineralien- und ballaststoffarmen Substanz: wir erkranken nach langjährigem Genuß an Darmkrebs, Darmträgheit, Diabetes, Fettsucht, an Stoffwechselkrankheiten, Vitamin-B- und -E-Mangel, Gebißverfall usw.

Der Weizen bildet — was seine Inhaltsstoffe betrifft — die harmonische Mitte unter den Getreidearten. Das reife Weizenkorn ist 3 bis 6 Millimeter lang, goldgelb und von einer Längsfurche durchzogen. Hauptbestandteil ist der Mehlanteil, der 75 Prozent Stärke und 10 Prozent Eiweiß beinhaltet. Die für die Aufschließung des Mehlkörpers notwendigen Vitalstoffe finden wir in den Randschichten und im Keim. Dieser enthält alle Informationen, die für Wachstum, Atmung, den Stoffwechsel und die Assimilation notwendig sind. Er enthält ferner leicht verdauliche, physiologisch wertvolle Eiweißkörper, hoch ungesättigte Fettsäuren (Lecithin, wasserlösliche Vitamine, den Vitamin-B-Komplex B1, B2 und B6, Nikotinsäureamid, Panto-

densäure, Biotin und Inosit), die fettlöslichen Vitamine E und K sowie Vitamin D. Ferner Mineralstoffe und Spurenelemente (Kalzium, Kalium, Natrium, Magnesium, Eisen, Phosphor, Schwefel, Mangan, Chlor; Kupfer, Aluminium, Nickel, Kobalt, Zink und Gold).
Der Getreidekeim des Weizens ist der größte Vitamin-B-Lieferant und die reichste Vitamin-E-Quelle, die wir kennen.
Am reichsten an Vitaminstoffen und daher am wirkungsvollsten ist Weizen im gekeimten Zustand. Viele Ernährungsphysiologen empfehlen Weizenkeime bei Nervenkrankheiten, Überarbeitung, Blutarmut, bei Herz- und Kreislauferkrankungen, bei Hautausschlägen und Altersbeschwerden.

DER ROGGEN

Er ist die in unseren Breiten häufigste Getreideart, also unser Korn schlechthin. Roggen gedeiht auch noch auf Böden, auf denen Weizenanbau nicht mehr denkbar ist, also in Gebirgsgegenden und in den Ländern des Nordens. Ursprünglich aus Kleinasien kommend, hat er sich heute weltweit durchgesetzt. Auch Roggen verfügt über eine ganze Palette an wertvollen Vitalstoffen, an B-Vitaminen, an Mineralien wie Kalium, Phosphor, Fluor und Eisen. Da sich seine Kleberanteile nicht — wie beim Weizen — auswaschen lassen, ist er nicht so einfach zu verarbeiten. Wir können etwa mit Roggenmehl keinen Hefeteig anrühren, wir brauchen dafür Sauerteig. In vielen Ländern mit übergroßem Weizenreichtum genießt Roggen kein hohes Ansehen. So wurde er — etwa in den Bestimmungen der Europäischen Gemeinschaft (EWG) — bis vor wenigen Jahren noch als Futtergetreide bezeichnet.

DER HAFER

Abgesehen vom Mais ist Hafer das fettreichste Getreide; er liefert also nicht nur durch seine Kohlenhydrate Energie. Die im Hafer enthaltene Linolsäure kann von unserem Körper nicht erzeugt, muß ihm also zugeführt werden. Linolsäure ist eine der wichtigsten essentiellen Fettsäuren. Rund 100 Gramm Haferflocken decken den Tagesbedarf. Das ist vor allem bei Kleinkindern wichtig, deren Bedarf an essentiellen Fettsäuren größer ist als bei Erwachsenen.
Der wichtigste aller Hafer-Inhaltsstoffe ist Eiweiß.
Von den acht essentiellen Säuren, die dem Körper täglich zugeführt werden müssen, enthält der Hafer sechs: Dies ist bei keiner anderen Getreidesorte der Fall. (Die fehlenden essentiellen Säuren ergänzt man mit Milch und Soja.)
Hafer hat übrigens um zirka 25 Prozent mehr Vitamin B1 als Weizen. *Er fördert ideal die Leistungsfähigkeit, schafft besseres Durchhaltevermögen bei Belastungen, und er erhöht die Widerstandskraft gegenüber Infektionen.*
Diätetisch spielt er eine Rolle in der Kinder- und Krankenkost. Haferschleim bei Durchfall!

DIE GERSTE

Sie dürfte das älteste Getreide des Menschen sein und aus Zentralasien stammen. Gerste zeichnet sich durch ganz besonderen Mineralienreichtum aus: Kalium, Kalzium, Magnesium, Eisen, Kobalt und Kieselsäure. An Vitaminen bildet Gerste B1, B2, B6 und E an, ferner Inosit, das heute zu den B-Vitaminen gezählt wird und die Wirkung der E-Vitamine verstärkt. Inosit-Mangel führt zu Wachstumsschäden, Haarausfall und Hauterkrankungen. Inosit wirkt sich auch positiv auf das Ner-

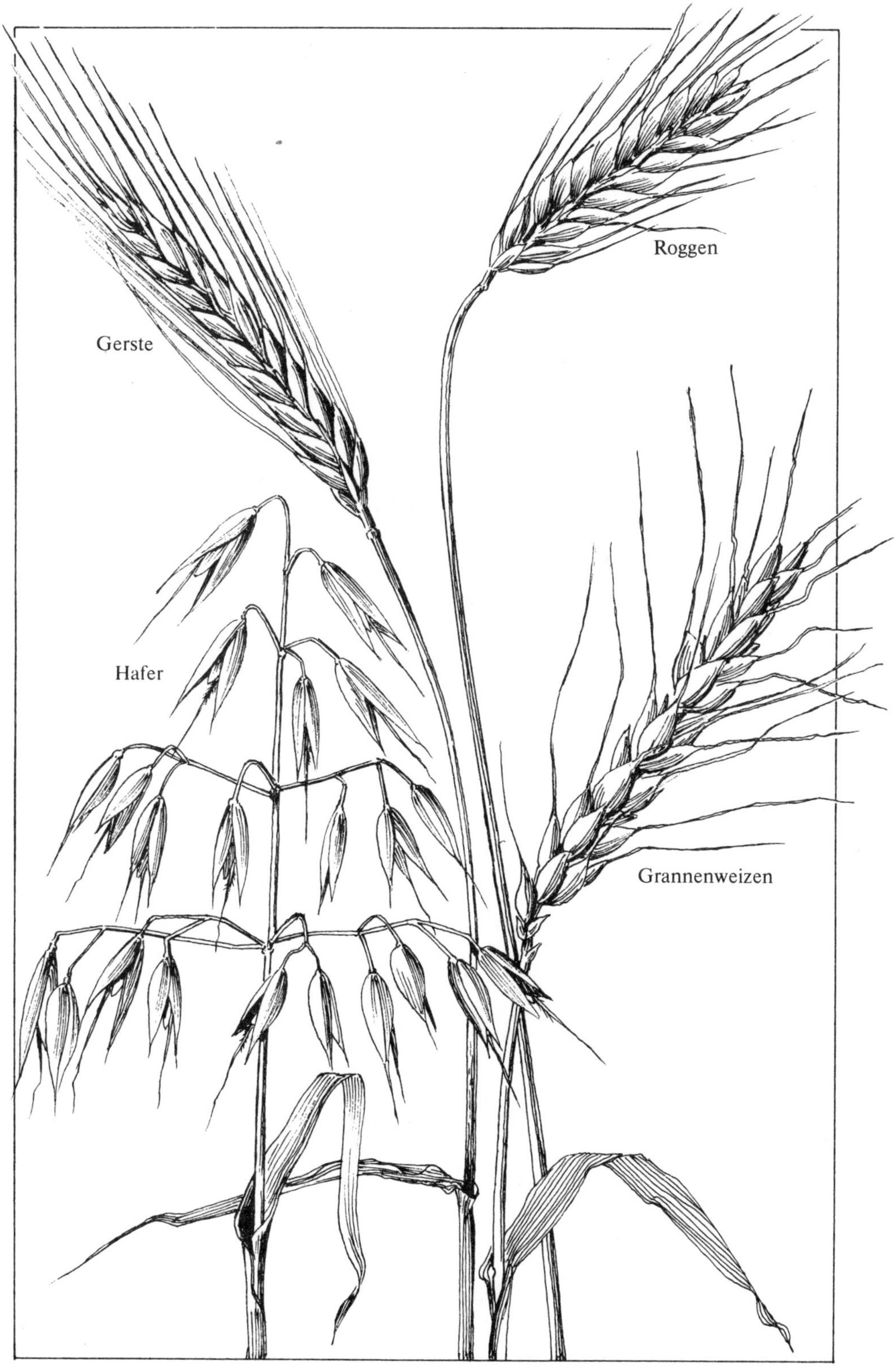
Roggen
Gerste
Hafer
Grannenweizen

vensystem aus und führt in der Bauchspeicheldrüse zur Bildung von Insulin: Eine Mitteilung, die vor allem für Diabetiker interessant sein dürfte. Ferner wirkt das Inosin der Arteriosklerose entgegen. Das Vitamin B — ohne dessen Anwesenheit der Zuckerabbau im Muskel nicht vollzogen werden kann — ist in den Randschichten des Korns reichlich vorhanden. Die Schleimbildung der Gerste übt auf den ganzen Magen-Darm-Trakt heilende Wirkung aus, ebenso auf den Lungenbereich. Die Gerste hat also im Darm ordnende Funktion durch Anregung der Darmträgheit und als Hilfe gegen Durchfall.
Wir verwenden sie zum Brotbacken kaum, zumal sie leicht austrocknet. Die in der Gerste enthaltenen Mineralien finden wir — im Unterschied zu anderen Getreidearten — auch im Mehlkörper.

DER MAIS

Er stammt aus dem südamerikanischen Peru und wurde bereits von den Indianern kultiviert. Mais enthält viel Kalium, Magnesium, Phosphor, Eisen und Kieselsäure; dafür fehlen ihm einige Vitamine der B-Gruppe. Als Brotgetreide ist Mais nicht verwendbar, da Maisbrot zu schnell austrocknet und spröde wird. Er hat einen hohen Sättigungsgrad und ist kalorienarm. Daher ist er auch für heilwirksame Karenzen geeignet. Auch bei Coeliakie (Hertersche Krankheit) als Roggen-Weizen-Ersatz. Maisstärke ergibt ein hervorragendes Bindemittel bei der Herstellung von Mehlspeisen. Frische Maiskolben sind in kühlen Räumen auch über längere Zeiträume lagerbar.

DER REIS

Seit unseren Kindertagen kennen wir den Spruch, daß die Chinesen von einer Handvoll Reis einen Tag lang leben können. Und wirklich, Reis, der in über tausend Sorten verbreitet ist, gehört zu den Hauptnahrungsmitteln der Menschheit. Es ist daher auch nicht verwunderlich, daß schwere Mangelerscheinungen auftraten, als man dieses wesentliche Produkt durch Schälen denaturierte. Die Konsequenzen waren: schwere Herzveränderungen und Nervenlähmungen, die Beri-Beri-Krankheit. Als man den Erkrankten wieder Vollwertreis zu essen gab, verschwanden die Symptome.
Ähnlich wie bei den meisten anderen Getreidearten liegen auch beim Reis die wichtigsten und wertvollsten Bestandteile in den Randschichten und im Keim. Der Vollreis hat einen ungewöhnlich hohen Anteil an Kalium, Kalzium, Magnesium, Phosphor, Eisen, Kupfer, Mangan, Zinn und Fluor. Im Vollreis finden wir auch eine Reihe von Vitaminen, etwa B1, B2, B6, den BP-Faktor usw. Ferner das wesentliche Inosit aus der Vitamin-B-Gruppe, das am Kohlenhydrat- und Fettstoffwechsel beteiligt ist.
Aufgrund seines hohen Kalium-, Kalzium- und Magnesiumgehalts, den Gegenspielern des wasserbildenden Natriums, hat Vollwertreis stark wasserausscheidende Wirkung und ist eine ideale Diät bei allen Formen von Stauungen und Kochsalzschäden. Reiskuren — in Verbindung mit Frischkost — erzielen bei Rheumaerkrankungen, Gefäßleiden, Herz- und Nierenerkrankungen sowie bei Bluthochdruck hervorragende Erfolge.
Auch bei Blutarmut ist Reis — mit seinem Anteil an Eisen, Kupfer und Mangan — in Verbindung mit rote Bete (rote Rüben) ein wertvolles Diätgericht, das zur Verbesserung des Zustandes führen kann. Überhaupt ist Reis für viele Leiden im Magen-

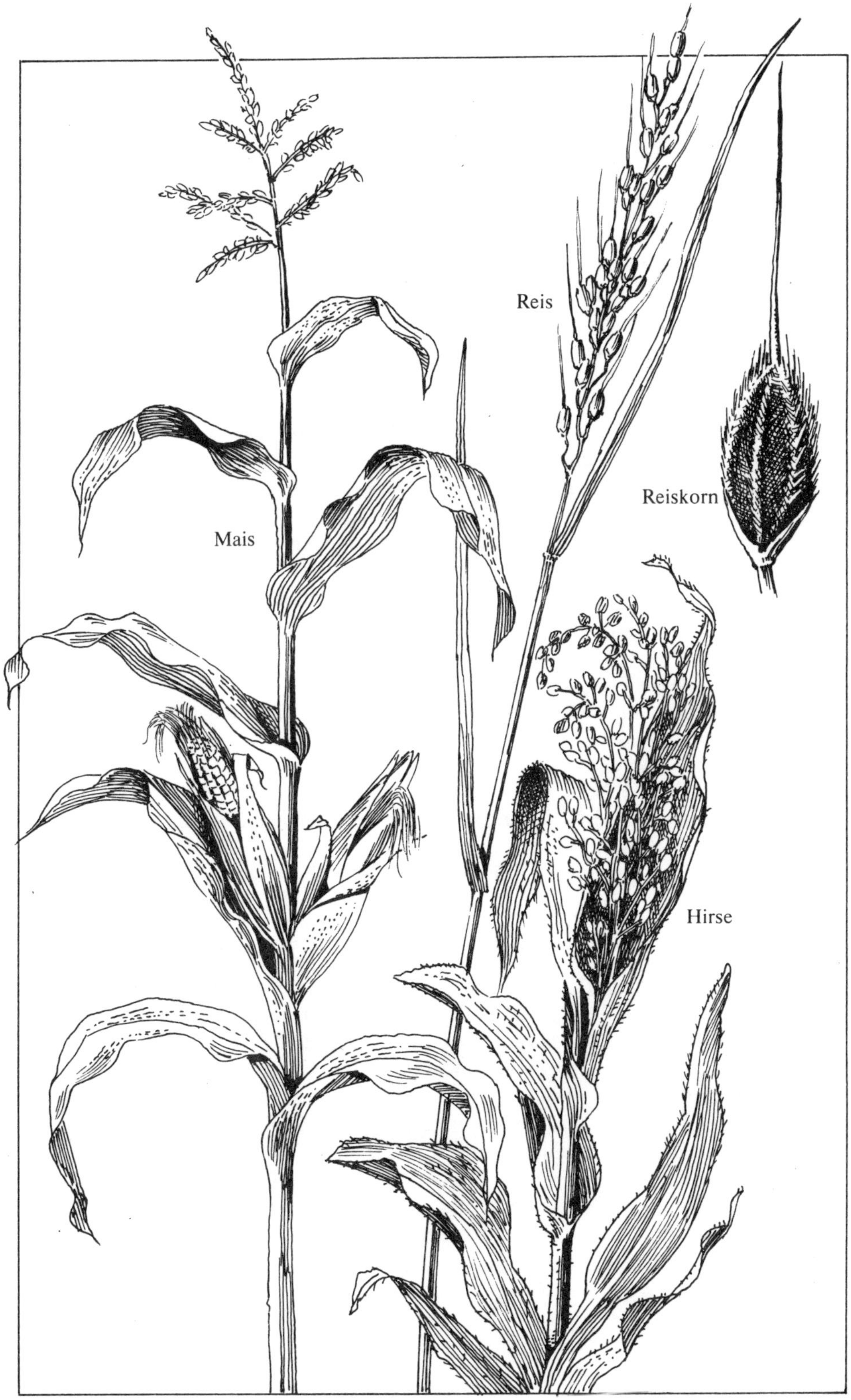
Reis
Reiskorn
Mais
Hirse

Eiweiß brauchen wir für den Aufbau unserer Zellen; seine Aminosäuren kann der Körper nicht selbst erzeugen. Wir beziehen unser Eiweiß aus Pflanzen und Tieren. Die *Bestandteile des Eiweißes:* zirka 50 bis 55 Prozent Kohlenstoff, rund sieben Prozent Wasserstoff, rund 16 Prozent Stickstoff, zirka 20 Prozent Sauerstoff, ferner Schwefel und Phosphor. Wir kennen einfache Eiweiße, die wir Proteine nennen, und zusammengesetzte, die Proteide. Die Eiweißversorgung des Vegetariers ist problematischer als die des Gemischtkost-Essers, aber durchaus praktikabel. Es ist möglich, seinen Eiweißbedarf aus Körnern, Hülsenfrüchten, Kernen und Nüssen zu decken. Allerdings muß der Vegetarier sehr darauf achten, nicht in ein gesundheitsgefährdendes Eiweißdefizit zu gelangen. Unverzichtbar ist für den Vegetarier vor allem die eiweißreiche Sojabohne.

FETT

Wir finden es — in geringen, allerdings hochwertigen Dosen — im Keimling, hier vor allem in Form der für unseren Körper höchst wichtigen hochungesättigten Fettsäuren, ferner in der sogenannten Nährschicht.

VITAMINE

Vor allem im Vollkornbrot, mehr aber noch in Keimlingsgerichten, finden sich eine ganze Reihe lebenswichtiger Vitamine, vor allem B1, B2, B6, Niacin und Vitamin E. Die B-Vitamine sind etwa im Weizen, aber auch im Roggen reichlich vorhanden, gehen jedoch leider zum großen Teil durch die Herstellung von Auszugsmehlen verloren. Das Fehlen dieser Vitamine kann zu schweren Mangelerscheinungen führen: Magen- und Darmstörungen und Schlaflosigkeit bei B1-Mangel, Haut- und Schleimhautschäden bei B2-Mangel, und bei zu wenig B6-Zufuhr Nervenschäden. Niacin-Mangel schädigt die Schleimhäute im Magen-Darm-Trakt, aber auch schon im Mund. Und Vitamin E reguliert die Keimdrüsenfunktionen. Es bewahrt uns vor Muskelschwund.

MINERALSTOFFE

Unser heutiges Wissen über die menschliche Ernährung bewertet die Wichtigkeit von Mineralstoffen in unserer Nahrung völlig anders, als dies noch die Ernährungsphysiologen zur Zeit unserer Väter getan haben! Mineralstoffe sind vor allem im Säure-Basen-Haushalt des menschlichen Körpers wichtig. Sie werden im Körper zerlegt, bilden mit Wasser Lösungen — entweder saurer oder basischer Natur.
Mineralstoffmangel hat mitunter verheerende Wirkung. Im Vollkornbrot finden wir vor allem die Mineralstoffe Kalium, Magnesium, Eisen, Kupfer und Mangan. Kaliummangel verursacht Schwächezustände, Magnesiummangel führt zu Verkalkung, Eisenmangel zu Blutarmut. Mangelndes Kupfer wirkt sich negativ bei der Bildung des roten Blutfarbstoffs aus. Und Mangan ist gleichsam als Katalysator wichtig: Er ermöglicht als Enzymbestandteil bestimmte Reaktionen im Körper.

SALZ

Es ist zwar für die Regulation des Wasserhaushaltes im menschlichen Körper notwendig. Wir sollten damit sparsam umgehen, zumal sich in den meisten Lebensmitteln versteckte Salze finden und wir sowieso ein Vielfaches des Erlaubten zu uns nehmen. Siehe auch Seite 25 ff. im Kapitel „Die Brotgewürze“!

Darm-Bereich von großer Bedeutung. *Wir sollten in unserer Küche ausschließlich zum Naturreis greifen. Er schmeckt besser als der polierte Reis, ist körniger und in jedem Fall bei weitem gesünder.*

DIE HIRSE

(Besenhirse, Blut-, Flatter-, Kleb-, Klump- und Rispenhirse).

Sie war in den frühesten Jahrtausenden die wichtigste Nahrung der Menschheit und ist das mineralstoffreichste Getreide. In der Hirse sind sämtliche Mineralien vertreten, die in der menschlichen Ernährung eine Rolle spielen: Eisen und Fluor, Phosphor und Schwefel, Magnesium und Kalzium. Besonders beachtenswert ist der überdimensionale Kieselsäuregehalt. Selbst geschälte Hirse hat noch viermal soviel Kieselsäure wie geschälter Weizen. Die Schale von Hirse ist sehr hart, daher verwendet man meist nur die geschälte Version. Der heilende Effekt von Hirsekuren bei Hautleiden ist längst erprobt. Wichtig ist nur, daß man die Behandlung konsequent betreibt. Die Wirkung hängt vom Kieselsäuregehalt ab. Diese sorgt beim jungen Menschen für einen elastischen Körper, für glatte und frische Haut sowie für kräftige, glanzvolle Haare. Kieselsäure hilft auch bei der Gesundung der Zähne, der Finger- und Zehennägel. Besonders im Alter, wo der Gehalt an Kieselsäure im Gewebe abnimmt, sollte man sich der Hirse besinnen. Kieselsäuremangel verursacht Bindegewebsschwäche, Bandscheibenschäden, erhöhte Verletzungsanfälligkeit, schafft Zahnprobleme, brüchige Nägel, stumpfes, glanzloses Haar, aber auch vorzeitige Alterung der Haut. *So gesehen, ist Hirse auch ein Jugendelixier.*

Hieronymus Bosch, der berühmte Maler apokalyptischer Szenen, meinte 1630, „... daß diejenigen, die mit Hirse und Habernnüssern gespeist werden, gesünder und kräftiger bleiben denn die Leckermäuler..."

DINKEL/GRÜNKERN

Das sind alte Kulturformen des Weizens. Dinkel ist besonders eiweißreich, ferner ist sein Kaliumgehalt bemerkenswert, ebenso sein Eisen und Phosphor.

Grünkern ist unreif geernteter Dinkel und wird mittels spezieller Verfahren geröstet.

DER BUCHWEIZEN

(Auch Heidekorn genannt). Er zählt als Mitglied der Knötericharten nicht zu den Getreiden, hat einen hohen Eisenanteil und verfügt über reichlich Phosphor und Magnesium, ferner über Kalium, Kalzium, Kieselsäure, Zinn und Fluor. An im Buchweizen enthaltenen Vitaminen sind C, B1 und B2 erwähnenswert. Das Lecithin des Buchweizens (eine fettähnliche Substanz) hat entscheidende Bedeutung im Cholesterin-Stoffwechsel. Zwischen Cholesterin und Lecithin sollte im gesunden Organismus ein bestimmtes Gleichgewicht herrschen. Auch schwache Verdauungsorgane können Buchweizen gut aufnehmen und verwerten. Daher eignet er sich als Aufbaudiät nach schweren Krankheiten. Er ist auch für Senioren hervorragend geeignet. In kunstgedüngerter Erde gedeiht Buchweizen nicht, dort entwickelt er nur Blätter. Man hat also die Garantie, daß er biologisch gezogen wurde. Buchweizen wird in der Regel wie Reis gekocht und zeichnet sich durch ein unverwechselbares Aroma aus.

DAS WASSER

Trinkwasser ist heute in allen „Kulturbereichen“ durch Umwelteinflüsse äußerst gefährdet. Das ist sehr schlimm, kann Wasser doch durch kein anderes „Lebensmittel“ ersetzt werden.
Unser Körper besteht zu zwei Dritteln aus Wasser. Alle Nährstoffe sind in ihm gelöst, ebenso die den Körper verlassenden Schlacken.
Wasser aber ist nicht gleich Wasser. Selbst beim Kochen entscheidet die Wasserqualität über den Geschmack der Speise. Das hängt vielfach auch am Chlor, das heute den Wasserleitungswassern beigesetzt werden muß. Weicht man etwa Trockenfrüchte in Leitungswasser ein, so verderben sie oft genug.
Heil-, Tafel- und Mineralwässer sind nur teilweise für Kochzwecke geeignet, zumal diese oft einen hohen Mineralanteil und einen beträchtlichen Eigengeschmack haben.
Für das Backen entscheidend ist der Härtegrad des Wassers. Dieser ist, je nach physikalischen und geographischen Gegebenheiten, verschieden. Gewöhnliches Trinkwasser hat zwischen 5 und 8 Härtegrade. Wasser mit höheren Härtegraden ist für das Backen besser geeignet. Offensichtlich regen die im Wasser enthaltenen Mineralstoffe den Kleber zu größerer Tätigkeit an. Mit härteren Wassern gebackene Brote werden in der Regel auch größer.

DIE TREIBMITTEL

Die Backtreibmittel haben vor allem die Funktion, den Teig mittels Gasen zu lockern und somit aus dem schweren, praktisch unverdaulichen Gemenge ein bekömmliches Brot zu machen.
Heute kennt man drei prinzipiell unterschiedliche Methoden der Lockerung des Brotteigs:
— biologische,
— chemische,
— physikalische.

Biologische Treibmittel sind Hefe und Sauerteig. Beide bewirken, daß die Enzyme den im Mehl enthaltenen Zucker in Kohlensäure und Alkohol spalten. Die sich im Teig bildenden Bläschen treiben ihn in die Höhe. In der Hitze des Backofens wirkt auch der Alkohol treibend. Arbeitet man mit Hefe, so darf man nur wenig Fett und Zucker als Zutaten verwenden.
Unter *chemischen Lockerungsmitteln* versteht man Salze, die während des Backvorgangs Kohlensäure abgeben. Vor allem handelt es sich hierbei um Pottasche, Hirschhornsalz und Natron. Hierher ist aber auch das Backpulver zu reihen, in dem stets Natron enthalten ist.
Die *physikalische Lockerung* kommt vor allem für stark zucker- und eiweißhaltigen Teige in Frage. Man schlägt soviel Luft ein, bis der Teig entsprechend locker ist. Bäcker sprechen in diesem Zusammenhang übrigens nicht von *Teig,* sondern von *Backmasse.*

PRESSHEFE

(Bärme, Germ, Gest, Sproßpilze) Sie wird in der Regel fabrikmäßig auf Basis von Getreidemaische und Zuckerrübenmelasse (in Verbindung mit gesunden Hefezellen) hergestellt. Die vielen kleinen Hefezellen finden — in einem richtig gemischten Teig — bei warmen Temperaturbedingungen einen idealen Lebensraum und entwickeln sich prächtig. Wir verwenden Hefe vor allem zur Lockerung der Weizenteige, für Weizenmischbrote und für bestimmte Roggenmischbrote.
Hefe soll kühl und trocken aufbewahrt werden, sowie gut verpackt, um zu verhindern, daß sie austrocknet. Richtlinie: Hefe hält sich bei minus 4 Grad Celsius etwa eine Woche, im Tiefkühlfach (bei minus 20 Grad Celsius) mehrere Wochen. Tiefgefrorene Hefe nimmt man am Tag vor Gebrauch aus dem Gefrierschrank und taut über Nacht auf.
Hefe hat einen hohen Eiweiß- und Vitamin-B-Gehalt. Deshalb ist sie auch besonders bei Vitamin-B-Mangelerscheinungen für eine Kur geeignet. Alte, ausgetrocknete Hefe riecht übel und soll nicht mehr verwendet werden. Einst war es ein großes Problem, dafür zu sorgen, daß Hefeteig nicht zusammenfiel. Dies kommt heute vor allem deshalb kaum mehr vor, weil die Küchen unserer Tage bei weitem nicht mehr so zugig sind wie die unserer Altvorderen, und auch nicht mehr so kühl.
Wichtig: Erst zum Schluß salzen!

TROCKENHEFE

Diese können wir als Alternative zur Preßhefe verwenden. Sie wurde bei einer Temperatur von rund sechzig Grad vakuumgetrocknet. Man mischt sie trocken unter das Mehl. Oder man „erweckt" sie in gezuckertem, lauwarmen Wasser zu neuem Leben. Bitte beachten Sie jeweils genau die Gebrauchsanweisung. Trockenhefe kann zwischen einem halben Jahr und einem Jahr (trocken) aufbewahrt werden.
Aus Hefe hergestellte Brote schließen im Getreide nur jene Stoffe auf, die Hefe bei ihrer Gärung benötigt. Alle anderen Getreideinhaltsstoffe (die bei Sauerteig-Verwendung aufgeschlossen werden) fehlen bei Hefebrotteig gänzlich.

DER SAUERTEIG

Für die Verarbeitung von Roggenmehl ist Hefe als Lockerungsmittel ungeeignet. Die Krume eines solchen Brotes würde feucht, klitschig, fade schmecken. Die im Handel angebotenen Säuerungsmittel, die man hier verwenden könnte, haben den Nachteil, daß sie aus organischen Säuren und Salzen bestehen, also chemische Präparate sind. Durch ihre Führung werden die Nährstoffe auch nicht richtig ausgenützt. Daher verwendet man bei Roggenmehlen Sauerteig. Dadurch verbessern wir den natürlichen Wert des Mehls durch die biologische Wirkung der Milchsäurebakterien. Sauerteig ist allerdings zeitaufwendiger herzustellen als Hefeteig. Bei Hefe geht der Teig schneller auf, ist schneller gebacken und nicht so sättigend wie Sauerteigbrote.

Herstellung von Natursauerteig

Einen Natursauerteig kann man selbst zu Hause herstellen, ohne daß man dazu Hefe oder ein fertiges Sauerteigpräparat kaufen muß.
Wenn man Vollkornmehl mit Wasser vermischt und dieses Gemisch ohne Zusatz irgendeines Treibmittels bei nicht zu kühler Temperatur stehenläßt, erhält man nach einer gewissen Zeit einen gärenden Teig. Diese Gärungserreger befinden sich

auf der Schale des Getreidekorns. Auch wenn das Getreide vor der Vermahlung gewaschen wird, bleibt ein Teil der Säurebildner und wilde Hefe auf der Schale und gelangt so in den Teig. Dort beginnen sie mit ihrem Eigenleben und lösen damit Gär- und Säuerungsvorgänge aus. Sowohl durch die Luft gelangen Gärungserreger in den Teig als auch durch das Wasser.
Ein Rezept für die Herstellung eines „Haussauerteiges“ sieht nun folgendermaßen aus:

60 Gramm Roggen, frisch vermahlen, und 60 Gramm Wasser (25° Celsius zu einem Teig mischen, mit Zwiebelscheiben bedecken und 24 Stunden stehen lassen. Zwiebelringe weggeben und diesen Grundteig noch einmal mit 60 Gramm Roggen, frisch vermahlen, 60 Gramm Wasser (25° Celsius) zu einem Teig vermischen, 24 Stunden stehen lassen und noch einmal mit 60 Gramm Roggen, frisch vermahlen, und 60 Gramm Wasser (25° Celsius) vermischen. Dieser Teig bleibt 12 Stunden stehen, dann haben Sie einen Natursauerteig, der sofort backfähig ist. Wollen Sie nun aber einen Sauerteig haben, der längere Zeit haltbar ist, dann ist das Aufreiben zu Graupen (einem Gerstl) eine Maßnahme, durch die ein Stück Sauerteig tagelang ohne Schäden konserviert werden kann. Es muß in den Sauerteig soviel Roggenvollkornmehl hineingearbeitet werden, daß sich der Teig zu feinen Krümeln aufreiben läßt. Durch die verhältnismäßig große Mehlmenge und die geringe Feuchtigkeit kommt die Gärung im Gerstl weitgehend zum Stillstand. Vor der Verwendung muß das Gerstl (müssen die Graupen) wenigstens eine Stunde in Wasser eingeweicht werden. Erst dann kann der Brotteig gemacht werden.

DAS BACKPULVER

Dieses sollte bei der Herstellung von Vollwertbackwaren äußerst sparsam verwendet werden. Allerdings ist es oft besser, für einen großen Nutzen einen kleinen Nachteil in Kauf zu nehmen. Denn das — chemisch erzeugte — Natriumcarbonat ist zwar keine natürliche Zutat, aber die erzielte Lockerung der Masse macht diese erst verdaulich.

DIE BROTGEWÜRZE

Prinzipiell befürworten wir das Würzen von Brot und Gebäck. Mit einer einzigen Ausnahme: Salz sollte eher unterdosiert werden, denn es bindet Wasser im Körpergewebe: Acht Gramm Speisesalz binden einen Liter = ein Kilogramm! Heftiger Salzgenuß wird sich sehr bald in Ihrem Körpergewicht manifestieren. Alle anderen Gewürze jedoch regen die Bildung von Verdauungssäften an und sind — natürlich in entsprechender Dosierung — zu empfehlen.

ANIS

Wird im Mittelmeerraum im Juli und August geerntet. Seine wichtigsten Inhaltsstoffe: ein ätherisches, ein fettes Öl, Schleimstoffe, Eiweiß, Zucker, Cholin usw.

Anis wirkt bei Blähungen, ist galletreibend und gut zur Steigerung der Milchabsonderung.
Wir verwenden Anis vor allem bei der Herstellung von Vollkornmehlspeisen, seltener als Brotgewürz...
Bei Verdauungsstörungen mit Völlegefühl empfehlen wir Aniszwieback.

FENCHEL
Dieser enthält ein appetitanregendes, ätherisches Öl, das die Verdauung fördert und Blähungen verhindert. Fenchel dient auch als natürliches Mittel gegen Husten. Er regt die Drüsentätigkeit an.
Wir verwenden Fenchel vor allem zum Würzen von Brot und Gebäck.
Bei der Umstellung auf Vollwertnahrung bewährt sich Fenchelbrot.

INGWER
Im Fernen Osten — von dort stammt Ingwer — findet dieses Gewürz in der Küche vielfältige Anwendung. Wir kennen hier nur den getrockneten Ingwer, der ein ätherisches Öl, einen Bitterstoff, Harz, Stärke, Mineralstoffe und einige bisher noch nicht geklärte Substanzen enthält. *Ingwer hat magenstärkende, speicheltreibende, schleimlösende und entzündungshemmende Funktion. Bei Nierenentzündung ist Ingwer allerdings streng verboten!*
Wir verwenden Ingwer vor allem bei der Bereitung von Lebkuchen und Biskuits.

KAKAO
Die Frucht des Kakaobaumes — der in Afrika, in Ceylon, Java und Zentralamerika wächst — enthält Fett, das allerdings durch Abpressen der Kakaomasse entfernt wird. Im Kakao finden sich Spuren von Coffein, mehr noch des Theobromins, das die Gefäße erweitert und bei körperlicher und geistiger Ermüdung aufmunternd wirkt.
Wir verwenden Kakao vor allem als Bestandteil von Kuchenmassen.
Kakao wirkt harnstabilisierend. An Gicht und Rheuma Erkrankte sollen ihn nicht zu sich nehmen.
Bei Müdigkeit ist eine Tasse Kakao empfehlenswerter als eine Tasse Kaffee.

KARDAMON
Frucht des in Ostasien und Südamerika vorkommenden Kardamonstrauches. Die von dieser Frucht verwendeten Samen wirken speichelfördernd, blähungshemmend, kühlend und harnfördernd. Seine ätherischen Öle verleihen dem Kardamon einen würzig-scharfen Geruch.
Wir verwenden Kardamon vor allem für Pfefferkuchen-Würzmischungen, in Weihnachtsgebäck und in Lebkuchen.

KORIANDER
Diese Pflanze, die stark nach Wanzen riecht, trägt eine kugelige Frucht, deren Samen als Gewürz genutzt wird. Sie enthalten Öl und eine andere fette Substanz, ferner Eiweiß, Zucker und Vitamin C.
Wir verwenden Koriander vor allem bei der Herstellung von Vollkornbrot, vor allem kombiniert mit Fenchel und Kümmel — das ideale Brotgewürz.
Koriander wirkt krampflösend, windtreibend, fieberhemmend und blutreinigend.

KÜMMEL

Diese stark aromatische Pflanze ist praktisch weltweit, vorwiegend aber in den südlichen Ländern verbreitet. Fälschlicherweise werden die Früchte als Samen bezeichnet. Kümmel enthält Eiweiß, Fett, Zucker und ein ätherisches Öl.
Wir verwenden ihn vor allem als sehr beliebtes Brotgewürz.
Er wirkt appetitanregend, verdauungsfördernd und beseitigt Blähungen.

LEINSAMEN

Das ist der Samen des echten Leins, den wir auch Flachs nennen. Leinsamen holt zu hohen Blutdruck herunter; er hilft, das Cholesterin im Körper zu normalisieren; er wirkt sich aber auch als Vorbeugungsmittel gegen Arteriosklerose aus. Wir müssen Leinsamen vor Verwendung über Nacht quellen lassen, sonst kommt es zu gewaltigen Magenbeschwerden.
Leinsamen muß nach dem Mahlen sehr rasch — und zwar innerhalb weniger Minuten — verwendet werden, zumal das Leinsamenmehl sehr rasch oxydiert und dabei viele seiner ätherischen Öle verliert.
Leinsamenöl wird überraschend schnell ranzig. Den ganzen Leinsamen zu verzehren bringt wenig, da er kaum zu kauen ist und daher meist auch in seiner ganzen Größe aus dem Körper ausgeschieden wird.
Wir verwenden Leinsamen als Zugabe zu Brot und Müsli vor allem wegen seiner gesundheitlichen Wirkung.
Diabetiker müssen den Fettgehalt als Austauscheinheit berechnen.

MOHN

Schlafmohn birgt rund fünfzig Prozent Öl, aber keinerlei giftige Inhaltsstoffe. Diese findet man nur im Milchsaft der Mohnkapsel. Der mitteleuropäische Mohn hat hohen Nährwert und enthält Eiweiß, Zucker, Mineralstoffe und organische Säuren. Der Gesundheitswert des Mohns ist gering.
Wir verwenden Mohn vor allem als Zutat zu bestimmten Teigen, zum Bestreuen von Kleingebäck und — nach Aufkochen in Milch — zur Bereitung von Füllungen.
Diabetiker müssen den Fettgehalt als Austauscheinheit berechnen.

SAFRAN

Seit urdenklichen Zeiten wird dieses Gewürz — es gilt als das teuerste der Welt — auch als Grundlage für Arzneimittel, Parfums und Farbstoffe verwendet. Er wirkt — betrachtet man den gesundheitlichen Effekt — schmerzstillend, krampflösend, bei Husten und bei Augenentzündungen. Safran harmoniert mit allen Gewürzen des Mittelmeerraums. Da er sehr lichtempfindlich ist, soll man ihn dunkel aufbewahren.
Wir verwenden Safran vor allem als Gewürz und als Färbemittel.

SALZ

Viele Anhänger der Vollwertkost meinen, man möge sein tägliches Brot — und nicht nur das Brot — nicht mit gewöhnlichem Kochsalz, sondern mit dem viel wertvolleren und gesünderen Meersalz würzen. Es hat schon seine Richtigkeit, denn das Verhältnis von Spurenelementen und Salzen steht im Meer im gleichen Verhältnis wie im menschlichen Blutplasma. Soweit haben die Befürworter der „Meersalz"-Richtung auch völlig recht.
Wir müssen aber anderseits bedenken, daß die Verschmutzung der Weltmeere heute

bereits gigantische Ausmaße angenommen hat und wir daher Meersalz nicht mehr mit bestem Gewissen empfehlen können. Bei der Salzgewinnung „am Berg“ wird zwar Natriumchlorid isoliert, wir haben es also wieder mit einem Auszugsprodukt zu tun. Doch haben wir hier weitgehend die Gewähr, daß es sich um ein Produkt handelt, das noch nicht durch diverse Umweltschädigungen selber Schaden erlitten hat.
Wir sollten mit Kochsalz jedenfalls vorsichtig umgehen, da wir oft nicht die in den verschiedenen Lebensmitteln versteckten Salze mit in unsere Rechnung einbeziehen. Wir sollten statt dessen mit verschiedenen Kräutern, oder auch mit Knoblauch, Zwiebel usw., würzen.

SESAM
Das ist der zerquetschte Samen des Sesamkrauts. Sesam enthält Eiweiß, Mineralien, Kieselsäure und hat einen hohen Fettanteil. Sein Lecithingehalt wirkt sich positiv auf das Nervensystem aus.
Sesam eignet sich besonders gut für Krankendiäten, etwa bei Magen-Darm-Erkrankungen, bei bestimmten Herzerkrankungen und bei Bluthochdruck.
Wir verwenden Sesamkörner zum Bestreuen von Broten und Kleingebäck. Sie finden in diesem Buch auch ein Rezept der sehr beliebten Kraftkugeln, in denen Sesam eine wichtige Rolle spielt.
Diabetiker müssen den Fettgehalt als Austauscheinheit berechnen.

SOJA
Die Sojabohne hat sich in Mitteleuropa erst im Laufe der letzten Jahrzehnte durchzusetzen begonnen. In Ostasien ist sie seit Jahrtausenden eine angesehene Delikatesse.
Der reife Samen enthält Eiweiß, Kohlenhydrate, Lecithin, Vitamine und Fett. Der in 500 Gramm enthaltene Nährstoffgehalt von Soja entspricht 27 Hühnereiern oder 5250 Gramm Rindfleisch! Vor einiger Zeit wurde in der Sojabohne eine Substanz entdeckt, die sich gegen Arteriosklerose einsetzen läßt. Roh ist die Sojabohne giftig!
Wir verwenden Sojamehl für die Herstellung von Backwaren, aber auch als Würze.

VANILLE
Vanille ist die Schote einer Orchideenart und wird etwa 10 bis 20 Zentimeter lang. Man erntet sie unreif und fermentiert sie. Die ganzen Schoten halten länger. Vanille harmoniert besonders gut mit Zimt, Ingwer und Nelken. Die empfindlichen Vanillestangen müssen luftdicht aufbewahrt werden, trocken und unbedingt abgesondert von anderen Gewürzen.
Wir verwenden Vanille zur Herstellung von Backwaren.

ZIMT
Die innere Rinde des in tropischen Ländern wachsenden Zimtstrauchs enthält ätherische Öle, Zucker, Harz, Gerbstoffe und Kalziumoxalat. Sowohl die Zimtstangen als auch das Pulver dienen uns als Gewürz.
Zimt wird von den Heilkundigen des Fernen Ostens als krampflösende, gefäßzusammenziehende, antiseptische, antiparasitische sowie als fäulnishemmende Arznei beschrieben.
Wir verwenden Zimt vor allem als Gewürz für Kuchen und Kleingebäck.

ZWIEBEL
Die verschiedenen Zwiebelsorten kommen in weiten Teilen Europas, Asiens und Amerikas vor. Die Zwiebel enthält zahlreiche für den Menschen wichtige Stoffe, etwa Eiweiß, Kalium, Kalzium, Phosphor, Eisen, Schwefel, Fluor und das Vitamin C. Ferner Panthoden, Nikotinsäure und Karotin. Unter allen Arten ist die Scharlottenzwiebel die reichste an ätherischen Ölen.
Die Zwiebel wirkt entschlackend, darm- und magenreinigend, sekretions- und gallefördernd.

DIE FETTE

BUTTER
Das Milchfett enthält zahlreiche wichtige Nährstoffe: rund 0,7 Prozent Eiweiß, 82 Prozent Fett (gesättigt und ungesättigt), Mineralstoffe und Wasser. Erwähnenswert: die Vitamin-A-Anteile.
Wir verwenden Butter für feine Backwaren. Geschmacklich verträgt sich Butter besonders gut mit Vollkorngebäck, das normalisierend auf den Blutcholesterinspiegel wirkt.
Diabetiker müssen das Fett als Austauscheinheit berechnen.

DISTELÖL
Auch Safloröl genannt. Es enthält 75 bis 80 Prozent Linolsäure, etwa 13 Prozent einfach ungesättigte Fettsäuren, 10 Prozent gesättigte Fettsäuren.
Distelöl ist cholesterinfrei und wird zur Herstellung von Diabetikergebäck gebraucht.
Distelöl kann zum Braten, Backen und zum Kochen verwendet werden. Es schont die Leber und die Galle, ist gut für Herz- und Kreislaufkranke sowie für Diabetiker.
Weitere kaltgepreßte Öle: Maiskeimöl, Olivenöl, Sonnenblumenkernöl, Sesamöl, Weizenkeimöl.
Verwendet man das Distelöl statt Butter, so muß man von der Schüttflüssigkeit etwas weniger nehmen.

MARGARINE
Aus tierischen und pflanzlichen, oft nur aus pflanzlichen Fetten bestehend, etwa aus gehärteten Tranen, Sojabohnen, Erdnüssen, Sonnenblumenkernen, Baumwollsamen usw. Diese und andere Stoffe werden künstlich mit Vitaminen angereichert. Mit Ausnahme von manchen diätetischen Rezepten lehnen wir — im Hinblick auf unsere Vorstellungen von vollwertiger Nahrung — Margarine beim Brot- und Kuchenbacken ab, zumal dieses Fett im Rahmen eines chemischen Prozesses gewonnen wurde. Wir bevorzugen in der Regel Butter und kaltgepreßte Öle statt dieses vielfach gefärbten, gebleichten, parfümierten und gehärteten Produkts, das biologisch als tot zu bezeichnen ist.
Diabetiker müssen den Fettgehalt als Austauscheinheit berechnen.

AHORNSIRUP

Die Inhaltsstoffe dieses Saftes, der aus verschiedenen Ahornarten gewonnen wird, sind vorwiegend Apfelsäure, Fruktose, Glukose. Ahornsirup ist — wie Honig — eine Alternative zu Industriezucker, den wir in der Vollwertküche grundsätzlich ausklammern. Ahornsirup kann man auch als Aufstrich auf Vollkornbroten verwenden.
Diabetiker müssen die Kohlenhydrate als Broteinheiten berechnen.

APFEL

Äpfel sind äußerst gesund: täglich sollten wir zwei Stück essen, wenn möglich ungespritzt aus biologischem Anbau. Geschabte Äpfel entlasten das Herz und wirken entwässernd, ferner regulieren sie unsere Darmtätigkeit. Geschabte, rohe Äpfel wirken bei Durchfall stopfend, gekochte Äpfel führen zu einem leichten Abführen. Äpfel lagert man bei einer Temperatur von plus fünf Grad Celsius am besten im Keller.
Diabetiker müssen bei Äpfeln stets die Broteinheiten berechnen.

APRIKOSE (MARILLE)

Diese saftige, aromatische und süße Frucht wird für Marmeladen verwendet, aber auch als Trockenfrucht. Aprikosen regen die Darmtätigkeit an und sind blutbildend. Menschen mit Leber-Galle-Störungen sollten Aprikosen nur als Kompott und Saft verwenden.
Diabetiker müssen bei Aprikosen stets die Broteinheiten berechnen. Achtung: Aprikosen haben hohen Kaliumgehalt!

BUTTERMILCH

Diese bei der Butterung abfallende Flüssigkeit ist fast fettfrei und von gutem Geschmack, aber auch günstig für die Darmflora. Buttermilch ist eine wichtige Zutat bei der Herstellung von gutem Vollkornbrot. Auf zirka 1000 Gramm Vollkornmehl sind zirka 250 Gramm Buttermilch zu verarbeiten, wobei der Buttermilchgeschmack bei Weizenvollkornbrot besser hervortritt als bei Roggenvollkornbrot. Sehr zu empfehlen sind jene Rezepte, die Buttermilch zur Herstellung von Vollwertmehlspeisen vorschreiben.

DATTEL

Diese süße Frucht der Dattelpalme verwenden wir als Zutat für Backwaren. An Inhaltsstoffen finden wir in der leicht getrockneten Dattel Vitamin A, B1, B6, C, Niacin und Karotin.
Die Dattel hat einen hohen Zuckergehalt, ist also für Diabetiker nicht geeignet.

EI

Im Handel werden Eier verschiedener Größe und Güteklassen angeboten. Darauf sollten wir achten, und zugleich darauf, daß also Ei — was Quantität und Qualität betrifft — nicht immer Ei sein muß. Im Ei finden wir die Vitamine A, B1, B2, D und E, ferner Niacin, Pantodensäure, Biotin und Karotin.

Bei Herz-Kreislaufstörungen ist der hohe Cholesteringehalt des Eies zu berücksichtigen. Es ist speziell für manche Diäten besonders geeignet (Kartoffel-Ei-Diät...) sowie bei Nierenkrankheiten.

FEIGE

Diese in Afrika und in den Mittelmeerländern wachsende Frucht kennen wir hierzulande nur als Trockenfrucht. In der getrockneten Feige finden wir mehr Vitamine als in der frischen Frucht (A, B1, B2, B6, C).
Vom gesundheitlichen Standpunkt aus sind Feigen bei Verdauungsstörungen, bei Gallenleiden und bei Kaliummangel empfehlenswert. Bei Niereninsuffizienz hingegen ist die Feige — wegen ihres hohen Kaliumgehalts — verboten. Auch für Diabetiker ist sie ungeeignet.

HONIG

Wir unterscheiden eine Reihe von Honigsorten:
Lindenblütenhonig (grünlichgelb); Obstblütenhonig (gelbbraun); Kleehonig (dunkelgelb); Rapshonig (dunkelgelb); Akazienhonig (helles Gelb); Fichten- beziehungsweise Tannenhonig (dunkelgrün, schwärzlich) usw.
Honig verwenden wir vor allem anstatt Zucker. Er besteht zwar meistenteils (zirka 75 Prozent) aus Zucker, ist aber ein natürliches Produkt. An Vitaminen ist der Honig nicht reich, auch nicht an Mineralstoffen.
Empfehlenswert ist er bei Magen-Darm-Erkrankungen (schonend), bei Husten und Heiserkeit und als Unterstützung der Lebertätigkeit. Wichtig ist er — der wohldosiert genommen werden muß, sonst richtet er mehr Schaden als Nutzen an — bei der Blut- und Knochenbildung.
Diabetiker verzichten besser auf Honig.

KÄSE

Für uns kommt, was das Backen von Brot und Brötchen betrifft, vor allem geriebener Hartkäse in Betracht: Emmentaler, Parmesan, Bergkäse usw. Zu beachten ist, daß Käse äußerst fettreich sein können. Aus diesem Grunde sollte man stets nachsehen, wieviel Fett in der Trockensubstanz (F. i. Tr.) darin enthalten ist.
Bei Diabetikern ist das Fett als Austauscheinheit zu berechnen.

KARTOFFELN

Sie sind ein Geschenk des 1493 von Cristobal Columbus entdeckten Amerika: köstlich und richtig gekocht, gebraten, gebacken, als Haupt- und Zuspeise... Sie hat eine Reihe von Vitaminen, Stärke, etwas Cholesterin und relativ viel Zitronensäure.
Kartoffeln eignen sich für viele Diäten. Sie wirken wasserentziehend, sind das rechte Gemüse bei Gicht, Rheuma, Magenerkrankungen und Nierenleiden: allerdings in all diesen Fällen salzlos. Kartoffelbrei dient auch bei der Herstellung des Brotes als echter „Frischhalter". Der Kartoffelzusatz kann bei Weizenvollkornbrot bis zu 25 Prozent der Vollkornmenge betragen. Nicht so bei Roggenmehl: da treten bei Zusätzen über zehn Prozent Mängel auf.
Der hohe Kohlenhydrategehalt der Kartoffel ist von Diabetikern in Broteinheiten zu berechnen.

MANDEL

Der Mandelbaum trägt sowohl süße als auch bittere Früchte. Er wächst im Süden Europas (Mittelmeerländer), in Südrußland und Syrien. In Mandeln finden wir relativ viel Cholesterin und Purin, aber auch eine Reihe von Vitaminen. Die süßen Mandeln dienen zur Herstellung von Marzipan, die bitteren zur Herstellung von Bittermandelöl (Gewürz). Dieses ist mit einiger Vorsicht zu genießen, zumal es in Verbindung mit Flüssigkeiten Blausäure bilden kann.
Wegen des hohen Kaliumgehalts für Nierenkranke verboten. Vorsicht ist geboten bei Menschen mit Gallen- und Fettstoffwechselstörungen.

MILCH

Darunter verstehen wir im konkreten Fall Kuhmilch. Diese wird heute in den seltensten Fällen direkt abgegeben, sondern über den Weg der Molkereien. Wir kennen Milch in vielen verschiedenen Formen: als homogenisierte Milch, die für Säuglinge und Kranke empfehlenswert ist, weil das Eiweiß fein ausgeflockt und die größeren Fettkügelchen zertrümmert sind. Pasteurisierte Milch wurde innerhalb eines Kalendertages durch Erhitzung keimfrei gemacht und danach kühl aufbewahrt. Wir kennen ferner saure Milch, Buttermilch, Sauerrahm, Sahne, Trockenmilch und Kondensmilch.
Milch enthält im Durchschnitt 88 Prozent Wasser, ferner drei Prozent Eiweiß, Fett, Milchzucker, Mineralstoffe; dazu finden wir in Milch eine Reihe von lebenswichtigen Vitaminen (vor allem A, B2, B6 und Pantothensäure). Milch ist gleichsam für unser Leben unentbehrlich. Und vor allem eine ideale Ergänzung zur Getreidekost. Denn beide Produkte verhindern chronische Mangelkrankheiten. Allerdings hat Milch auch ihre Tücken: Es gibt eine schwer in den Griff zu bekommende Milch-Eiweiß-Allergie. Milch kann Schleimhautschwellungen verursachen, und mitunter verhindert sie die Gesundung nach Schnupfen.
Nierenkranke müssen wegen des in der Milch aufscheinenden Phosphors vorsichtig sein!

ORANGEAT

Von nicht gespritzten, chemisch also nicht vorbehandelten Orangen wird die Schale kandiert (nachdem sie entsalzt und blanchiert wurde). Wir verwenden Orangeat für bestimmte Kuchen.
Diabetiker müssen darauf achten, daß Orangeat zuckerfrei genommen werde.

QUARK (TOPFEN)

Wir unterscheiden Quark (Topfen) verschiedener Formen:
Magerquark, Sahnequark, Speisequark... Dieses eiweißreiche Produkt wird in der Diätetik und bei Vegetariern als Ersatz für tierisches Eiweiß verwendet. Wir verwenden Quark sowohl als Fülle als auch als Brotaufstrich (in verschiedenen Variationen).

ROSINE

Getrocknete Weinbeeren, von denen wir eine ganze Reihe verschiedener Sorten kennen (Sultaninen, Smyrnasultaninen, Korinthen usw.), haben einen hohen Zuckergehalt. Wir verwenden sie vor allem in Mehlspeisen und bestimmten Feingebäcken. Übrigens haben wir in Zusammenhang mit Rosinen eine interessante Ent-

deckung gemacht: mit ihnen zubereitete Produkte schimmeln offenbar nicht oder viel später.
Kalorien bei Nierenkrankheiten berechnen.

SONNENBLUMENKERNE
Die schwarzbraunen, leicht öligen und wie Nüsse schmeckenden Sonnenblumenkerne verwenden wir — leicht angeröstet — vor allem bei der Herstellung von Sonnenblumenkernbrot. Das kaltgepreßte Sonnenblumenöl kann man auch zu Diätzwecken einsetzen.
Sonnenblumenkerne haben sehr viel Fett, deshalb muß dieses als Austauscheinheiten mitgerechnet werden (Diabetiker!), Gallenkranke, Vorsicht! (Senkt den Cholesterinspiegel des Blutes, Arteriosklerose!)

TROCKENFRÜCHTE
Diese dienen uns im Rahmen der Vollwertküche vor allem als Würzmittel — statt Industriezucker. Eine Reihe von Backwaren und vor allem Müslis werden erst durch ihre Zugabe richtig schmackhaft. Trockenfrüchte sind wertvolle Mineralien- und Vitaminspender: Etwa hundert Gramm Trockenfrüchte decken unseren Tagesbedarf an Kalium zu rund einem Drittel. Trockenfrüchte werden am besten einen Tag vor Gebrauch in Mineralwasser eingeweicht, unmittelbar vor Gebrauch fein geschnitten und als Würze verwendet. In Leitungswasser eingeweichte Trockenfrüchte verderben oft! Trockenfrüchte sind übrigens auch ein integrierender Bestandteil von Kraftkugeln. Vorsicht: nur ungeschwefelte Trockenfrüchte kaufen!

ZITRONE
Von der Zitrone verwenden wir sowohl den Saft als auch das Fruchtfleisch und auch die Schale der ungespritzten, nicht gewachsten Frucht. Bei Erkältungskrankheiten kommt ihre desinfizierende Wirkung sowie ihr Vitamin-C-Gehalt zum Tragen. Zitronengenuß wirkt fiebersenkend.
Zu großzügiger Gebrauch kann jedoch zu Magen-Darm-Erkrankungen führen.

Vom Kornfeld bis in die Backstube

Auf unserer Erde wachsen rund viertausend Gräserarten. Einige wenige von ihnen sind die Urmütter unserer Brotgetreide. Mit ihrem damals noch intakten Sinn für nützliche Lebensmittel entdeckten unsere Vorfahren, daß die Samen dieser wilden Gräser eßbar sind. In unserer kurzen Geschichte des Brotes haben wir die verschiedenen Entwicklungsstufen von diesen ersten Anfängen bis heute beschrieben. Von der Entdeckung der Möglichkeit, daß man Korn zu Mehl vermahlen kann, bis zum Beginn des industriellen Zeitalters war — jahrtausendelang — das ganze, das „volle" Korn Basis des täglichen Brotes gewesen. Man aß, wie die bekannte Redewendung sagt, „Brot aus echtem Schrot und Korn"...

Das technische Zeitalter schuf für die Industrie neue Voraussetzungen. Die neu zur Verfügung stehenden Energien — der Dampf erst, dann der elektrische Strom — ermöglichten die Entwicklung von großen Maschinen, die wiederum Massenproduktion zuließen. Dieser Umstand hatte eine Reihe von Vorteilen gebracht: nicht nur für die Unternehmer, die solcherart billiger produzieren und ihre Gewinne maximieren konnten; die Massenproduktion half auch, die Versorgungssituation zu verbessern. Allerdings waren, um dieser neuen Lage Herr zu werden, einige Voraussetzungen zu schaffen. Denn das aus dem ganzen Korn hergestellte Mehl ist ein rasch verderbliches Lebensmittel. Wie, so überlegte man nun, wie kann man dieses Produkt über lange Zeiträume hin haltbar machen, wie es konservieren? Und „erfand" die uns bekannten Auszugsmehle, die — der Schale und des Keimes beraubt — zu Kalorienbomben ohne biologischen Wert wurden.
Damit aber nicht genug! Um den Ertrag — und damit den Profit — möglichst hochzutreiben, mußte die Natur gleichsam bevormundet werden. Man setzte Kunstdünger in Massen ein, man spritzte Schädlingsbekämpfungsmittel: lange Zeit nicht bedenkend (oder es nicht wahrhaben wollend), daß sich diese Aktivitäten im Korn niederschlagen und sich beim Verbraucher, im Menschen, auswirken könnten. Im Gegenteil, man hypertrophierte den Totalangriff der Chemie auf unser tägliches Brot. Wer weiß denn schon, daß das Saatgetreide schon lange vor der Aussaat mit einer Quecksilberlösung gebeizt wurde... Wer weiß schon, daß die Halme aus der stickstoffüberdüngten Erde so hoch emporschießen, daß sie — zum Tragen der Ähre nicht mehr stark genug — zum Knicken neigen? Also setzt man die — natürlich chemischen — „Halmverkürzer" ein. Nicht genug damit, denn um jede Möglichkeit einer Korn-Erkrankung zu minimieren, schießt man mittels chemischer Zeitbomben gegen Pilzerkrankungen und tierische Pflanzenschädlinge. Sie haben bereits

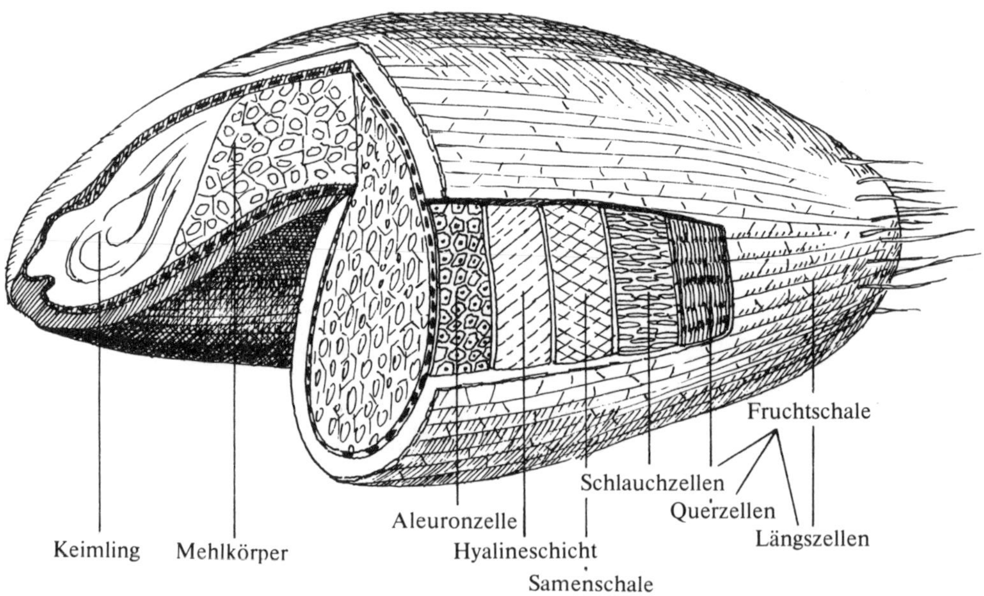

Schematische Darstellung eines Weizenkorns

genug? Wir sind noch lange nicht am Ende, wir sind erst im Getreidesilo. Da pflegen sich Ratten, Mäuse und anderes Kleingetier wohlzufühlen. Also durchgast der Mensch, um diese ungewollten Aftermieter zu vertreiben, mittels Blausäure- und Nikotinsäurepräparaten das „Körndl"...
Wollen wir beim Selberbacken vermeiden, allzuviel Chemie in den Körper zu bekommen, so müssen wir auf Getreide aus biologischem oder organisch-biologischem Anbau zurückgreifen.

Biologischer Anbau
Man kann es, ausgestattet mit dem Wissen unserer Zeit, nur als Unsitte begreifen, daß mancher Brothersteller dem Korn erst die wertvollen Ballaststoffe raubt, um sie dem Teig — der biologisch toten Substanz — als Kleie wieder hinzuzufügen und das so geschaffene Produkt als besonders wertvoll und gesund anzupreisen. Dies ist ebenso absurd wie der Umstand, daß viele gesundheitsbewußte Menschen zwar Brot aus Auszugsmehlen essen, zusätzlich aber auch Kleie, die vorher eben diesem Brot als wertlos entnommen worden war.
Wir verwenden in unseren Rezepten grundsätzlich das ganze Korn, und, soweit das möglich ist, Korn aus biologischem Anbau. Es ist uns bewußt, daß heute in sämtlichen Pflanzen, ja in sämtlichen Lebewesen dieser Erde, Umweltgifte gespeichert sind. Auch unser Getreide bildet leider keine Ausnahme. Da nutzt es nichts, wenn es geschält und gewaschen wird. Denn die Giftstoffe sind über die ganze Pflanze verteilt. Gewächse aus biologischem Anbau können also gar nicht ganz ohne schädliche Rückstände sein. Aber es ist nicht in dem Ausmaß wie das übliche Getreide noch zusätzlich mit Pestiziden und Herbiziden verseucht.
Wir kennen aber — selbst unter den auf dieser Welt herrschenden problematischen Umweltzuständen — eine Getreideart, die von Schäden weitestgehend unbelastet blieb: das Waldkorn. Dieses Roggengetreide wächst — der Name erzählt es uns — im Wald, weit weg von gefährdenden Autostraßen, und wird alljährlich vom Förster geerntet — leider nur in sehr kleinen Mengen!

Näheres über Getreide aus biologischem Anbau erfahren Sie im Reformgeschäft beziehungsweise im Öko-Laden. Wichtigstes Kriterium beim Getreideeinkauf ist die Keimfähigkeit der Körner.

Wie kann man Getreide auf seine Keimfähigkeit hin prüfen?
100 Getreidekörner abzählen, in etwas Wasser einweichen. Das Korn muß innerhalb von sechs Tagen auskeimen. Diese Keime werden bis zu 10 Zentimeter lang. Waren die Keime unbeschädigt, so keimen 95 von 100 Körnern. Liegt die Zahl der gekeimten Getreidekörner unter 80, so kann man dem Material keine Vollwerteigenschaften zubilligen.

Besondere Vorsicht hat man beim Kauf hinsichtlich des Auswuchsgetreides walten zu lassen. Was das ist? Ist die Keimung des Getreides auf dem Halm vor der Ernte erfolgt und haben sich innerhalb des Korns erhebliche, den Backwert stark beeinträchtigende Veränderungen ergeben, so sprechen wir von Auswuchsgetreide. Es entsteht, wenn es vor der Ernte eine längere Regenperiode gegeben hat.

Woran erkennt man Auswuchsgetreide?

- Wurzel und Blattkeime sind mit freiem Auge erkennbar
- Fingernagelprobe: Auswuchsgetreide ist weich
- Geschmacksprobe: Auswuchsgetreide schmeckt süßlich
- Gewichtsprobe: Auswuchsgetreide wiegt beträchtlich mehr als die gleiche Menge Vollwertgetreide

Was geschieht, wenn wir Auswuchsgetreide verarbeiten?

- Die Mahlsteine der Mühle verschmieren sich
- Aus Auswuchsgetreide hergestellte Teige greifen sich sehr feucht an
- Die Krume von Broten aus Auswuchsgetreiden ist schmierig, die Kruste löst sich von der Krume, die Bräunung ist kräftig, der Geschmack süßlich

Getreide, richtig aufbewahrt, ist mehrere Jahre lang haltbar. Wir lagern Getreide luftig und trocken am besten in einem Jutesack. Wir mahlen es immer nur unmittelbar vor Gebrauch. Aus diesem Grunde ist die Anschaffung einer Getreidemühle unbedingt zu empfehlen (siehe auch Seite 57). Der Bauer liefert sein Getreide an die Mühle, wo es weiterverarbeitet wird.

Wie bereits angedeutet, ist heute vieles anders geworden, denkt man an die Zeiten, als das Wandern noch des Müllers Lust war. Denn damals wurde selbstverständlich das ganze Korn vermahlen, es gab — wie bereits berichtet — nichts anderes als Vollkorn. Das änderte sich erst mit der industriellen Revolution und deren Forderungen. Da Mehl sich nicht für langfristige Lagerung eignet, mußte man nach Methoden suchen, es zu konservieren. Bald erkannte man, daß es die gröberen Teile im Korn sind, die eine chemische Veränderung des Mehls bewirken: der Keim und die Samenschale. Sie galt es zu eliminieren. Was relativ einfach zu bewerkstelligen war. Man schüttelte das gemahlene Mehl durch ein engmaschiges Sieb. Was die Maschen nicht passieren konnte, wurde ausgeschieden: der Keim und die Samenschale. Was man damals, als man diese Methode entwickelte, noch nicht wußte: daß man damit auf wertvolle Mineralstoffe und Vitamine freiwillig verzichtete...

In den Handel gelangte das „Auszugsprodukt", das nur mehr den Mehlkörper und damit pure Energie ohne Vitalstoffe enthielt. Damals ahnte man auch noch nicht, wie wichtig für die menschliche Verdauung die damit ausgeschiedenen Ballaststoffe sind. Denn diese Zellulose kann zwar vom Körper nicht aufgeschlossen werden, ist aber gleichsam die Gesundheitspolizei unseres Magen-Darm-Trakts. Sie versteht es, den Magen zu füllen und uns zu signalisieren: der Körper habe im Augenblick genug, brauche keinen Energienachschub. Was sich äußerst günstig auch auf unsere Figur auswirkt. Und nicht nur das. Ballaststoffe sind Herzinfarkt-Verhüter, Fettleibigkeits-Feinde, die Magen-Darm-Reinigungs-Patrouille...

Vor allem das Mehl der Type 405, das uns in den Läden angeboten wird, ist weitestgehend seiner Eiweiße, Minerale, Vitamine und Ballaststoffe enteignet worden. Das Wort „Type" ist gefallen. Hier bedarf es einiger klärender Bemerkungen. Zunächst: für uns wird dieser Begriff keine Rolle spielen, wenn wir unser Mehl selbst mahlen. Wichtig allerdings ist er, so lange wir es im Selbstbedienungsladen oder bei „Tante Emma" erstehen.

Die Mühlen sind nach der Mehlmarktordnung dazu verpflichtet, ihre Weizen- und Roggenmehle mit sogenannten „Typenzahlen" auszuzeichnen. Diese Zahl gibt jene

Menge an, die übrig bleibt, wenn man hundert Kilogramm des entsprechenden Mehls in einem Heißluftstrom verbrannt hat. Dieser Rest, der aus Mineralien besteht, heißt in der Fachsprache „Asche". Zum Beispiel: Verbrennt man etwa einhundert Kilogramm vom Mehl der Type 405, so verbleiben letztlich 405 Gramm Asche. Je höher die Typenzahl, desto höher der Mineralstoffgehalt des Mehls.

Die meistverbreiteten Mehlsorten und ihre Typenbezeichnung in der BRD

Weizenmehle	Roggenmehle
Tpye 405 — Kuchenmehl	Type 610 — Feinmehl
Tpye 550 — Helles Semmelmehl	Type 997 — helles Brotmehl
Tpye 812 — dunkles Semmelmehl	Type 1150 — Graubrotmehl
Tpye 1050 — Graubrotmehl	Type 1370 — Kommißmehl
Tpye 1200 — dunkles Brotmehl	Type 1800 — Roggenbackschrot
Tpye 1700 — Weizenbackschrot	

Die Typen in Österreich:

Weizenmehl	W 480	Roggenmehl	R	500	Vorschuß
	W 700		R	960	normal
	W 1600		R	2500	Schwarzmehl

Damit wir ein wenig überschauen können, wie groß die Unterschiede zwischen den einzelnen Typen sind, hier einige Vergleiche von wesentlichen Inhaltsstoffen: erst zwischen den Weizentypen 405 und 1700: enthält jener nur 15 Gramm Kalzium, so enthält die zweite Version 41 Milligramm dieses für den Zahn- und Knochenaufbau, für die Nerven- und Muskelfunktionen so wichtigen Materials. Auch der durchschnittliche Kaliumanteil ist hier und dort sehr verschieden: 108 Milligramm zu 290. Kalium ist für die Erregbarkeit von Muskeln und Nerven wichtig. Sehr entscheidend für die Gesundheit — vor allem für das Blut — ist die aufgenommene Eisenmenge. Der Unterschied beträgt hier rund 80 Prozent. Im 405er-Mehl sind 60 μg Vitamin B1 und 30 μg Vitamin B2 enthalten, im 1700er 470 und 170! Ähnlich verhält es sich beim Roggen. Bei diesem beträgt der Eisenunterschied zwischen 815er und 1800er etwa das Doppelte der Menge.

In Verhältniszahlen gesehen gehen etwa beim Weizenmehl der Type 405 folgende Mengen verloren: Vitamin B1 zu 86 Prozent, B2 zu 69 Prozent, das Vitamin E (blutdrucksenkend, reguliert Keimdrüsenfunktionen) zu 100 Prozent. Kupfer zu 75 Prozent, Kalium zu 77 und Magnesium (für Zähne, Haut, Haare) zu 52 Prozent.

Gehen wir ein paar Zeilen lang nur auf den weitverbreiteten Vitamin-B2-Mangel ein, dessentwegen viele von uns an Schlafstörungen, Konzentrationsmangel, an Magen- und Kreislaufstörungen leiden... Dieses Vitamin reguliert den Eiweiß-, Fett- und Kohlenhydratestoffwechsel, es hilft, Blutfarbstoffe zu bilden und beeinflußt das Wachstum von Kindern. Zuwenig Vitamin B2 führt — neben den anderen bereits besprochenen Folgen — auch zu Haarausfall, Muskelentzündungen und zu brüchigen Fingernägeln.

Mit der Chemisierung unseres Brotes sind wir — nachdem bereits das Saatkorn mit ihr konfrontiert war, dann der auf dem Feld wachsende Halm, das im Silo lagernde Korn — noch nicht am Ende. Denn auch das fabrikmäßig hergestellte Brot ist damit eingedeckt. Wir müssen hier, im Hinblick auf diese Zusatzstoffe feststellen, daß sicherlich niemand und niemals mit diesen unnatürlichen Zusatzstoffen bewußt

Böses tun wollte. Es ging stets um redliche Absichten, etwa um das Konservieren. Im folgenden besprechen wir einige Zusatzstoffe, ihre Vor- und Nachteile: Es handelt sich vor allem um Backhilfsmittel, Emulgatoren, Schimmelverhütungsmittel. Wir wollen zwar den Experten der Industrie glauben, daß uns diese Chemikalien nicht schaden. Wir sind aber der Meinung, daß wir — wenn wir nun schon daran gegangen sind, unser künftiges Leben natürlicher und gesünder zu gestalten — auch darauf verzichten wollen. Wir bedürfen ihrer nicht, zumal wir ja immer nur kleine Brotquantitäten herstellen und diese in angemessener Zeit auch verbrauchen. Zudem kennen wir Möglichkeiten, etwa dem Schimmel vorzubeugen:

- peinliche Sauberkeit in der Küche
- das Brot nie im Plastiksäckchen (Plastiktüte) oder im Brotkasten aufbewahren, die im Brotinneren abdampfende Flüssigkeit kann dann nicht abfließen und bietet somit den Schimmelpilzen einen idealen Nährboden
- das Getreide trocken, sauber und luftig lagern

Daß unser Brot, das wir in Selbstbedienungsläden oder im Kaufhaus erwerben, oft nicht unseren hier gestellten Anforderungen nach biologischer Reinheit entspricht, können wir etwa auch einem Urteil entnehmen, das der bundesdeutsche Brot-Oberrichter Adolf Schulz ausgesprochen hat. Amtlich stellte er fest, daß künstliche Teigsäuerungsmittel, Quellstoffe, Frischhalter, Schimmelverhinderer und chemische Aromata den Forderungen nach Natürlichkeit widersprechen.

- *Die Frischhaltemittel:* Ihr Zweck ist es, die Krume weich und elastisch zu halten. Der Brotkäufer soll den Eindruck haben, ein ofenfrisches Brot zu erwerben. Es handelt sich hier meist um einen Emulgator, in der Hauptsache um Lecithin, aber auch um Glyceride. Wir sind auf diese Chemikalien nicht angewiesen, denn wir können uns mit folgender Methode helfen: Wir übergießen einen Großteil unseres verwendeten Vollkornmehls mit heißem Wasser. Die Schalenteile nehmen viel Flüssigkeit auf. Damit erreichen wir den gleichen Zweck wie ein Emulgator; dazu sind die Schalenteile für unsere Verdauung wichtig und gesund.

- *Die Säuerungsmittel:* Hefe ist für die Verarbeitung von Roggenmehl nicht zielführend; Roggenmehl wird mittels Sauerteig verarbeitet. Da dessen Herstellung aber sehr zeitaufwendig ist, setzen manche auch chemische Säuerungsmittel ein. Die Fachleute sprechen hier von einer „direkten Führung“, sie bringen also derart hergestellte Brote ohne biologisch wichtige Wartezeiten (wie diese beim Sauerteig selbstverständlich sind) auf den Markt. Durch diese „geschwinde Methode“ werden natürlich die Nährstoffe nicht entsprechend genutzt, abgesehen davon, daß es sich bei diesen Mitteln um organische Säuren und Salze, also auch wieder um Chemie handelt.

- *Chemische Konservierungsmittel:* Verwendet werden hier die Sorbinsäure und die Propionsäure vor allem gegen den Kreideschimmel. Zur Konservierung von geschnittenem, verpackten Brot sind Sorbinsäure beziehungsweise entsprechende Salze bis zwei Gramm pro Kilogramm Brot zugelassen. Die biologisch vernünftigere Methode ist die *Sterilisation:* Man macht das bereits verpackte Brot durch Erhitzen auf eine Temperatur von 100 bis 120 Grad Celsius keimfrei. Im Inneren des Brotes muß dabei eine Temperatur von 90 Grad erreicht werden. Sterilisiertes Brot ist zwischen vier und fünf Monate lang haltbar.

Die beste Möglichkeit, Schimmelbildung langfristig zu verhüten, ist die Verwendung von Sauerteig, der die schimmelfeindliche Essigsäure bildet. Allerdings schmeckt das essigsäurereiche Brot ein wenig sauer.

Fünf Punkte sind wichtig, um erfolgreich Brot zu backen

- Getreide aus biologischem Anbau kaufen
- Getreide in trockenen, luftdurchlässigen Jutesäcken aufbewahren
- Das Mehl erst unmittelbar vor Gebrauch mahlen
- Als Lockerungsmittel nur Hefe und Sauerteig verwenden
- Präzise die Mengen einhalten, peinlich sauber arbeiten

Was wir mit dem Brot zu uns nehmen

Brot wurde oft verleumdet. Es ist kein Dickmacher. Dick macht das, was auf das Brot geschichtet wird: Butter- und Schmalzberge, üppige Eier-, Fisch- und andere Aufbauten. Brot ist gesund. Vor allem natürliches, köstliches Vollkornbrot. In diesem sind — neben Kohlenhydraten und Eiweiß — viele Mineralstoffe, Spurenelemente und Vitamine enthalten; ferner die für unsere Gesundheit ganz wichtigen Ballaststoffe.

Im folgenden ein Verzeichnis jener wertvollen Bestandteile unseres täglichen Brots, die für unsere Gesundheit, unser Wohlbefinden, so wichtig sind.

DIE KOHLENHYDRATE

Der Kohlenhydratanteil liegt etwa bei 65 Prozent, bei Vollkornbroten ist er etwas niedriger, zumal der Rohfaseranteil (Ballaststoffe) steigt. Kohlenhydrate bestehen aus Wasserstoff, Sauerstoff und Kohlenstoff, sind einfache oder aus einfachem Zucker aufgebaute Verbindungen, ferner Stärke. Im menschlichen Körper werden die Kohlenhydrate teilweise in Fett umgewandelt.

Kohlenhydrate sind für unsere Nahrung unentbehrlich. Daher ist die Feststellung des amerikanischen Arztes Dr. Atkins, daß Kohlenhydrate nicht der Naturlogik entsprechen, daß sie nicht notwendig, ja sogar schädlich seien, abzulehnen. Die Antithese zur Meinung Dr. Atkins ist der sehr komplizierte, sehr sinnvolle Apparat in unserem Körper, der zum Abbau von Kohlenhydraten vorgesehen ist. Kohlenhydrate beziehen wir praktisch ausschließlich aus pflanzlichen Produkten.

EIWEISS

Wir finden es im ganzen Korn, sein Anteil steigt mit dem Ausmahlungsgrad. Während des Backvorgangs allerdings kann sich sein Anteil verändern, vor allem aber seine biologische Wertigkeit. Das passiert dann, wenn im Teig auch Zucker beziehungsweise zuckerhaltige Lebensmittel (Milch!) enthalten sind. Ein Teil des Eiweißes übersteht auch die lange einwirkende hohe Temperatur nicht.

Brot in der Diät- und Krankenkost

Vor allem ist entscheidend, um welches Brot es sich handelt, wie es also zusammengesetzt ist. Es muß nährstoffmäßig so zusammengesetzt sein, daß es sich an das erkrankte Organ anpassen kann.
Zu berücksichtigen sind:

- die Getreideart
- der Grad der Ausmahlung
- die Feinheit des Vollkornmehls
- die Lockerung
- die Sauerteigführung
- der Wassergehalt

Das Brot muß dem diätetischen Bedürfnis nach Duft und Aromastoffen entgegenkommen.

> Um die einzelnen im Brot enthaltenen Nährstoffe aufzuschließen und um es besser verdaulich zu machen, ist es vor allem beim Sauerbrotteig notwendig, jeden Bissen gewissenhaft einzuspeicheln und so lange zu kauen, bis ein Schluckreflex eintritt.

Brot ist nicht einfach „Brot“ und Gebäck nicht einfach „Gebäck“. Die einzelnen Zutaten unterscheiden sich voneinander sowohl durch die Zutaten als auch durch die Zubereitungsarten. Sie sind für den Einfluß von Brot und Gebäck auf unseren Körper und unsere Gesundheit mitverantwortlich.
Selbst wenn man ein ganz frisch gebackenes Brot aufmerksam verkostet, kann man kaum präzise sagen, was genau es alles enthält. Hier muß das Wort von den „versteckten Stoffen“ in unseren Lebensmitteln fallen: vom versteckten Fett und vom versteckten Salz. Unbemerkt schleichen sich diese in unseren Körper ein und unterminieren unsere Gesundheit.
Um nun dieser Versuchung ausweichen zu können, haben wir in diesem Buch alles, was unsere Rezepte an Fette, an Eiweiß, an Kohlenhydraten enthalten, analysiert und aufgeschlüsselt. Selbstverständlich ist es für den linienbewußten Mitbürger auch wichtig, wie viele Kalorien beziehungsweise Joule jede einzelne Brot-, Mehlspeise- und Tortenschnitte enthält. So ermöglichen wir es Ihnen, stets die „richtige“ Auswahl zu treffen — richtig im Hinblick auf Ihre Gesundheit...
Um spezielle Probleme in den Griff zu bekommen, im folgenden einige Ratschläge zu ganz bestimmten Beschwerden.

GEWICHTSPROBLEME

Zu ihnen kommt es nur allzu schnell. Überlegen Sie einmal: zwei Winzigkeiten, zehn Gramm Butter (beinhalten 75 Kalorien) und zehn Gramm geriebene Nüsse (70 Kalorien). Wie leicht sind beide in einer Torte verarbeitet — und wie schnell ist die Kalorienbombe fertig. Eine Butter-Nuß-Creme kann ein einziges Stückchen Torte um 200 bis 300 Kalorien „aufwerten". Es scheint uns daher sehr wichtig zu sein, unseren Lesern die Möglichkeit einer präzisen Selbstkontrolle zu bieten. Wer, wie gesagt, auf seine Linie achten muß, sollte die Rezepte nicht nur nach Geschmack, sondern auch nach den darin enthaltenen Energiemengen auswählen. Für Übergewichtige eignen sich vor allem Rezepte mit wenig oder keinem Fett, besonders wenn sie viele Ballaststoffe enthalten, aber auch Magerquark/Topfen, Buttermilch usw. Dem Untergewichtigen hingegen können Rezepte mit Fett, Nüssen und Trockenfrüchten empfohlen werden.

Übergewichtige sollten sich — in Form einer schriftlich niedergelegten, täglichen Essensbilanz — darüber Rechenschaft geben, was sie zu sich nehmen. Denn unkontrolliertes Essen ist die Hauptursache der Fettleibigkeit. Jedenfalls sollten alle, die mit Gewichtsproblemen kämpfen, ihren Hausarzt zu Rate ziehen.

Können wir Gewichtsprobleme noch relativ einfach beikommen, so haben wir in der Bekämpfung der Stoffwechselkrankheiten größere Probleme zu meistern.

STOFFWECHSELKRANKHEITEN

Bevor wir weiter referieren: Bei jeder Art von Stoffwechselstörung ist prinzipiell der Arzt beizuziehen. Er wird, was dieses Buch betrifft, manche Rezepte verbieten, andere hingegen wieder besonders empfehlen. Vor allem für Diabetiker.

DIABETES

In der Behandlung kaum einer anderen Krankheit hat sich im Laufe des letzten Jahrzehnts so viel Grundlegenes verändert als bei Diabetes. Sprach man noch vor zwei Dezennien von „einer schweren Krankheit mit Spätfolgen" (Sehstörungen, Nierenleiden, bleibende Augenschäden), wobei ein den Patienten versklavender Diätplan dem Kranken jede Lebensfreudigkeit nahm, so ist heute die fortschrittliche Diabetes-Therapie so ausgerichtet, daß man von einer Therapie im Wortsinn nicht mehr sprechen kann. Eher schon von einer anderen, von der althergebrachten verschiedenen Lebensform. Gemeinsam mit dem Arzt erstellt man einen geeigneten Diätplan, sorgt für ausreichende Bewegung, und mit beiden Aktionen stellt der behandelnde Arzt den Blutzuckerspiegel unter Umständen so ein, daß der Diabetiker ohne Medikamente auskommen kann. Ist dies nicht möglich, können der Medikamenteneinsatz wenigstens minimiert und die gefürchteten Blutzuckerschwankungen ausgeglichen werden. Auch hier ist es äußerst wichtig, daß der Patient die täglich aufgenommene Nahrung durchbilanziert.

Wir haben in unserem Buch versucht, Ihnen dabei Hilfestellung zu geben, indem wir unsere Brot- und Mehlspeisenrezepte nach Inhalten aufgegliedert und nach Einheiten berechnet haben. Denn für den Diabetiker sind die versteckten Energielieferanten — wie Nüsse, Honig, Fett und Früchte — gefährlich. Durch die tabellarisch aufgegliederte Form lassen sich die einzelnen Inhalte (selbst, wenn sie noch so versteckt sind) sofort registrieren und, wo notwendig, vermeiden.

Ein Beispiel, wie hier gerechnet wurde:

für eine Weißbroteinheit: 12 g Kohlenhydrate,

für eine Fettaustauscheinheit: 5 g Fett.
Beide zusammen nehmen wir als eine Broteinheit.
Wichtig ist auch:
Leicht aufschließbare Kohlenhydrate bringen eine stärkere Insulinkurve als schwer aufschließbare. Das heißt: Zucker, Weißmehl, Honig, Marmelade werden den Zuckerspiegel rascher wachsen lassen als etwa Vollkornprodukte.

COELIAKIE

Man merkt vorerst beim Neugeborenen gar nichts. Erst wenn das kleine Kind mit Mehl oder Gries in Kontakt kommt, wird es offensichtlich: es verträgt eiweißhaltige Getreidebestandteile nicht. Diese „Mehlunverträglichkeit“ hat schwere Dünndarmschleimhaut-Schädigungen zur Folge: Verursacher ist im speziellen das Klebereiweiß, das Gluten.
Coeliakiegeschädigte Körper können nicht mehr ausreichend mit Aufbaustoffen versorgt werden; schwere Mangelerscheinungen sind die Folge, die mitunter sogar bis zum Tode des Kindes führen.
Im Laufe der letzten Jahre wurden deshalb eine ganze Reihe von glutenfreien Broten entwickelt, die leider vor allem eines gemein haben: daß sie sehr teuer sind. Zudem ermangelt es ihnen an den wichtigen Mineralstoffen und Spurenelementen.
Daher schlagen wir Ihnen in diesem Buch (siehe Seite 184) eine Reihe von Rezepten vor, die für unsere an Coeliakie erkrankten Mitmenschen durchaus geeignet sind, die sich aber auch in jedes Haushaltsbudget einfügen lassen. Sie sind vor allem auf Mais, Reis, Hirse und Soja aufgebaut. Diese Getreide werden jeweils vor dem Backen frisch vermahlen, und zwar *mit* den Schalenteilen, was den Erkrankten durchaus zugute kommt.
Mit den hier für Coeliakie-Kranke vorgeschlagenen Nahrungsmitteln kann man, so man die Ernährung vernünftig einsetzt, gegen hochgradige Abmagerung, Wachstumsrückstand und Muskelerschlaffung vorgehen.
Wie aber erkennt man, ob ein Kleinkind an Coeliakie erkrankt ist? Dazu ein Zitat aus der Zeitschrift „ernährung“: „Erste Symptome der Krankheit sind Durchfälle, Erbrechen, Appetitlosigkeit, Gewichtsabnahme, übelriechender und massiger Stuhl, ein auffallend verdrießliches, reizbares, ja tyrannisches Gehabe des Kindes. Das auffallendste Symptom ist jedoch das äußere Bild: Ein abgemagertes Kind mit einem auffallend geblähten Bauch, wie bei einem hungernden Biafra-Kind, erzählen viele Mütter.“

LEBER- UND GALLENERKRANKUNGEN

Diese sind besonders fettfeindlich. Das kann so weit gehen, daß schon das Fett von ein paar Nüssen genügt, um eine Kolik auszulösen. Hier gilt es, besonders die Fettanteile in den einzelnen Rezepten zu beachten. Hüten Sie sich in diesem Fall ganz besonders vor versteckten Fetten.

DARMTRÄGHEIT

Sie gehört zu den häufigsten ernährungsbedingten Störungen. Im schlimmsten Fall endet sie mit Darmkrebs. Ihre Ursache liegt meist in allzu ballaststoffarmer Kost. Besonders hier kann Vollkorn-Ernährung segensreich wirken.

GEFÄSSKRANKHEITEN
Damit gehen oft hoher Blutdruck und hohe Blutfette einher. Auch in diesem Bereich sollte man sich vor versteckten Fetten und Salzen hüten, man sollte auch das Cholesterin etwa der beigegebenen Eier miteinrechnen.

NIERENKRANKHEITEN
Sie erfordern allenfalls eine spezielle Diät. Bei Nierenentzündungen sollte eine Eiweißreduktion von 0,8 g/kg Körpergewicht und auf die Vermeidung von Salz geachtet werden. Bei Dialysepatienten ist es eher umgekehrt. Hier wird in erster Linie das Kalium (wie es in Trockenfrüchten, Obst, Nüssen und Schokolade reichlich vorhanden ist) vermieden. Weiters werden — wegen ihres hohen Phosphorgehalts — Milchprodukte reduziert. Ein Quark(Topfen)kuchen etwa ist für einen Dialysepatienten nicht geeignet.

KOSMETIK
Auch da kann Brot und Gebäck einiges bieten. Leiden wir etwa an schlaffem Bindegewebe, an brüchigen Fingernägeln, an spröden Haaren, so kann uns ein bestimmtes Getreide durchaus helfen: drei Eßlöffel Hirse pro Tag (auch Gerste ist dafür geeignet) kräftigen — auf Grund des Kieselsäuregehalts — Fingernägel, Haarwuchs und Bindegewebe. Allerdings, ein erster Effekt tritt kaum vor drei Anwendungsmonaten auf.
Auch unsere Haut, die oft genug an Vitamin-F-Mangel leidet, könnte durch Lein- und Sesamsamen wesentlich verbessert werden. Beide enthalten hohen Anteile an ungesättigten Fettsäuren.

Alte Bauernrezepte

Auch in der Volksheilkunde wird Brot verwendet. Inwieweit damit wirklich Heilerfolge zu erzielen sind, kann hier nicht diskutiert werden. Wir wollen nur einige dieser Ratschläge ohne Gewähr zitieren.

BEI KNÖCHELVERRENKUNGEN UND GELENKSCHMERZEN
Schwarzbrot in Essig aufweichen, fingerdick auf die schmerzende Stelle legen. Vorher jedoch soll man diese mit Franzbranntwein einreiben.

BEI KREUZSCHMERZEN UND BRUSTSTECHEN
Brot, gekochte Kartoffeln mit Bier oder Schnaps verkneten, auf die schmerzende Stelle auflegen, bis sich die Auflage erwärmt. Dann wechseln.

BEI DARMTRÄGHEIT UND BAUCHSCHMERZEN
In Sennesblätter aufgeweichte Schwarzbrotbrocken auflegen.

BEI ZUVIEL MAGENSÄURE SOWIE BEI AUFSTOSSEN
Stundenweise ein kleines Stück Brot mit einem Schluck Brunnenwasser darauf zu sich nehmen.

FÜR GENESENDE UND WÖCHNERINNEN
Einen Viertelliter Milch, vermischt mit einem Viertelliter Bier und einigen Schwarzbrotstücken, leicht angewärmt, langsam trinken. Alte Leute streuen zusätzlich Kümmel darauf.

BEI ALLEN MAGENBESCHWERDEN
Ein Stück Schwarzbrot in einem halben Liter Wasser aufkochen, das abgegossene Wasser mit einem halben Liter Wein vermischen.

BEI SCHWELLUNGEN UND QUETSCHUNGEN
Brot in Weingeist aufweichen, auf Schwellungen legen.

Lagerung von Getreide, Mehl und Brot

An sich empfehlen wir Ihnen, die Getreidemengen, die Sie zu Hause haben, in Grenzen zu halten und sie jeweils in angemessener Frist aufzubrauchen. Getreide ist zwar eine natürliche Konserve, doch nur dann, wenn es entsprechend gelagert wird. Und das ist keineswegs so einfach, wie es zu sein scheint. Ist zum Beispiel die Luftfeuchtigkeit zu hoch, zieht das Getreide Feuchtigkeit an. Es läßt sich dann nicht mehr entsprechend vermahlen, das Mehl wird schmierig und verlegt die Mahlsteine der Mühle. Es ist also vor allem wichtig, im Getreidelagerraum für Trockenheit zu sorgen. Gut geeignet für die Aufbewahrung kleinerer Getreidemengen ist ein Jutesack. Wichtig: Man sollte alle drei, vier Tage mit der Hand das Getreide durcheinandermischen; vor allem aber sollte man nie neues Korn aufschütten, ehe das ganze alte aufgebraucht ist.
Auch *Mehl* sollte man kühl und trocken aufbewahren, am besten in einem gut verschließbaren Gefäß, um Feuchtigkeit fernzuhalten und um zu vermeiden, daß sich Klumpen bilden. Das Mehl stets mit einer sauberen Schaufel entnehmen.
Da das Austrocknen des *Brotes* zu dessen Ungenießbarkeit führt, hier eine Zusammenfassung jener Ursachen, die zur Austrocknung führen: da spielen die Luftfeuchtigkeit, der Ausmahlungsgrad des Mehls und das Backverfahren eine große Rolle, aber auch die Form des Brotes und natürlich der Aufbewahrungsort.
Prinzipiell gilt: Erhöht man die Lagerungstemperatur des Brotes auf sechzig Grad, so verzögert man das Altbackenwerden. Senkt man anderseits die Lagerungstemperatur, so wird das Altbackenwerden — bis etwa null Grad Celsius — gefördert. Unter null Grad kommt es wieder zu einer Verzögerung, und bei —18 Grad Celsius

hört dieser Prozeß ganz auf: ein Zeichen dafür, daß sich Brot zum Tiefgefrieren außerordentlich gut eignet.

Beim Lagern von Brot muß man vor allem danach trachten, daß es nicht den gefährlichen Schimmelpilz ansetzt. Daher sind verschlossene Brotdosen nicht anzuraten: Brot soll man trocken und luftig aufbewahren, keineswegs in einer Plastiktüte. Seit vielen Jahrzehnten, vielleicht schon seit Jahrhunderten, hat sich auch hier „Großmutters Steinguttopf" bewährt. Wir legen das Brot hinein und decken mit einem Holzdeckel zu, der allerdings feine Löcher haben muß.

Eine ideale Möglichkeit, Brot aufzubewahren, ist, es tiefzukühlen. Selbstverständlich kann man auch Brötchen beziehungsweise Semmeln und anderes Kleingebäck tieffrieren. Das macht sich bezahlt, wenn etwa plötzlich unangemeldete Gäste kommen und man nicht genügend frisches Brot im Hause hat, oder, wenn man einmal nicht genügend für einen Feiertag vorgesorgt hat.

Beim Tieffrieren von Brot und Gebäck sind einige Punkte zu berücksichtigen:

- Brot soll man möglichst dann einfrieren, wenn es noch lauwarm ist. Das macht sich beim Auftauen höchst angenehm bemerkbar: Man hat dann wahrhaft ofenfrisches Brot am Tisch.
- Aufgetautes Brot wird relativ schnell hart; deshalb ist es zu empfehlen, Brot nur in jenen Quantitäten einzufrieren, die man innerhalb von zwei Tagen aufbraucht.
- Friert man bereits geschnittene Brotscheiben ein, so empfiehlt es sich, jeweils zwischen die einzelnen Scheiben ein Stück Klarsichtfolie zu legen. So verhindert man das Aneinanderkleben der einzelnen Schnitten.
- Haben Sie es eilig, so tauen Sie das Brot (die Brötchen/Semmeln) im vorgeheizten Backrohr auf. Vergessen Sie aber nicht, ein Gefäß mit kochendem Wasser dazuzustellen, sonst trocknet Ihr gutes Backwerk nur allzu schnell aus.
- Vermeiden Sie grundsätzlich zweimaliges Einfrieren. Fragen Sie den Bäcker, wenn Sie bei ihm gekauftes Brot oder Gebäck einfrieren wollen, ob es nicht schon aus seiner Tiefkühltruhe kommt. Denn auch das ist möglich!
- Beachten Sie, daß Fremdgerüche im Kühlschrank oder in der Truhe den Geschmack von Backwaren sehr beeinträchtigen. Auch die kleinste Unsauberkeit verursacht bakterielle Veränderungen.

Wann man mit Brot vorsichtig sein sollte...

Mit Brot sollte man besonders liebevoll umgehen, und man sollte es nicht wegwerfen. Mit einer besonderen Ausnahme: schimmeliges Brot hat nichts im Haushalt zu suchen! Selbst wenn nur ein kleines Fleckchen Schimmel sichtbar ist: schneiden Sie nicht nur dieses Stückchen ab, um den Rest weiterzuverwerten: *Werfen Sie das Ganze weg.* Denn es kann bereits von einem — dem Auge noch nicht sichtbaren — gefährlichen Schimmelpilz befallen sein. Verzehrt man dieses Brot dennoch, kann es zu sehr unangenehmen Vergiftungserscheinungen kommen. Überdies: verschimmeltes Brot ist krebsfördernd (karzinogen).

Der Backofen

Er ist so alt wie die Geschichte des Menschen: Archäologen haben ihn als Relikt des alten Babylon gefunden, und von den Ägyptern wissen wir, daß sie ihre frühesten Backöfen vor rund viereinhalb Jahrtausenden entwickelten. Aber auch nördlich der Alpen gab es schon sehr früh im Ofen gebackenes Brot: in oberösterreichischen Gräbern etwa fand man gesäuertes Brot aus der Zeit um 800 vor Christus. Die germanischen Backöfen waren, wie wir von Historikern erfahren, im Boden versenkt und wurden vermutlich von oben her beschickt. Anders jene der römischen Tradition; die Legionarii buken in Öfen, wie wir sie auch heute noch kennen, ihr „panem".

Wie mit dem Brot, verband die Menschen auch mit dem Backofen seit altersher magisch-mystisch-symbolhaftes Gedankengut. So sahen unsere Vorfahren in der gewölbten Form des Backofens gleichsam den weiblichen Schoß, in dem die Männer — wenn sie etwa vor Feinden flüchten mußten — versteckt wurden: gleichsam eine Rückkehr in den sicheren Mutterschoß. Das Beschicken des Ofens hinwiederum war eine betont männliche Arbeit — aus uns nun schon verständlichen Gründen.

Jahrhundertelang wurden gemauerte Steinöfen verwendet, in deren Backraum das Feuer entzündet wurde, das vor der Beschickung mitsamt der Asche und der Glut ausgeräumt werden mußte. Eine unangenehme Arbeit, und ein Vorgang, bei dem sicherlich oft genug über Hygienevorstellungen nonchalant hinweggegangen wurde. Die großen Revolutionen, soweit sie das Bäckereigewerbe treffen, fallen erst in unsere Zeit. Mit der Einführung des Etagenbackofens in den Jahren nach 1950 und dem Einsatz moderner Feuerungsmethoden (Erdgas, Öl) sowie mit der Etablierung raumsparender Modelle war es möglich geworden, die hygienischen und quantitativen Ansprüche von heute zu erfüllen.

Wenn auch der Bäcker im Laufe der Menschheitsgeschichte immer schon eine außerordentliche Rolle gespielt hat, so war es durchaus üblich, daß man — vor allem auf dem Lande — seinen eigenen Backofen hatte. Und wenn schon keinen eigenen, so doch wenigstens einen gemeindeeigenen. Die Backtage waren dann stets auch Kommunikationstage und Anlaß zu Festen.

In den Jahren der hitzigen Hochkonjunktur — in den sechziger und siebziger Jahren — hatte das Brot und damit auch das Brotbacken seinen Stellenwert ein wenig verloren. Seit einigen Jahren allerdings — und parallel zur Bewußtwerdung einer bereits verloren geglaubten Beziehung zu Natur und Gesundheit — feiern auch die privaten Backöfen wiederum fröhliche Urständ.

Bevor wir uns damit auseinandersetzen, wie solch ein moderner Backofen aussieht, einmal noch ein kurzer Blick zurück: Versuchen wir gedanklich nachzuvollziehen, wie ein traditioneller Hausbackofen errichtet wurde.

Man begann, den sogenannten „Stock" zu setzen, einen Unterbau aus quadratischem Mauerwerk und in einer Höhe von 60 bis 70 Zentimetern. Das Innere dieses „Stocks" wurde — bis in eine Höhe von 20 Zentimetern unterhalb des oberen Randes — mit Glasscherben und Kies gefüllt. Darauf schichtete man Lehm, den man feststampfte. Auf diesen Unterbau setzte man nun — aus Steinen — das Gewölbe, das ebenfalls dick mit Lehm verputzt wurde. An der Rückseite des Gewölbes fand sich der Abzug zum Kamin, vorne setzte man eine mit Eisen beschlagene Holztüre ein. Neben dieser fanden sich zwei faustgroße Öffnungen, die für den notwendigen Zug zu sorgen hatten. Je nach Bedarf wurden diese mit Ziegelsteinen verschlossen oder nicht.
Der Kamin wurde aufgezogen, dann, um das Ganze herum, ein schützendes Mauerwerk, und schließlich setzte man das Dach auf.
Damit aber war man noch lange nicht so weit, auch gleich Brot backen zu können. Dies konnte erst nach dem „Einbrennen" geschehen, einer heiklen, langwierigen und sehr viel Geduld erfordernden Arbeit. Auch hier gibt es Differenzierungen: Ein Gewölbe, das aus Steinen errichtet ist, so wurde uns überliefert, verlangt einen Einbrennvorgang von einem Tag und einer Nacht. Ist dieses Gewölbe, wie dies in früheren Zeiten durchaus vorkam, aus Lehm, so forderte einem diese Tätigkeit zwei Tage und eine Nacht ab.
Mit einem Häufchen Hobelspänen, die man in der Mitte der Backfläche zum Brennen brachte, begann's. Dieses kleine Feuerchen wurde — bei „halbem Zug" — zwei Stunden lang unterhalten. Danach folgte das „Weidenschüren": Etwa einen halben Meter lange, armdicke, gedrehte Bündel von Weiden, Birken oder Haselnuß, alles sehr trocken, wurde eingeschoben und — ebenfalls bei halbem Zug — angebrannt. Selbstverständlich brennen diese trockenen Äste sehr schnell ab. Also mußte man immer wieder welche nachschieben, einen halben Tag lang, so lange jedenfalls, bis Boden und Gewölbe nicht mehr „schwitzten". War es soweit, räumte man eilig den Ofen aus, und abermals wurden Weiden — ehe noch der Ofen erkaltet war — abgebrannt: dazu legte man allerdings bereits einige Scheite Tannen- oder Fichtenholz. Erst jetzt — und bei geöffneten Zuglöchern — durfte die Wärme an der Außenseite des Gewölbes spürbar werden. Ein Vorgang, der den Leuten, die all das bewerkstelligten, abermals einen halben Tag abforderte.
Und immer noch sind wir nicht am Ende. Ist all dies geschehen, wird der Ofen ganz ausgeräumt, Glut und Asche werden entfernt und der Innenraum nach Rissen untersucht. Sollte wirklich ein Riß entstanden sein, wird dieser mit Lehm verschmiert, und alles fängt von vorne an: mit einem kleinen Feuerchen aus Hobelspänen...
Waren allerdings keine Risse aufgetreten — was wir den wackeren Bauleuten herzlich wünschen —, so war der Ofen nun zwar fertig, durfte aber keineswegs schon zum Brotbacken verwendet werden. Erst hatte er noch vollständig auszukühlen.
Heutzutage nimmt kaum einer dieses langwierige Verfahren auf sich: Heute werden vorgefertigte Bauelemente zusammengefügt, und moderne Baustoffe erleichtern den damit befaßten Handwerkern die Arbeit.
Und so sieht ein moderner Backofen aus, wie man ihn sich etwa im Garten aufstellen lassen kann.

Siehe rechts:
Der Backofen erfüllt nicht nur einen praktischen Zweck, er kann auch zum besonderen Schmuckstück des Gartens werden.

Querschnitt
Backröhre
Feuerröhre
Aschenlade

Der Backofen in einer Bäckerei verfügt über ein eigenes „Schwadenventil", das den Feuchtigkeitsgehalt der heißen Luft regulieren kann. Diese Einrichtung steht uns, die wir in der Regel auf das Backrohr in unserer Küche angewiesen sind, nicht zur Verfügung. Deshalb stellen wir neben das Backgut ein — hitzebeständiges — mit kochendem Wasser gefülltes Gefäß. Zugleich schütten wir etwas Wasser auf den heißen Boden des Ofens und erzeugen so die notwendigen „Schwaden".

Was geschieht während des Backvorganges im Brot?

Sinn des Backvorganges ist es, aus einem aufgelockerten Teigstück ein kaubares, wohlschmeckendes und bekömmliches Brot zu machen. Durch die Hitze im Backofen ergibt sich — indem die Eiweißstoffe gerinnen — eine Verkleisterung der Stärke. Diese nimmt einen großen Teil jenes Wassers in sich auf, das sich in der Umgebung befindet. Dabei verlieren die Stärkekörner ihre ursprüngliche Gestalt, sie vergrößern sich durch Quellung. Die verkleisterte Stärke gibt dem Brot festes Gefüge.

Verkleisterungstemperaturen
Roggenstärke.................................... zwischen 40 und 80°
Weizenstärke.................................... zwischen 60 und 100°

Schimmelsporn wird zwischen 70 und 80° Celsius vernichtet, das Brot verläßt also den Backofen steril. Die Innentemperatur des Brotes ist während des Backvorganges nicht über 98 Grad Celsius gestiegen.

35—50°	Intensive Gärung, verstärkte Enzymtätigkeit
50°	Absterben der Säurebakterien, Hemmung der Hefegärung
55°	Beginn der Stärkeverkleisterung
50—65°	Starke Enzymtätigkeit
60°	Ende der Hefegärung, das Eiweiß gerinnt
70°	Verdunstung des Alkohols
80°	Ende der Enzymtätigkeit, Abtötung der Schimmelkeime
100°	Starker Wasserdampfdruck
100—140°	Dextrinbildung
140—150°	Karamelbildung
180—200°	Krustenbildung

Was unsere Temperaturangaben betrifft
Diese sind präzise einzuhalten! Leider stimmen aber in sehr vielen Haushaltsbackrohren die angegebenen Temperaturwerte nicht — Abweichungen bis zu dreißig Grad sind durchaus üblich. Daher empfehlen wir dringend, ein hitzebeständiges Thermometer zu erwerben, dieses im Backrohr fix zu montieren und damit die jeweilige Temperatur zu kontrollieren.

Backtemperaturen und Backzeit			
Roggenbrot	1000 g	250—180° fallend	60 Minuten
Roggenmischbrot	1500 g	260—180° fallend	70—80 Minuten
	2000 g	270—180° fallend	90—100 Minuten
Weizenmischbrot	1000 g	220—180° fallend	40 Minuten
	1500 g	240—180° fallend	60 Minuten
	2000 g	250—180° fallend	80 Minuten
Pumpernickel (in Kastenform)	2000 g	100—220° gleichbleibend	20 Stunden

Tips, die Sie beim Backen beachten sollten

- Der Arbeitsraum (die Küche) sollte stets gleichmäßig warm sein.
- Sämtliche verwendeten Flüssigkeiten (Wasser usw.) müssen mit dem Thermometer gemessen werden.
- Die Flüssigkeitsmengen können oft nur in Zirkamaßen angegeben werden. Geben Sie also am Beginn nie die ganze vorgeschriebene Menge zu, sondern schütten Sie sie nach und nach zum Mehl.
- Den Teig stets gut durcharbeiten, bis er sich von der Schüssel löst und Blasen wirft. Mit einer Küchenmaschine braucht man dazu etwa zehn Minuten, mit der Hand rund zwanzig Minuten.
- Stellen Sie den Teig stets an einen warmen Platz, lassen Sie ihn gut gehen und decken Sie ihn gut zu. (In der Ruhepause bildet sich der Geschmack).
- Eine glänzende Kruste erreicht man, wenn man das Brot vor dem Backen mit Wasser bepinselt. Außerdem ist das ein sehr wirksames Mittel gegen Krustenrisse.
- Sämtliche Gewürze, die man beim Brotbacken verwendet, sollen mit dem Getreide mitvermahlen werden. Dadurch entfaltet sich das Aroma am besten.
- Der Backofen muß stets vorgeheizt sein. Einschießen bei zirka 250 Grad, dann Temperatur langsam zurückfallen lassen; bei 180 Grad fertig backen. Eine stärkere Rinde verhütet, daß die Feuchtigkeit allzu schnell entweicht.
- Wir backen Brot grundsätzlich mit Schwadendampf. Also: Zugleich mit dem Brot stellen wir ein Gefäß mit Wasser in den Backofen; ferner schütten wir etwas Wasser auf den Backrohrboden.

Ein guter Tip

Das Reinigen von Backblechen bereitet viel Arbeit. Verwenden Sie daher stets das heute übliche „Back-Papier“. Auf diese Weise bleibt das Blech sauber, der Boden des Backguts wird nicht dunkel, und sie können das „Back-Papier“ wiederholt verwenden.

Die Vorteile des Schwadendampfes:
- besserer Glanz des Brotes,
- schöneres Aussehen des Brotes,
- das Volumen des Brotes wird größer,
- die Brotoberfläche kann nicht austrocknen,
- durch die Entwicklung der Gärgase wird das Brot gehoben.

● Durchgebacken ist ein Brot dann, wenn während des Backvorganges ein Flüssigkeitsverlust von 15 bis 20 Prozent entstanden ist.

- *Die Nadelprobe:* Man sticht mit einer Stricknadel in das — vermutlich — durchgebackene Brot: Bleiben an der Nadel keine Teigreste kleben, so ist das Brot durchgebacken.
- *Die Klopfprobe:* Klopfen Sie an die Rückseite des — vermutlich — fertigen Brotes: klingt es hohl, dann ist der Backvorgang beendet. Bestreichen Sie das Brot noch einmal mit Wasser, damit die Krume appetitlich glänzt.

Und so gehen wir in der Regel beim Backen vor

● Das Backrohr auf die richtige Temperatur — 250 bis 270 Grad —, je nach Brotsorte, aufheizen.

● Das Brot in den Ofen schieben („einschießen").

● Gefäß mit heißem Wasser dazustellen. Wasser auf den Backrohrboden schütten.

● Nach 20 Minuten Temperatur auf 180 Grad zurückstellen.

● Backen. (Ausbackzeit: je 1000 Gramm Brot = eine Stunde)

Brotfehler und ihre Ursachen

Für Brotfehler gibt es einige Ursachen:

● Fehler im Getreide

● Fehler bei der Sauerteigführung

● Backfehler

In den meisten Fällen handelt es sich um Sauerteigfehler; vor allem wird oft die notwendige Sauerteigmenge unterschätzt.

Fehler	Ursache
Feuchte, unelastische Krume, abgebackene Rinde, klitschige Krume	Zu geringer Saueranteil, zu kurze Teigruhezeiten, zu kurze Backzeit. Verwendung von Auswuchsgetreide

Fehler	Ursache
Trockene, unelastische Krume	Zu geringer Saueranteil, zu fester Teig (zuwenig geknetet)
Krumenrisse auf der Brotoberfläche, flache Brotform	Ohne Schwaden und Wassertopf im Backrohr gebacken.
Krustenrisse an der Seite des Brotes, flache Brotform	Der Ofen war nicht vorgeheizt, die Ofentemperatur war zu niedrig.
Fader Geschmack, zu wenig Aroma	Zu geringer Saueranteil, zuwenig Salz, Verwendung von Auswuchsgetreide
Ungleichmäßige Porung	Zu weicher Teig. (Brote mit Schimmelverhütungsmittel zeigen gleiche Symptome
Zu schwache Lockerung	Zu fester Teig, zuwenig geknetet
Schimmelbildung innerhalb kürzester Zeit	Zu schwach versauert, daher zuwenig Essigsäurebildung

Teiglockerung und Backvorgang

Jedes Gebäck braucht ein Lockerungsmittel. Von Fall zu Fall ist die Zeit zwischen Teiglockerung und dem Einschießen verschieden lang. Hier eine kleine Übersicht:

- *Hefeteige:*

Hefe vermehrt sich bei Wärme. Sie entwickelt Gase, die den Teig lockern. Hefeteig muß *unmittelbar* nach der Gärzeit gebacken werden. Fettarme Teige sollen eher bei Wärme gären; sie können backofenfrisch gegessen werden. Fettreiche Teige sollen über Nacht kühl gären können. Sie können auch Tage nach dem Backen gegessen werden.

- *Biskuit- und Rührteige:*

Bei diesen bringt das Ei Luft in den Teig. Sie müssen *sofort* gebacken werden.

- *Blätter- und Plunderteig:*

Hier entwickelt das geschichtete Fett in der Hitze Gas, das den Teig lockert. Bei Plunderteig kommt zusätzlich Hefe hinzu.

- *Backpulverteig:*

Hier lockern die Salze den Teig. Durch Wärme und Feuchtigkeit entstehen die das Backwerk lockernden Gase. Backpulverteige müssen *sofort* nach dem Mischen aufgearbeitet und verbacken werden.

- *Lebkuchenteige:*

Als Lockerungsmittel dienen Hirschhornsalz, Pottasche und Natron. Die Teige müssen vor dem Backen mindestens *einen Tag lang lagern* und reifen.

Verschiedene Brotspezialitäten

Ein knapper Überblick

Gebildbrot
Dieses Brot wird in einer bestimmten „bildhaften" Form (Gebild) hergestellt und geht meist auf altes Brauchtum zurück. Mit Gebildbroten verbinden sich magische Vorstellungen im Hinblick auf Gesundheit, Sieg, Glück.

Grahambrot
Doctor Graham, ein amerikanischer Arzt, hat aus ernährungsphysiologischen Gründen empfohlen, Weizenschrotbrot dem hellen Weizenbrot vorzuziehen. Ursprünglich wurde Grahambrot durch spontane Gärung — ohne Hefezusatz — hergestellt.

Holzofenbrot
Dieses wird der Tradition nach in einem Steinofen — unter direkter Befeuerung — gebacken, wobei chemisch nicht behandeltes Holz zu verwenden ist. Bei offenen Zuglöchern wird der Holzofen mit Reisig und Holzscheiten geheizt, bis seine Innenseiten weiß sind. Backboden und Gewölbe haben zu diesem Zeitpunkt soviel Hitze gespeichert, wie für den Backvorgang gebraucht wird. Nun werden die Zuglöcher rasch verschlossen, Glut und Asche raschest ausgeräumt, der Boden mit einem feuchten Strohwisch gereinigt und das Brot eingeschoben. Holzofenbrot wird heute in einem diesem nachgeahmten Prozeß — allerdings im elektrischen Ofen — erzeugt.

Kalorienvermindertes Brot
Durch verschiedene energiearme Zusätze, vor allem durch Weizenkleie — aber auch durch Zusatz von Reisquellmehl, Fruchtkuchenmehl, Weizenschalen, Guarmehl und andere — erreicht man, daß diese Sorte mindestens um zwanzig Prozent weniger Kalorien aufweist als ein vergleichbares Brot.

Kohlenhydratvermindertes Brot
Dieses Diätbrot weist rund dreißig Prozent weniger Kohlenhydrate auf als vergleichbare Brote. Diätbrote müssen den jeweiligen amtlichen Vorschriften entsprechen.

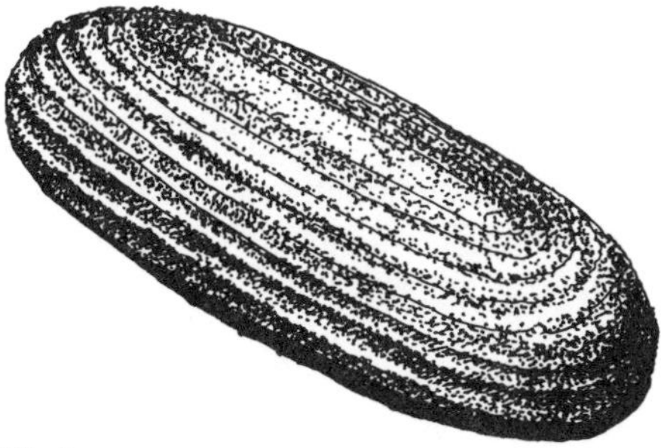

Wecken

Laib

Sonnenblumenbrot

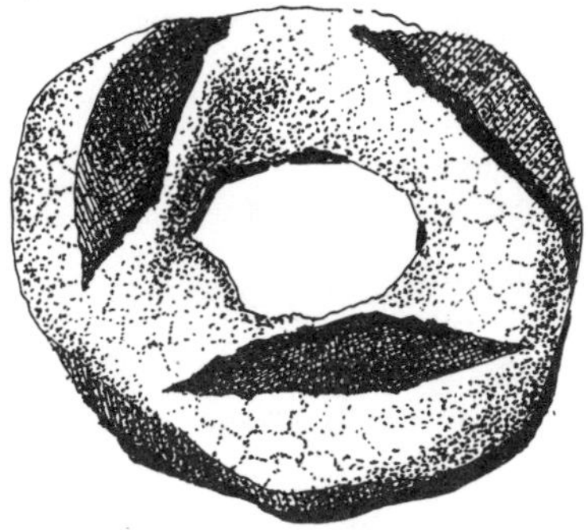

Ringbrot

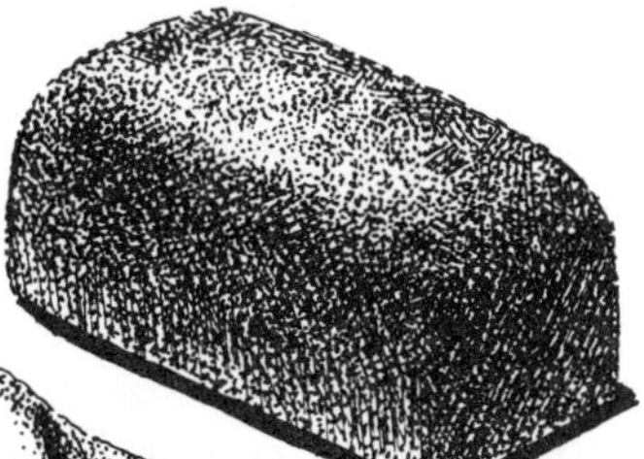

Viereckige Brotbackform

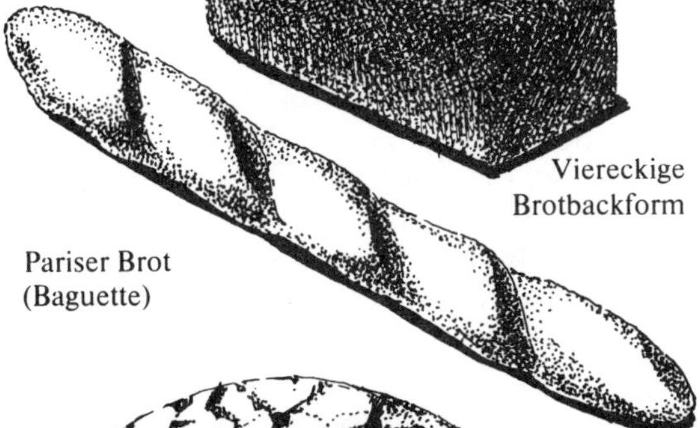

Pariser Brot (Baguette)

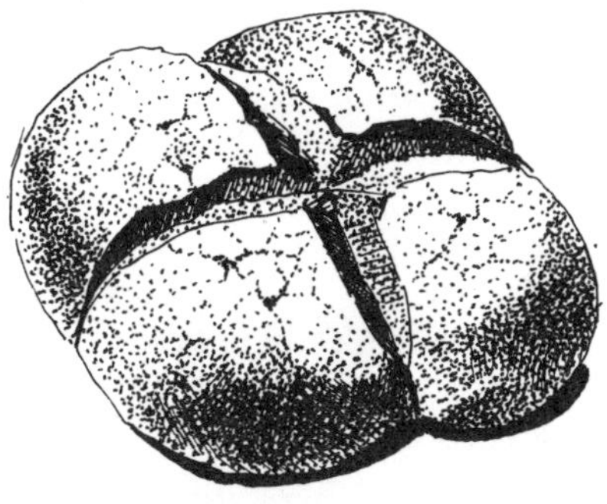

Brot mit Kreuzschnitt

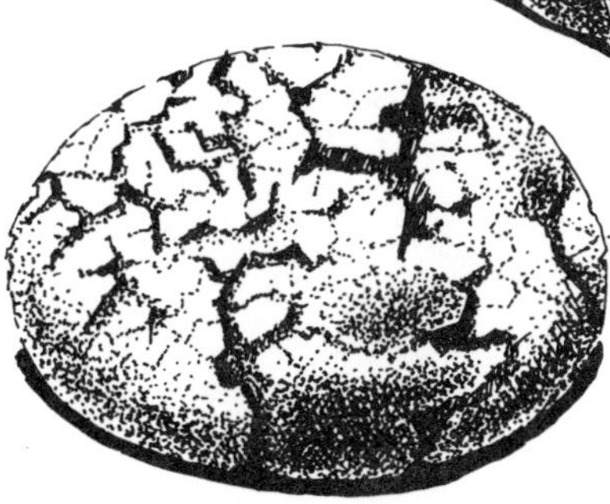

Roggenbrot

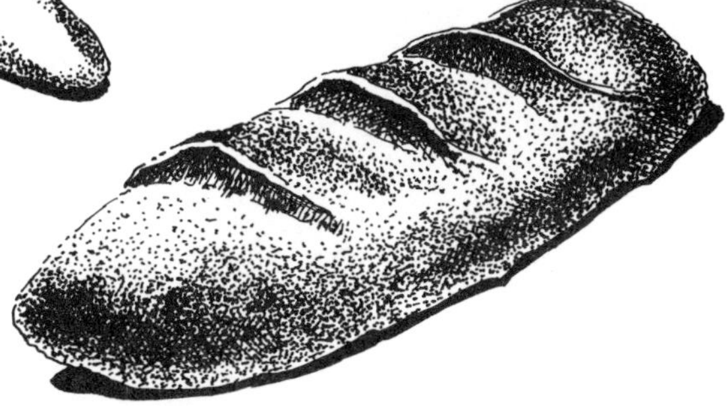

Weizenbrot

Knäckebrot
Diese außerordentlich lange haltbare Brotsorte — ihr Wassergehalt beträgt nur fünf bis zehn Prozent — wird hauptsächlich aus Roggen und Weizenschrot hergestellt. Im allgemeinen wird dem Teig zerkleinertes Eis beigegeben; gebacken wird bei abfallenden Temperaturen (320 bis 140 Grad Celsius) in etwa sieben bis zehn Minuten. Danach wird in der Wärmekammer getrocknet.

Kössenbrot
Aus einem dünnen Teig — wie etwa Knäckebrot — wird dieses Delikateß-Dauerbrot hergestellt; meist aus sogenanntem „Bruchbrotteig", oft mit Schrotzusatz. Zur geschmacklichen Verbesserung wird Fett zugegeben (vier bis sechs Prozent). Für den Geschmack maßgebend ist der hohe Anteil an stark gebräunter Kruste.

Mazzen
Dieses salzlose, nur aus Wasser und hellem Weizenmehl hergestellte Flachgebäck — ein Gebäck mit großer ritueller Tradition — wird außerordentlich dünn ausgewalzt. Es ist sehr lange haltbar.

Natriumarmes (kochsalzarmes) Brot
Dieses darf weder Kochsalz (Natriumchlorid) noch andere natriumhältige Zusätze enthalten. Es wird häufig als Weißbrot hergestellt. Durch das Fehlen des Kochsalzes entstehen fließende Teige. Deshalb ist auf hohe Festigkeit und knappe Gare zu achten.

Pumpernickel
Für dieses Roggenschrotbrot ist eine Backzeit von mindestens sechzehn Stunden vorgeschrieben; die ideale Backzeit beträgt 24 Stunden.

Simonsbrot
Auch hier hat das besondere Herstellungsverfahren dieses Roggenvollkornbrots unmittelbar mit der außerordentlichen Bekömmlichkeit zu tun: Das vorgereinigte Korn wird in Wasser (Temperatur: etwa 50 Grad Celsius) sechs bis zwölf Stunden lang eingeweicht. Das stark gequollene Korn wird nun in einer „Teigmühle" in einem Schneckengewinde zermahlen (ausgepreßt). Die so entstandene Teigmasse wird — unter Zugabe von Sauerteig — verarbeitet. Bei mäßiger Hitze wird Simonsbrot rund zwölf Stunden lang gebacken.

Diese soeben aufgezählten Brotspezialitäten können normalerweise zu Hause nicht hergestellt werden. Wir haben sie hier einer gewissen Vollständigkeit halber erwähnt.

Die Getreidemühle

Sie sollte längst schon ihren fixen Platz in jedem modernen, gesundheitsbewußten Haushalt haben. Dennoch hat sie sich bis jetzt — gegen einen Wust von Vorurteilen — immer noch nicht ganz durchsetzen können. Dabei könnte sie die tägliche Ernährung revolutionieren.
Was nun sind die Vorurteile?
Daß sie — so hört man — sehr teuer ist. Das ist unrichtig. Jeder von uns hat zu Hause eine Reihe von Küchengeräten stehen, deren Preis höher liegt und die man praktisch nie verwendet. Eine Getreidemühle aber ist ein Gegenstand des Alltags; jedenfalls sollte sie einer sein. Wenn man ihren Kaufpreis aufwiegt gegen die gesundheitlichen Vorteile, die sie bringt, und wenn man bedenkt, daß sie wirklich ein Gegenstand des täglichen Bedarfs ist, so fallen die paar hundert Mark oder Schillinge wirklich nicht mehr ins Gewicht.
Ein weiteres Vorurteil lautet: Die Wartung solch einer Maschine bringt einen Haufen Mehrarbeit. Auch das ist — wie übrigens jedes Vorurteil — falsch. Moderne Getreidemühlen sind wartungsfrei. Nur wenn man sie längere Zeit nicht benützt hat, säubert man sie mit einer trockenen Bürste.
Und daß die Küchen der Getreidemühlenbesitzer voll des Mehlstaubes sind, das ist wirklich schon ein alter Hut, den nicht einmal Mühlengegner mehr aufsetzen. Denn jede moderne Mühle hat — selbstverständlich — einen Staubschutz.
Es mag etwas für sich haben, wenn man meint, sich im Wirrwarr der Angebote nicht zurechtzufinden. Doch das läßt sich ändern. Grundsätzlich hier, im Laufe der nächsten paar Sätze. Im Detail, wenn Sie sich mit verschiedenen Testergebnissen* auseinandersetzen.

Grundsätzlich sollte man die Anschaffung einer Getreidemühle positiv sehen: zumal es keine andere Methode gibt, in den Genuß etwa der im frisch vermahlenen Mehl enthaltenen ätherischen Öle zu kommen.
Unter den vielerlei angebotenen Mühlen wollen und können wir Ihnen hier keine der viel propagierten Marken speziell empfehlen. Wohl aber wollen wir Ihnen sagen: Lassen Sie sich nicht durch ein Zuviel an Informationen erschlagen! *Denn prinzipiell leisten sämtliche modernen Getreidemühlen das gleiche.* Es gibt einen einzigen grundsätzlichen Unterschied, auf den man beim Einkauf vor allem achten muß. Es gibt zwei Mühlentypen:

- *die Schrotmühle und*
- *die Mehlmühle*

* Etwa mit dem „Handbuch des Haushalts. Getreidemühlen" herausgegeben von Eberhard Cölle. Verlag „Natürlich und gesund", Stuttgart 70.

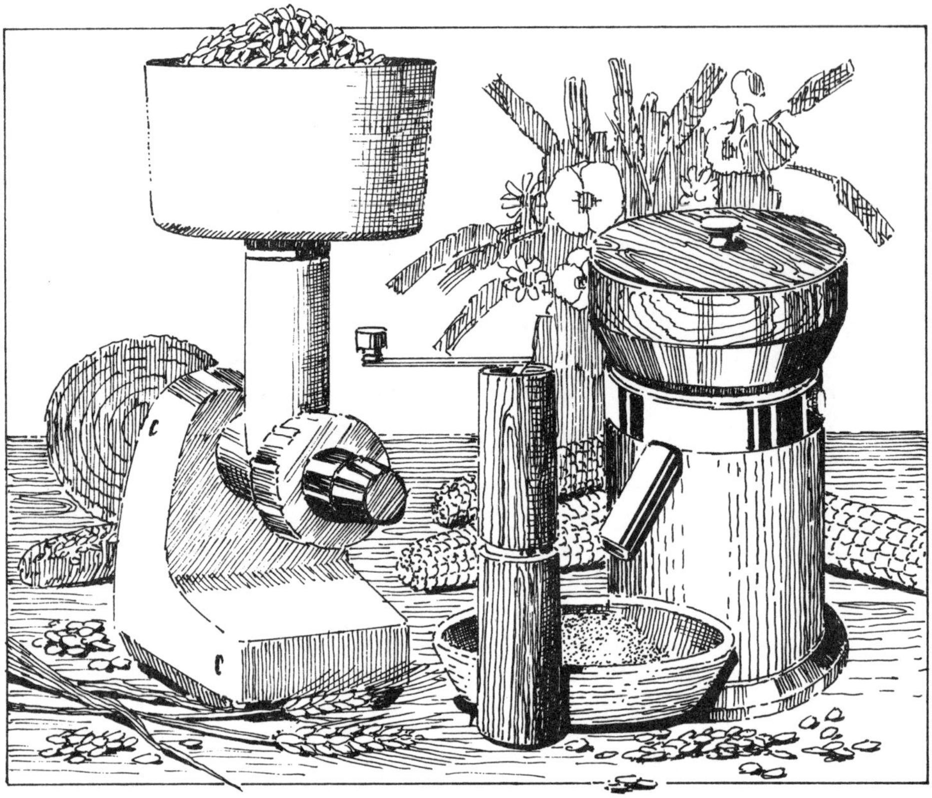

Stahl-, Hand- und Steinmühle (von links)

Die *Schrotmühle* ist mit einem Stahlmahlwerk ausgestattet und sehr robust, die Mehlmühle (die, wie der Name bereits sagt, wesentlich feiner mahlt) hingegen mit einem empfindlichen Mahlsteinwerk. Mehl hat erfahrungsgemäß die besseren Eigenschaften, wenn es um Mehlspeisen und Feingebäck geht, während das Ergebnis der Schrotmühle ein Produkt schafft, das sich vor allem für Müslis eignet, aber auch zum Brotbacken.
Die hier angesprochenen Unterschiede aber sind — zumal jede moderne Getreidemühle über eine stufenlose Einstellung von sehr fein bis grob verfügt — nicht mehr relevant. Doch man sollte darum wissen. Und auch davon, daß die feiner mahlende Mahlsteinwerk-Mühle sehr empfindlich auf feuchtes Mahlgut reagiert und wärmeanfällig ist. Für alle jene, die erst in der Umstellungsphase sind, oder deren Familienmitglieder erst von der höheren Qualität der Vollkornkost überzeugt werden müssen, empfiehlt sich die Steinwerks-Mühle, da sich das von ihr gemahlene Mehl in Geschmack und Aussehen nicht wesentlich von dem althergebrachten Produkt unterscheidet. Sehr wohl aber im Inhalt. Auch die Rezepte in unserem Buch sind grundsätzlich auf das feinvermahlene Mehl des vollen Korns aufgebaut.
Bei der Steinmühle muß man darauf achten, daß das Mehl nicht wärmer wird als 41 Grad Celsius: denn da werden die Vitalstoffe des Korns unwirksam. Also: nach jeweils 500 oder 600 Gramm eine kurze Pause einlegen.

Neben den elektrischen bietet der Handel auch sogenannte *Handmühlen* an. Aus der Erfahrung gesprochen, können wir Ihnen diese weniger empfehlen, da man davor recht bald — wegen des doch recht intensiven Kraftaufwands — und trotz aller Energiephilosophie zurückschreckt.
Was nun die einzelnen Maschinen betrifft, so verweisen wir auf den bereits einmal zitierten Eberhard Cölle, der die auf dem deutschen Markt gehandelten Geräte nach strengen Kriterien getestet hat. Und zwar nach den Kriterien Platzbedarf, Gewicht, Mahlleistung, Temperatur, Geräuschentwicklung, Qualität des Mahlguts usw.
Sehr unterschiedlich allerdings ist, welche Mahlgüter man — außer Getreide — in manchen dieser Mühlen noch mahlen kann (Trockenerbsen, Trockenpilze usw).
Wir haben Ihnen hier zwar keinen speziellen Tip zu geben, dürfen Ihnen aber sagen, daß bei Getreidemühlen — schlimmer als anderswo — *zu billig gekauft auch schlecht gekauft bedeuten kann.*

Wichtige Geräte und Hilfsmittel beim Brotbacken

- Eine große Keramikschüssel. Noch besser: ein Backtrog aus Holz.
- Ein Meßbecher
- Eine Waage
- Ein Handmixer bzw. eine Küchenmaschine (Alternative: zwei kräftige Arme)
- Ein Pinsel
- Ein Messer
- Ein Teigthermometer
- Tücher zum Zudecken des Teigs
- Brotkorb zum Gehenlassen des Teigs

Verwertung von altem Brot

Es kann sehr wohl geschehen, daß das eine oder andere Mal Brot übrig bleibt und hart wird. Das ist nicht schlimm, haben wir doch eine Reihe von Möglichkeiten, es wiederzuverwerten.
Wir geben Ihnen hier einige Anregungen dazu:
Hart gewordenes Brot können wir etwa zu Paniermehl (Bröseln) vermahlen, dem

Eine grundsätzliche Essensregel

- Nehmen Sie jeweils nur kleine Bissen zu sich!
- Speicheln Sie jeden einzelnen Bissen gut ein!
- Kauen Sie so lange, bis ein automatischer Schluckeffekt eintritt!
- Essen Sie nicht zu große Portionen auf einmal, nehmen Sie täglich lieber mehrere Mahlzeiten zu sich!

besten Backhilfsmittel der Vollwertbäckerei. Mit seiner Hilfe binden wir überschüssiges Wasser im Teig; dieses kann also mehr Wasser aufnehmen, und das Brot bleibt länger frisch. Zudem verbessern wir seinen Geschmack, und die Krume wird schnittfähiger. Wichtig: Vor Gebrauch sind die Brösel (das Vollwertpaniermehl) in Wasser aufzuschlämmen.
Altbackenes Brot ist auch als Suppeneinlage gut zu verwenden: schneiden Sie es in kleine Würfelchen, rösten Sie diese in etwas Butter an und verwenden Sie diese wohlschmeckenden Croutons als Einlage etwa in einer Gemüsebrühe.
Aus altem Brot läßt sich weiters eine Brotsuppe bereiten. Diese, in manchen Gegenden Österreichs „Panadelsuppe" genannte Spezialität der Hausmannskost wird folgendermaßen zubereitet: In eineinhalb Liter Brühe werden 200 Gramm entrindetes Brot mitgekocht. Hinzu mischt man fein gehackte, goldgelb geröstete Zwiebel. Mit zwei Dottern legiert man die fertige Suppe und würzt mit Kräutern, vor allem mit Schnittlauch.

Brotgedanken

Versuch einer Brotmeditation

Ziehen Sie sich in den stillsten Winkel des Hauses zurück.
• Schneiden Sie ein Stück frisches Vollkornbrot vom Laib, nehmen Sie es bewußt in die Hand.
Setzen Sie sich in einen bequemen Stuhl, besser noch in einen Polstersessel.
• Riechen Sie an Ihrem Stück Brot. Nehmen Sie diesen Geruch ganz bewußt auf. Es soll für Sie in diesem Augenblick nichts anderes auf der Welt geben als diesen köstlichen Duft.
• Stellen Sie sich vor: ein Kornfeld wogt in der Sommersonne; Sie hören, wie der Wind leicht darüber streicht, wie er durch Millionen Halme fährt...
• Brechen Sie ein Stück des Brotes ab. Seien Sie sich dieser rituellen, dieser fast kultischen Handlung bewußt. Falls Sie gläubig sind: vergegenwärtigen Sie sich dabei den Satz: „Dies ist mein Leib."
• Wenn Sie nicht christgläubig sein sollten, so stellen Sie sich vor, daß alle Menschen dieser Welt von diesem täglichen Brot haben sollten. Sehen Sie den kleinen Negerjungen in einer Straße in den Slums von San Francisco? Das hohlwangige Mädchen in New Delhi? Der Hunger aller Menschen wäre mit Brot zu stillen. Mit gerecht verteiltem Brot.
• Nehmen Sie einen Bissen Brot in den Mund, kauen Sie ihn sehr bewußt und sehr langsam. Ganz, ganz langsam. Lassen Sie vor Ihrem inneren Auge wie einen Film folgende Bilder ablaufen: einen Bauern, der das Korn sät; den Augenblick, wie aus dem kleinen Saatkorn — sichtbares Zeichen des Lebens — ein Pflänzchen sprießt; das Wachsen des Halmes; die wogende Ähre; die Getreideernte; das Dreschen; das Mahlen des Korns in der Mühle; das neue entstehende Leben im Sauerteig; der Duft in einer Bäckerei...
Unser tägliches Brot gib uns. Heute. Uns allen.

VOLLWERT-BACKREZEPTE

- Bis auf wenige — hier besonders erwähnte — Ausnahmen verwenden wir grundsätzlich frische Produkte — entsprechend den Vorstellungen der Vollwertkost.
- Sämtliche Zeitangaben — die Misch-, Teigruhe-, Gär- und Backzeiten betreffend — sind Mittelwerte.
- Die gleichen Schaltstufen bei Gas- und Elektroherden entsprechen oft verschiedenen Temperaturen. Sowohl beim vorigen als auch bei diesem Punkt ist man auf eigene Erfahrungswerte angewiesen.
- Sämtliche Angaben über Flüssigkeitsmengen sind Zirkawerte, da die Wasseraufnahmefähigkeit von Getreiden enorm unterschiedlich ist.

Weizengebäck

Zum Weizenkleingebäck gehören etwa die Kaisersemmel, das Salzstangerl, das Kipferl (Hörnchen), das Wachauer Laibchen usw. In der Teigzusammensetzung unterscheiden sie sich sehr wenig von den Weizenbrotteigen. Besonders gerne gegessen werden solche Kleingebäcke, wenn sie eine resche, knusprige Kruste mit schöner Bräunung aufweisen. Wichtig ist, daß der Teig gut gelockert ist. Schlechte Lockerung hat nicht nur eine harte Kruste zur Folge, sondern der hohe Wassergehalt der Krume wird von der Kruste aufgesogen, die Oberfläche wird also sehr weich.

Eine gute Lockerung erzielt man, wenn der Teig intensiv geknetet wird, wenn die richtige Teigruhe eingehalten wird, ferner durch ein intensives Wirken beim Aufarbeiten.

Weizenkleingebäck ist einfach zu backen und sehr schnell fertig, vorausgesetzt, Sie halten die Temperaturen und die angegebene Menge der Zutaten genau ein. Diese beeinflussen den Geschmack und das Aussehen.
Betrachten wir hier die wichtigsten Zutaten, und untersuchen wir, welche Eigenschaften sie im Teig und im fertigen Kleingebäck zeigen.

Die wichtigsten Zutaten:

Salz: Dieses gibt dem Gebäck Geschmack und stärkt den Kleber. In Verbindung mit Wasser quellen Eiweißstoffe der Weizenstärke auf. Es entsteht der „Fruchtkleber", der die mechanische Eigenschaft der Dehnbarkeit besitzt, und ist daher sehr elastisch. Diese „gummiartige" Struktur durchzieht den ganzen Teig, ist sehr dicht und kann dadurch die Gärgase zurückhalten. Diese haben das Bestreben zu entweichen. Sie drücken an den Fruchtkleber — das Teigstück hebt sich, „es geht" bis zu einer fertigen Gare. Wird einmal darauf vergessen, Salz zuzugeben, ist die Kleberbindung wesentlich geringer, der Teig läuft sehr schnell breit, und das Teigstück hebt sich nicht in die Höhe. Bei der Verarbeitung ist zu beachten, daß das Salz vor Verwendung im Wasser aufgelöst wird; dadurch ist gute Verteilung im Teig möglich.

Fett: Als Fett verwenden wir nur Butter oder vollwertiges Pflanzenfett. Fett macht den Teig mürbe. Setzt man sehr zu, so müssen auch die Quantitäten der verwendeten Treibmittel erhöht werden. Durch Zugabe von Fett tritt eine Verbesserung des Geschmacks und eine längere Frischhaltung ein. Ein geringer Fettzusatz kann die Elastizität des Klebers steigern, und das Gebäck wird größer. Hohe Fettzugaben behindern die Kleberbindung, und das Gebäck wird klein. Man gibt daher das Fett prinzipiell erst im letzten Drittel des Backvorganges dazu: Wenn wir also einen Teig 12 Minuten mischen, dann ab der 8. Minute das Fett in weicher oder in der Küchenmaschine aufgeschlagener Form dazugeben. Wird das Fett bereits am Anfang dazugegeben, umschließt es die Hefezellen. Diese sind damit in der Nahrungsaufnahme behindert und können sich nicht vermehren. Das Gebäcksstück geht nicht auf, es bleibt „sitzen".

Honig: Der Honig dient in erster Linie zum Süßen des Gebäcks. Außerdem tritt durch ihn eine geschmackliche Verbesserung und eine bessere Bräunung ein. Durch Zusatz von Honig erhöhen wir auch den Nährwert. Gibt man eine kleine Menge Honig dazu, so wird das Gebäck schneller gären. Größere Zugabemengen hindern jedoch die Gärung und erfordern — genauso wie beim Fett — eine höhere Menge an Treibmitteln. Honig besitzt auch die Eigenschaft, den Geschmack bestimmter Zutaten zu fördern. Das Aroma des Honigs ist verschieden; dunkle Honige passen gut zu Lebkuchen und Stollenteigen, lichter Honig zu leichterem Gebäck und zu Brotspeisen. Nach Möglichkeit soll man Honig nicht über 50 Grad Celsius erhitzen, weil dadurch wertvolle Fermente verlorengehen. Aber leider kann man beim Backen nicht darauf Rücksicht nehmen. Die Temperaturen im Innersten der Backwaren reichen von 75 bis 95 Grad Celsius.

Eier: Diese verbessern den Geschmack und färben auch die Gebäckkrume. Der Eidotter färbt die Teigmasse gelb. Diese wirkt dadurch appetitlicher. Der Fettgehalt des Eidotters (Lezithin) wirkt sich günstig auf den Kleber aus, das Gebäck vergrößert sich etwas. Eiweiß (Eiklar) wird zum Teig nicht verwendet, weil das Gebäck spröde und trocken wird. Gut verrührt, werden Eier auch zum Bestreichen von süßem Kleingebäck und Mehlspeisen verwendet.

WEIZENKLEINGEBÄCK

Das Grundrezept:

1000 g Weizen, frisch gemahlen
zirka 750 g Wasser, 25 Grad Celsius
20 g Salz
20 g Butter
50 g Hefe
20 g Honig

Das Weizenvollkornmehl in eine Schüssel geben und in der Mitte eine Vertiefung (Mulde) hineindrücken. Hefe in etwas Wasser auflösen und hineinschütten, Salz und Honig dazugeben und von der Mitte aus mit dem Fett langsam beimengen. Nach und nach Wasser beigeben. Den Teig sehr kräftig durchkneten, bis er geschmeidig wird und Blasen wirft.

Wenn der Teig fertiggemischt ist, soll er eine eher weiche Konsistenz aufweisen. Das hat seinen Grund: Die Kleieteilchen, die im Vollmehl enthalten sind, nehmen zwar viel, aber nur langsam Wasser auf. Holzfaserstoffe sind sehr saugfähig. Dadurch wird der Teig während der Ruhezeit automatisch fester.

Decken Sie nun den Teig zu und lassen Sie ihn an einem warmen Ort 30 Minuten aufgehen. Nach dieser Ruhezeit wird er „ausgestoßen". Zu diesem Zweck wird er auf eine bemehlte Arbeitsplatte gelegt und mit beiden Händen flach gedrückt. Dadurch werden die verbrauchten Gärgase hinausgedrückt, es kommt Luft in den Teig, die Hefezellen können sich leichter vermehren, der Teig gärt schneller. Noch einmal rundwirken und kleine Teigstücke mit einem Gewicht von 60 Gramm abwägen. Die ausgewogenen Teigknollen rundwirken und zu den einzelnen Weizenkleingebäcksorten formen.

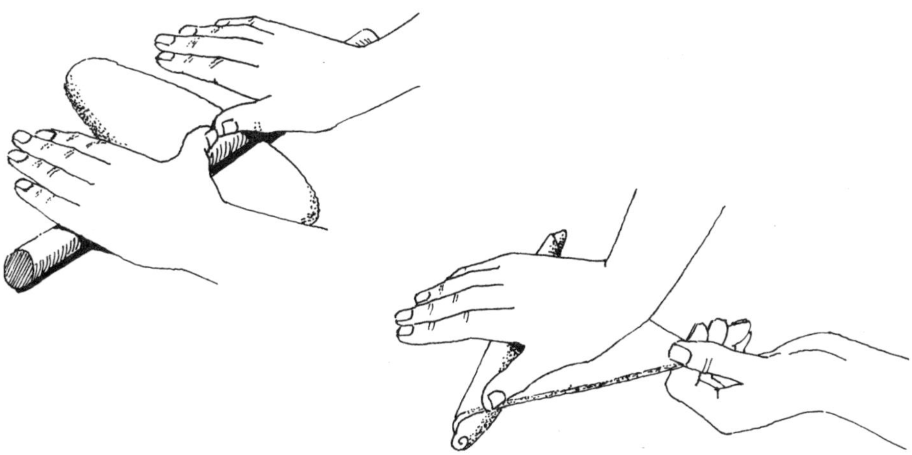

Das Salzstangerl: Rollen Sie den Teig mit einem Rollholz oval aus. Nehmen Sie das untere Ende des Teigstückes in die eine Hand und rollen Sie mit der anderen Hand das Teigstück ein. Wollen Sie ein Hörnchen/Kipferl machen, so soll das Teigstück länger sein.

Seite 65

Oberes Körbchen, von links nach rechts: Grahamweckerl (-laibchen), Sesamlaibchen, Mohnlaibchen.
Mittleres Körbchen, von links nach rechts: Haselnußbrezen, Vollkornhörnchen, Vollkorn-Kaisersemmel.
Unteres Körbchen, von links nach rechts: Knusperstangen, Salzbrezel, Salzstangerl, Knusperlaibchen.
Rechts, neben dem Körbchen, von oben: Sesamlaibchen, Knusperlaibchen, Mohnlaibchen.

Seite 66/67

1. Roggenbrot, grob, 2. Roggenbrot, fein, 3. Sonnenblumenbrot, 4. Ährenbrot, 5. Haferbrot, 6. Vintschgerl, 7. Sojabrot, 8. Weizenbrot, 9. Sesambrot, 10. Roggenbrot, fein, 11. Gewürzbrot, grob, 12. Sonnenblumenbrot, 13. Weizenbrot, 14. Haferbrot, 15. Sandwich, 16. Sesambrot, 17. Toast, 18. Wachauerlaibchen, 19. Knusperlaibchen, 20. Salzstangerl, 21. Mohnlaibchen, 22. Wachauerlaibchen, 23. Sesamlaibchen, 24. Kipferl/Hörnchen, 25. Sesamlaibchen, 26. Haselnußbreze, 27. Sesamlaibchen, 28. Mohnlaibchen, 29. Sojastange, 30. Haselnußbreze, 31. Grahamlaibchen, 32. Wachauerlaibchen, 33. Kipferl/Hörnchen, 34. Knusperlaibchen.

Seite 68

Oben links: Fladenbrot, *daneben* Sesambrot.
Im Körbchen, oben: Bergbauernbrot, *links* Haferbrot, *rechts* Gewürzbrot, grob.

Sesamlaibchen
Den Weizenvollkornteig rundwirken, mit dem Schluß nach unten setzen, mit einem Messer Einschnitte an der Oberfläche machen, die Oberfläche mit Wasser bestreichen und in Sesam tunken. Auf ein gefettetes Backblech setzen und zirka 30 Minuten gären lassen.

Mohnlaibchen
Wie Sesamlaibchen arbeiten, nur mit Mohn bestreichen.

Grahamlaibchen
Zuerst rundwirken, dann länglich formen und mit dem Schluß nach unten auf ein gefettetes Backblech setzen. Gärdauer: zirka 40 Minuten.

Kümmelweckerl (Kümmelbrötchen)
In 500 Gramm Teig zirka 15 Gramm Kümmel gut hineinkneten. Teigstücke abwägen, rundwirken, länglich formen und mit dem Schluß nach oben auf ein gefettetes Backblech setzen. Mit Wasser bestreichen und mit Kümmel bestreuen. Kurze Gärdauer: zirka 15 Minuten. Durch die relativ kurze Gärzeit „reißt" der Schluß besser auf.

Zwiebelbrötchen (Weckerl)
500 Gramm Teig, darin 50 Gramm geröstete Zwiebel gut vermischen, sonst die gleiche Arbeitsweise wie beim Grahamlaibchen.
Bei Erkältung und Verdauungsproblemen besonders geeignet.

Salzstangerl
Teigstück rundwirken und auf dem Arbeitstisch zirka fünf Minuten aufgehen lassen. Dann mit Hilfe eines abgesägten Besenstiels (zirka 30 Zentimeter) die Teigstücke auf schöne ovale Flecken ausrollen (Länge: 20 Zentimeter). Nun folgt eine Arbeit, die bereits ein wenig Übung erfordert. Die Salzstangerln werden „handgewickelt": Der ovale Fleck wird mit dem Handballen unter gleichzeitig leichtem Drücken und Rollen zu einem Salzstangerl geformt. Mit Wasser bestreichen und mit einer Mischung aus Kümmel und Salz bestreuen.
Gärdauer: zirka 30 Minuten.
Bei Bluthochdruck und bei Nierenleiden sollte grundsätzlich auf gesalzenes Gebäck verzichtet werden.

Kaisersemmel
Ein typisch österreichisches Gebäck ist die Kaisersemmel. Die Teigstücke rundwirken und mit Vollkornmehl leicht bestäuben. Gut hin- und herrollen und zirka fünf Minuten zugedeckt liegen lassen. Das „Wirken" (Formen) der Kaisersemmel besorgen wir mit der Hand. Mit Hilfe des Rollholzes (Besenstiel) einen runden Fleck von 10 Zentimeter Durchmesser ausrollen. Nun ist es sehr wesentlich, daß die in fünf Teile aufzuschlagenden Teigläppchen der Semmel gleich groß sind und genau in der Mitte eingeschlagen werden. Die Daumenspitze der linken Hand wird auf die Mitte des runden Flecks gelegt, gleichzeitig legen Zeige-, Mittel- und Ringfinger etwa 1/4 des Fleckes über den linken Daumen und drücken den Teig mit der Handkante der rechten Hand fest. Diesen Vorgang viermal wiederholen. Zum Schluß des Wirkens den Daumen herausziehen und in die entstehende Lücke den letzten Teil des Fleckes fest hineindrücken. Das Handwirken erfordert eine gewisse Übung. Eine schöne Kaisersemmel mit dem charakteristisch in der Mitte zusammenlaufenden Stern wird deshalb erst nach mehreren Versuchen gelingen. Nach dem Wirken der Semmel mit dem Stern nach unten auf den Arbeitstisch wegsetzen und etwas flachdrücken.

Die Backdauer und der Backvorgang ist bei den beschriebenen Weizenkleingebäcksorten überall gleich. Backofen auf 220 Grad Celsius vorheizen. Gut gegärtes Kleingebäck hineingeben, Gefäß mit Wasser hineinstellen, etwas Wasser zugeben. Die Backzeit beträgt zirka 20 Minuten bei gleichbleibender Temperatur.

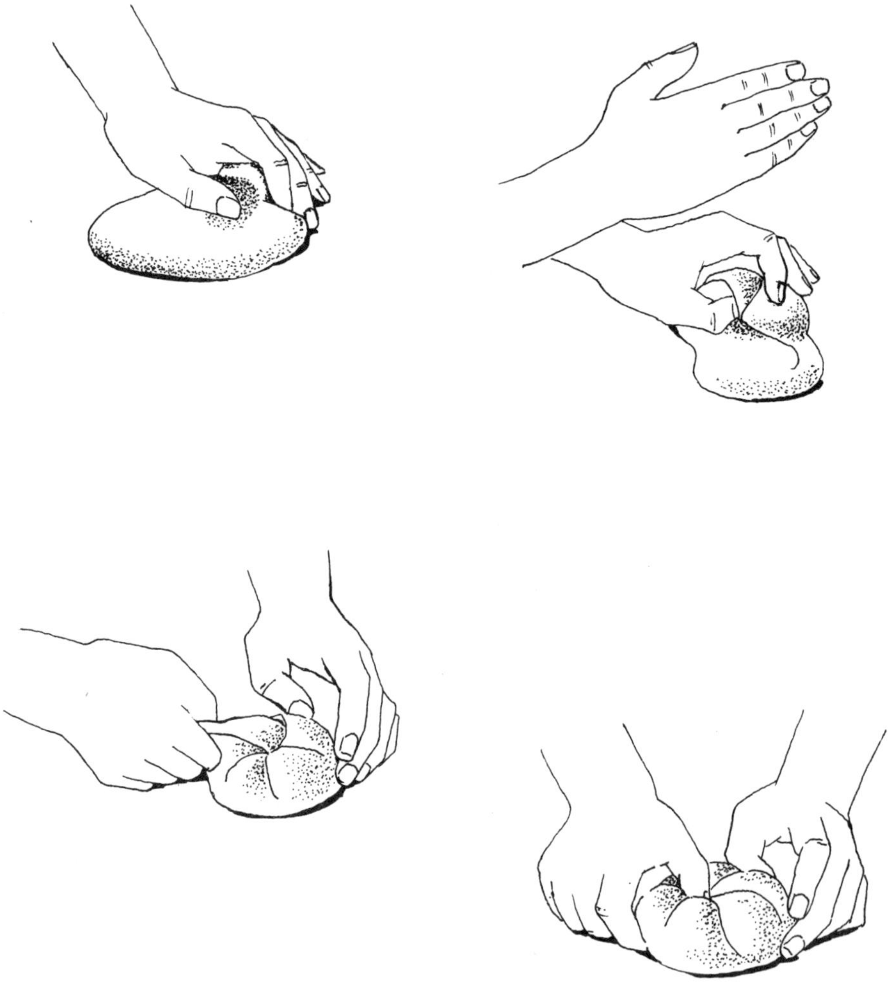

Der „Stern" der Kaisersemmel besteht aus fünf Teilen. Wesentlich ist, daß diese fünf Teile gleich groß sind. — Man schlägt über den Daumen der linken Hand ein Teigstück und drückt es gut ab (links oben). Dieser Vorgang wird noch dreimal wiederholt (rechts oben). Zum Schluß wird das übriggebliebene Teigende hineingesteckt (links unten). Der Anfang und das Ende des Teigstücks werden fest zusammengedrückt (rechts unten).

Weizenkleingebäck		Eiweiß	Fett	Kohlen-hydrate	kcal	kjoule
1000 g	Weizen	117	20	693	3.420	14.360
750 g	Wasser	—	—	—	—	—
20 g	Salz	—	—	—	—	—
20 g	Butter	0,14	16,64	0,14	150,8	633,40
50 g	Hefe	6,05	0,20	7,50	48	201,50
20 g	Honig	—	—	16,20	64,80	272,20
1860 g	Teiggewicht	123,19	36,84	716,84	3.683,60	15.467,10
1560 g	Ausbackgewicht					
in 100 g	Gebackenem	7,80	2,30	45	233	975,34

1 BE = 24 g *Arbeitszeit:* zirka 60 Minuten
1 Kleingebäck 50 g = 2 BE = 116 Kilokalorien

KIPFERL/HÖRNCHEN

1000 g Weizen, frisch gemahlen
zirka 600 g Wasser, 30 Grad Celsius
20 g Salz
100 g Butter
100 g Honig
60 g Hefe

Das Weizenvollkornmehl in eine Schüssel geben und in die Mitte des Mehls eine Vertiefung (Mulde) drücken. Hefe in etwas Wasser auflösen und hineinschütten, Salz und Honig zugeben und von der Mitte aus mit dem Mehl vermengen. Wasser nach und nach beigeben. Den Teig sehr kräftig durchkneten. Zum Schluß wird die Butter hineingearbeitet. Den Teig 20 Minuten gut zugedeckt an einem warmen Ort aufbewahren. Dann wieder kräftig durchmischen und weitere 15 Minuten liegen lassen. Nach dieser Ruhezeit wird der Teig ausgestoßen, anschließend werden Teig-

Vollkornkipferl/ Vollkornhörnchen		Eiweiß	Fett	Kohlen-hydrate	kcal	kjoule
1000 g	Weizen	117	20	693	3.420	14.360
600 g	Wasser	—	—	—	—	—
20 g	Salz	—	—	—	—	—
100 g	Butter	0,70	83,20	0,7	754	3.167
100 g	Honig	0,30	—	81	324	1.361
60 g	Hefe	7,26	0,24	6,6	57,6	241,80
1880g	Teiggewicht	125,26	103,44	781,3	4.555,6	19.129,80
1600 g	Ausbackgewicht					
in 100 g	Gebackenem	7,81	6,5	49	285	1.193,01

1 BE = 19 g *Arbeitszeit:* zirka 60 Minuten
1 Hörnchen = 2,5 BE = 140 Kilokalorien
Achtung: Durch den höheren Fettanteil um 20 Prozent mehr Kalorien als bei Weizenkleingebäck

stücke mit einem Gewicht von je 60 Gramm abgewogen.
Zirka fünf Minuten aufgehen lassen und dann mit einem Rollholz (Besenstiel) auf Form und Größe einer Schuhsohle ausrollen (zirka 25 Zentimeter lang). Diesen ovalen Fleck unter gleichzeitig leichtem Drücken mit der Hand aufrollen, so daß ein Teigstrang von zirka 20 Zentimetern und 10 Wicklungen entsteht. Den gewickelten Teigstrang in Hufeisenform auf ein gefettetes Backblech setzen. Gut mit Ei bestreichen. Zirka 40 Minuten gären lassen und bei einer Backtemperatur von 190 Grad Celsius zirka 15 bis 18 Minuten backen. Zum Frühstück hervorragend geeignet. Selbst nach ein paar Tagen schmecken sie, mit Butter bestrichen, ausgezeichnet.

KNUSPERWECKERL/KNUSPERLAIBCHEN

1000 g Vollkornmehl, frisch gemahlen
600 g Wasser, 30 Grad Celsius
70 g Hefe
10 g Salz
100 g Honig
100 g Butter
150 g Rosinen
150 g gehackte Walnüsse
150 g gehackte Mandeln

Das Weizenvollkornmehl in eine Schüssel geben und in die Mitte eine Mulde hineindrücken. Hefe in etwas Wasser auflösen und in die Mulde schütten, Salz und Honig dazugeben und von der Mitte aus mit dem Mehl langsam vermengen. Nach und nach Wasser beigeben. Den Teig kräftig durchkneten, zum Schluß Butter und die Früchte hineinarbeiten.
Den Teig 30 Minuten gut zugedeckt an einem warmen Ort aufbewahren. Nach dieser Ruhezeit wird er ausgestoßen, anschließend werden Teigstücke mit einem Gewicht von je 80 Gramm abgewogen. Diese werden rundgewirkt und nach kurzer Gare flachgedrückt, die zwei gegenüberliegenden Seiten der

Knusperweckerl/ Knusperlaibchen		Eiweiß	Fett	Kohlenhydrate	kcal	kjoule
1000 g	Weizen	117	20	693	3.420	14.360
600 g	Wasser	—	—	—	—	—
70 g	Hefe	8,47	0,28	7,7	67,2	282,10
10 g	Salz	—	—	—	—	—
100 g	Honig	0,30	—	81	324	1.361
100 g	Butter	0,70	83,20	0,7	754	3.167
150 g	Rosinen	3,45	0,75	96	403,50	1.687,50
150 g	Walnüsse	22,50	96	20,25	1.035	4.347
150 g	Mandeln	28,50	81	29,25	960	4.032
2330 g	Teiggewicht	180,92	281,23	927,90	6.983,70	29.236,60
1980 g	Ausbackgewicht					
in 100 g	Gebackenem	9,14	14,19	47	350	1.477

1 BE = 15 g
1 Weckerl 65 g = 4,5 BE = 229 Kilokalorien

Arbeitszeit: zirka 60 Minuten

Teigscheibe zur Mitte überschlagen und bei gleichzeitigem Drücken langgerollt. Dabei entsteht ein langer, gleichmäßiger Schluß, der dem Knusperlaibchen das Aussehen gibt. Die Teigstücke werden mit dem Schluß nach unten auf den bemehlten Arbeitstisch gesetzt. Gut zudecken und 40 Minuten gären lassen. Nach dieser Zeit die Knusperlaibchen mit dem Schluß nach oben auf ein gefettetes Backblech setzen. Mit Ei bestreichen und mit gehackten Nüssen bestreuen.

Backzeit: zirka 18 bis 20 Minuten
Backtemperatur: 190 Grad Celsius.
Ein vollwertiges Produkt, das sehr lange den Hunger stillt. Es kann zu jeder Tageszeit angeboten werden.

KNUSPERSTÄNGELCHEN

1000 g Weizenvollkornmehl, frisch gemahlen
zirka 300 g Milch, zirka 25° Celsius
80 g Hefe
500 g Butter
20 g Salz
50 g Kümmel

Weizenvollkornmehl in eine Schüssel geben, in die Mitte eine Vertiefung drücken. Hefe in etwas Wasser auflösen und in die Vertiefung schütten, Salz dazugeben und das Ganze zu einem Teig mischen. Den Teig kräftig durchkneten. Zum Schluß wird die Butter hineingearbeitet. Den Teig nun zirka 45 Minuten gut zugedeckt an einem gekühlten Ort lagern. Nach der Lagerung wird der Teig ausgestoßen, anschließend werden Teigstücke mit einem Gewicht von je 30 Gramm abgewogen und rundgeformt. Zehn Zentimeter lang ausrollen und auf Backbleche setzen. Mit Eidotter bestreichen und zirka 45 Minuten gären lassen. Man kann aber auch die Teigstücke zu Brezelchen formen, ebenfalls mit Eidotter bestreichen und mit Kümmel bestreuen. Im vorgeheizten Ofen bei einer Temperatur von 170 Grad Celsius backen.

Backdauer: zirka 18 bis 20 Minuten
Ein Gebäck, das sich — aufgrund seines hohen Fettgehaltes — sehr lang frisch hält.
Schmeckt besonders gut zu Wein und Bier.

Knusperstangerl		Eiweiß	Fett	Kohlenhydrate	kcal	kjoule
1000 g	Weizen	117	20	693	3.420	14.360
300 g	Milch	9,6	10,5	14,1	189	795
80 g	Hefe	9,7	0,32	8,8	76,8	322,4
500 g	Butter	3,5	416	3,5	3.770	15.835
20 g	Salz	—	—	—	—	—
50 g	Kümmel	—	—	—	—	—
1950 g	Teiggewicht	139,8	446,82	719,4	7.455,8	31.312,4
1650 g	Ausbackgewicht					
in 100 g	Gebackenem	8,5	27	44	452	1.892

1 BE = 15 g — *Arbeitszeit:* zirka 50 Minuten
1 Knusperstangerl 25 g = zirka 2 BE = 113 Kilokalorien

WACHAUERLAIBCHEN

900 g Weizenvollkornmehl, frisch gemahlen
100 g Roggenvollkornmehl, frisch gemahlen
zirka 750 g Wasser
25 g Salz
20 g Butter
50 g Hefe
20 g Honig
100 g Sauerteig (eingeweichtes „Gerstl" = Graupen)

Mit 300 Gramm Weizenvollkornmehl, 400 Gramm Wasser (35 Grad Celsius), 500 Gramm Hefe und 20 Gramm Honig einen Vorteig („Dampfl") machen. Diesen zirka 30 Minuten an einem warmen Ort gut zugedeckt stehen lassen. Nachdem der Vorteig aufgegangen ist (er hat sich verdoppelt), werden sämtliche anderen Zutaten dazugegeben und zu einem Teig vermischt. Den Teig zirka 20 Minuten aufgehen lassen und noch einmal kräftig durchmischen, damit kein Krümeln entsteht. Nach einer weiteren Teigruhe von 20 Minuten noch einmal gut ausstoßen und Teigstücke mit einem Gewicht von je 80 Gramm abwiegen. Dann Roggenvollkornmehl auf die Tafel geben und die Teigstücke im Mehl rundwirken (sie werden geschliffen). Die Laibchen mit dem bemehlten Schluß auf ein gefettetes Backblech setzen, zirka 40 Minuten gären lassen und bei einer Temperatur von 220 Grad Celsius backen.
Backdauer: zirka 20 bis 25 Minuten

In manchen Gebieten wird dieses Gebäck auch Schusterlaibchen genannt. Es schmeckt durch die Zugabe von Roggenmehl und Sauerteig sehr rustikal und bleibt längere Zeit frisch. „Schusterjungen" wird dieses Gebäck in Berlin genannt. Allerdings wird es dort statt mit Wasser mit Bier zubereitet und zu Bier serviert.

Wachauerlaibchen		Eiweiß	Fett	Kohlen-hydrate	kcal	kjoule
900 g	Weizen	105,3	18	623,7	3.078	12.924
100 g	Roggen	11,6	1,7	69	338	1.420
750 g	Wasser	—	—	—	—	—
25 g	Salz	—	—	—	—	—
20 g	Butter	0,14	16,64	0,14	150,80	633,40
50 g	Hefe	6,05	0,20	7,50	48	210,50
20 g	Honig	—	—	16,20	64,80	272,20
100 g	Sauerteig	11,60	1,70	69	338	1.420
1965 g	Teiggewicht	134,69	28,24	785,54	4.017,60	16.871,10
1670 g	Ausbackgewicht					
in 100 g	Gebackenem	8	1,7	47	241	1009

1 BE = 24 g
1 Laibchen 75 g = 3 BE = 180 Kilokalorien

Arbeitszeit: zirka 45 Minuten

MÜRBBREZEN (HASELNUSSBREZEL)

1000 g Weizenvollkornmehl, frisch gemahlen
300 g Milch, zirka 30 Grad Celsius
80 g Hefe
500 g Butter
20 g Salz
1 Ei
50 g Haselnüsse
250 g Honig

Weizenvollkornmehl in eine Schüssel geben und in die Mitte eine Vertiefung drücken. Hefe in etwas Wasser auflösen und in die Delle schütten, Salz und Honig dazugeben und von der Mitte aus mit dem Mehl langsam vermengen. Nach und nach Wasser beigeben. Den Teig kräftig durchkneten. Zum Schluß wird die Butter hineingearbeitet. Den Teig zirka 45 Minuten gut zugedeckt an einem kühlen Ort oder im Kühlschrank lagern. Nach der Lagerung wird der Teig gut ausgestoßen, anschließend werden Teigstücke mit einem Gewicht von je 30 Gramm abgewogen und rundgeformt. Sie werden auf eine Länge von etwa 30 Zentimeter ausgehängt und zu einem Brezel geformt. Es ist darauf zu achten, daß der Teigstrang in der Mitte dick bleibt und nach beiden Seiten hin dünn wird. Die Breze mit Ei bestreichen, in geriebene Haselnüsse tunken und nach einer Gärzeit von 30 Minuten bei einer Backtemperatur von 190 Grad Celsius backen.
Backdauer: zirka 20 Minuten
Diese Brezen sind sehr knusprig. Sie lassen sich schnell zubereiten, etwa wenn unvorhergesehene Gäste kommen.

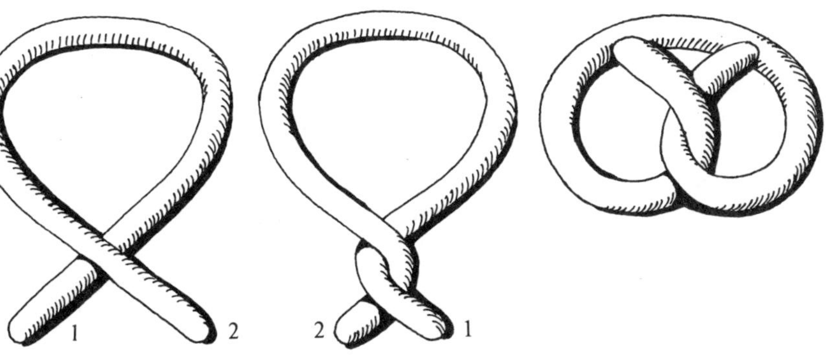

So macht man ein Brezel:
— Teigstrang hörnchenförmig legen, die Teigenden übereinanderlegen,
— Teigenden ineinander verschlingen,
— Teigenden am oberen Brezenbogen festdrücken.

Mürbbrezen (Haselnußbrezel)		Eiweiß	Fett	Kohlen-hydrate	kcal	kjoule
1000 g	Weizen	117	20	693	3.420	14.360
300 g	Milch	9,6	10,5	14,1	189	795
80 g	Hefe	9,7	0,32	8,8	76,8	322,4
500 g	Butter	3,5	416	3,5	3.770	15.835
20 g	Salz	—	—	—	—	—
250 g	Honig	0,75	—	202,5	810	3.402,5
2150 g	Teiggewicht	140,55	446,82	921,9	8.265,8	34.714,9
1830 g	Ausbackgewicht					
in 100 g	Gebackenem	8	24	50	452	1.892

1 BE = 11 g — *Arbeitszeit:* zirka 60 Minuten
1 Brezel 25 g = zirka 2 BE = 113 Kilokalorien
Werden die Brezen in geriebene Haselnüsse getaucht, so erhöhen sich die BE auf 2,5 bis 3, die Kilokalorien auf zirka 140 (= 586 Joule).

Brote aus Weizenvollkornmehl

WEIZENVOLLKORNBROT

Es ist wohlschmeckend, leicht bekömmlich und wird von jenen bevorzugt, die sich für dunkle Vollkornbrotsorten nicht begeistern können. Das Weizenvollkornbrot wird hier — sozusagen als Einstieg in die Kunst des Vollkornbrotbackens — zuerst besprochen. Die Verwendung dieser hellen Brotsorte ist sehr vielseitig, etwa zum Frühstück mit Butter oder mittags zur Suppe. In Scheiben geschnitten und getoastet, schmeckt es zu jeder Mahlzeit. Weizenbrot hat neutralen Geschmack, daher muß man dieser Brotsorte erst einen besonderen (individuellen) Geschmack geben. Das kann durch Zugabe von Sauerteig geschehen (obwohl backtechnisch nicht notwendig), oder durch verschiedene Gewürze, andere Zutaten oder durch verschiedene Arbeitsmethoden.

750 g frischgemahlener Weizen
zirka 550 g Wasser, 35 Grad Celsius
20 g Salz
40 g Hefe
20 g Butter

Das Weizenkorn wird frisch gemahlen und dann in eine Schüssel gegeben, wo der Teig gemischt wird. In der Mitte des Vollkornmehls wird eine Mulde gedrückt. Wasser, Hefe und Salz werden abgewogen und in die Mulde gegeben. Die Hefe wird gut aufgelöst und dann kräftig und unter gutem Durcharbeiten zu einem Teig gemischt. Die Butter soll immer erst im letzten Drittel des Mischprozesses dazugegeben werden. Würde man sie gleich zu Beginn zugeben, so würde das Fett die Hefezellen umschließen; diese Zellen könnten sich dann nur sehr schlecht vermehren, und das Brot

Die Unterbrech-Backmethode (für anspruchsvolle Gäste)
Nach 75 Prozent der Backzeit nehmen wir das Brot aus dem Ofen und geben es — ausgekühlt — in den Kühlschrank. Die Backzeit kann bis zu dreißig Stunden unterbrochen werden. Danach backen wir fertig. Diese Methode ist sehr praktisch, wenn Sie Gäste haben, aber noch nicht abschätzen können, wieviel Gebäck Sie brauchen werden. Sie können also auf diese Weise Ihre Freunde mit frischem Backwerk verwöhnen.

würde nur sehr langsam auf der Gäre gehen. Arbeiten Sie mit der Küchenmaschine, so mischen Sie bei mittlerer Geschwindigkeit zirka 12 Minuten lang, mit der Hand zirka 18 Minuten.
Nun bleibt der Teig etwa 20 Minuten lang liegen (Teigruhe). Danach noch einmal fünf Minuten kräftig durchkneten. Dieser wiederholte Knetprozeß hat den Vorteil, daß restliches Wasser gebunden wird. Der Teig quillt besser auf, die Poren vermehren sich, und das Brot wird dadurch größer und schöner. Durch dieses zweite Durchkneten entsteht auch noch ein sehr wichtiger Vorteil: Die Krume bildet eine geschlossene, feste Konsistenz, das Brot wird beim Anschneiden nicht krümeln. Nach diesem Vorgang bleibt der Teig weitere zehn Minuten liegen. Nun auf einem Brett aufarbeiten und zu einem Wecken formen, auf das gefettete Backblech legen, mit einem feuchten Tuch zudecken und zirka 30 Minuten garen lassen. Wenn die Gare erreicht ist, mit Wasser bestreichen, mit dem Messer drei seitliche Schnitte in das Brot machen und einschieben. Das Brot muß in ausgebackenem Zustand zirka 1000 Gramm wiegen.
Nach dem Ausbacken das Brot noch einmal mit Wasser bestreichen. Dadurch entsteht schöner Glanz; es sieht viel appetitlicher aus. Das ist wichtig, zumal wir bekanntlich ja auch mit den Augen essen.

Diese Brotsorte kann man mit Kümmel, Koriander oder Fenchel abschmecken, insgesamt 15 Gramm dazugeben und damit eine andere Geschmacksvariante erreichen. Wollen wir einen kräftigen Brotgeschmack erreichen, müssen wir Sauerteig dazugeben.

Weizenvollkornbrot		Eiweiß	Fett	Kohlenhydrate	kcal	kjoule
750 g	Weizen	87,75	15	519,75	2.565	10.770
550 g	Wasser	—	—	—	—	—
20 g	Salz	—	—	—	—	—
40 g	Hefe	5,28	0,53	2,68	41	168,70
20 g	Butter	0,14	16,64	0,14	150,8	633,40
1380 g	Teiggewicht	93,17	32,17	522,57	2.756,8	11.572,10
1100 g	Ausbackgewicht					
in 100 g	Gebackenem	8	3	48	251	1051

1 BE = 22 g *Arbeitszeit:* zirka 40 Minuten
1 Schnitte Brot 45 g = zirka 2 BE = 107 Kilokalorien

TOAST

500 g Weizenvollkornmehl, frisch gemahlen
zirka 350 g Wasser, 30 Grad Celsius
30 g Hefe
10 g Salz
50 g Butter

Die Hefe in Wasser auflösen und mit den anderen Zutaten zu einem Teig mischen. Wichtig ist, daß die Butter erst im letzten Drittel des Teigmischens dazugegeben wird. Wird sie bereits von Beginn des Teigmachens zugemischt, so umschließt das Fett die Hefezellen, die Zellen können sich nicht vermehren, und der Toast wird nicht aufgehen. Die Folge wäre, daß der Toast sehr klein würde, in der Krumenstruktur sehr fest und dadurch schwer verdaulich.

Nach dem Mischen den Teig 15 Minuten liegen lassen, noch einmal kräftig durcharbeiten und nach einer weiteren Teigruhe von 20 Minuten aufarbeiten.

Teigstücke rundwirken, fünf Minuten lang liegen lassen, damit eine Entspannung eintritt, dann zu einem Wecken formen, in eine geschlossene Toastform setzen und zirka 35 Minuten aufgehen lassen. In den Ofen schieben.

Backtemperatur: 220 Grad Celsius
Backdauer: zirka 40 Minuten

Nach dem Backen zirka 10 Minuten in geschlossener Form auskühlen lassen. Dann Deckel vorsichtig öffnen und den Toast auf ein Holzbrett zum Auskühlen legen. Schmeckt in getoastetem Zustand sehr aromatisch.

Toast		Eiweiß	Fett	Kohlenhydrate	kcal	kjoule
500 g	Weizen	58,5	10	346,5	1.710	7.180
350 g	Wasser	—	—	—	—	—
30 g	Hefe	3,6	0,36	2	31,5	130,3
10 g	Salz	—	—	—	—	—
50 g	Butter	0,35	41,60	0,35	377	1583,5
940 g	Teiggewicht	62,45	51,96	348,85	2.118,5	8.893,8
780 g	Ausbackgewicht					
in 100 g	Gebackenem	8	7	45	271	1134

1 BE = 20 g — *Arbeitszeit:* zirka 40 Minuten
1 Scheibe Toast 35 g = zirka 1,5 BE = 94 Kilokalorien

SANDWICH

1000 g Weizenvollkornmehl, frisch gemahlen
zirka 750 g Wasser, 30 Grad Celsius
40 g Hefe
20 g Salz
20 g Butter

Die Hefe in Wasser auflösen, dann zu den anderen Zutaten geben und zu einem Teig mischen. Den Teig 15 Minuten liegen lassen, noch einmal durchkneten. Nach einer weiteren Teigruhe von 15 Minuten aufarbeiten. Man teilt den Teig in drei gleich große Teile, wirkt die Teigstücke rund und läßt diese noch einmal fünf Minuten liegen. Dann so wie einen Brotwecken formen, nur länger, damit dieses Teigstück die Form eines Sandwiches erhält. Das Backblech fetten, Sandwich daraufgeben und zirka 30 Minuten bei einer Zimmertemperatur von 20 Grad Celsius zugedeckt aufgehen lassen. Vor dem Einschieben gut mit Wasser bestreichen, in den Ofen schieben, ein Gefäß mit Wasser dazustellen, damit die Sandwiche schönen Glanz bekommen.

Backtemperatur: 220 Grad Celsius
Backdauer: zirka 30 Minuten
Eignet sich hervorragend zum Frühstück, also wenn der Appetit geweckt werden soll, oder abends für Gäste und festliche Anlässe.

Sandwich		Eiweiß	Fett	Kohlenhydrate	kcal	kjoule
1000 g	Weizen	117	20	693	3420	14.360
750 g	Wasser	—	—	—	—	—
40 g	Hefe	5,28	0,52	2,68	41	168,8
20 g	Salz	—	—	—	—	—
20 g	Butter	0,14	16,64	0,14	150,8	633,4
1830 g	Teiggewicht	122,42	37,16	695,82	3611,8	15.162
1530 g	Ausbackgewicht					
in 100 g	Gebackenem	8	2,4	46	236	987

1 BE = 23 g — *Arbeitszeit:* zirka 35 Minuten
1 Scheibe Sandwich 30 g = zirka 1,5 BE = 71 Kilokalorien

PARISERBROT

500 g Weizenvollkornmehl, frisch gemahlen
400 g Wasser, 20 Grad Celsius
20 g Hefe
10 g Salz
25 g Butter

Hefe in Wasser auflösen und mit dem Vollkornmehl zu einem Teig kneten. Gegen Schluß das Salz und die Butter dazugeben und den Teig fertigkneten. Salz sollte man bei diesem Spezialbrot deshalb erst zum Schluß zugeben, damit die Gärung nicht zu stark beeinträchtigt wird. Außerdem entstehen durch diesen Mischvorgang eine ungleiche Porung und teilweise kleine Hohlräume, was das charakteristische Merkmal des Pariserbrotes ist. Der Teig wird dann gut zugedeckt und zirka 90 Minuten an einem kühlen Ort aufbewahrt. Die Oberfläche soll nicht austrocknen. Durch diese Liegezeit entsteht eine gute Aromabildung. Dann den Teig in zwei Teile teilen, rund wirken und nochmals zehn Minuten liegen lassen, damit eine Entspannung eintritt. Nach dieser kurzen Liegezeit sorgfältig in lange, dünne Stangen aufarbeiten.

Die zwei Stücke mit dem Schluß nach unten auf ein gefettetes Backblech setzen und zirka 40 Minuten gären lassen. Bei guter Gare mit der flachgehaltenen Klinge sechsmal schräg einschneiden.

Pariserbrot bei einer Temperatur von

220 Grad Celsius in den Ofen schieben, Gefäß mit Wasser dazustellen und bei einer Ausbacktemperatur von 180 Grad Celsius fertigbacken.
Backdauer: zirka 35 bis 40 Minuten

Pariserbrot ist ofenfrisch ein Leckerbissen. Es wird beim Essen nicht geschnitten, sondern gebrochen. Wird von Feinschmeckern gern bevorzugt, weil es sehr aromatisch schmeckt.

Pariserbrot	Eiweiß	Fett	Kohlenhydrate	kcal	kjoule
500 g Weizen	58,5	10	346,5	1.710	7.180
400 g Wasser	—	—	—	—	—
20 g Hefe	2,64	0,26	1,34	20,5	84,35
10 g Salz	—	—	—	—	—
50 g Butter	0,35	41,60	0,35	377	1.583,50
980 g Teiggewicht	61,49	51,86	348,19	2.107,5	8.847,85
820 g Ausbackgewicht					
in 100 g Gebackenem	7,8	6	42	257	1.076

1 BE = 21 g *Arbeitszeit:* zirka 35 Minuten
1 Schnitte Brot 40 g = zirka 2 BE = 103 Kilokalorien

SESAMBROT

700 g frischgemahlener Weizen
zirka 550 g Wasser, 30 Grad Celsius
20 g Salz
40 g Hefe
150 g ungeschälter Sesam, geröstet

Vor dem Teigmachen 150 Gramm Sesam im Backrohr bei einer Temperatur von 170 Grad Celsius leicht rösten. Dadurch entsteht der nußartige Geschmack, den wir an Sesamkörnern schätzen.

Sesambrot	Eiweiß	Fett	Kohlenhydrate	kcal	kjoule
700 g Weizen	81,9	14	485,1	2.394	10.052
550 g Wasser	—	—	—	—	—
20 g Salz	—	—	—	—	—
40 g Hefe	5,28	0,53	2,68	41	168,70
150 g Sesam	30	75	24	1.188	4.990
1460 g Teiggewicht	117,18	89,53	511,78	3.623	15.210,70
1220 g Ausbackgewicht					
in 100 g Gebackenem	9,5	7,5	42	297	1.243

1 BE = 20 g *Arbeitszeit:* zirka 40 Minuten
1 Schnitte Brot 50 g = zirka 2,5 BE = 148 Kilokalorien

Die Hefe in Wasser auflösen und mit den anderen Zutaten, einschließlich Sesam, zu einem Teig vermischen. Diesen 20 Minuten liegen lassen und noch einmal kräftig durchmischen. Nun weitere 15 Minuten liegen lassen, damit sich das Teigstück entspannt und leichter zu einer Weckenform ausgedehnt werden kann. Auf ein gefettetes Backblech setzen und zirka 30 Minuten gären lassen. Wenn die Gare erreicht ist, gut mit Wasser bestreichen und mit Sesam bestreuen. Das Brot bei einer Temperatur von 270 Grad Celsius in den Ofen geben. Gefäß mit Wasser hineingeben, vorsichtig etwas Wasser dazuschütten und bei einer Ausbacktemperatur von 180 Grad fertigbacken.
Backdauer: zirka 45 bis 50 Minuten

FLADENBROT

750 g frischgemahlener Weizen
zirka 650 g Wasser, 35 Grad Celsius
20 g Salz
40 g Hefe
10 g Kümmel
50 g Butter

Die Hefe im Wasser auflösen und mit den anderen Zutaten einen Teig machen. Butter erst zum Schluß dazugeben. Kümmel zusammen mit Weizen vermahlen, das Brot schmeckt dadurch aromatischer. Besonders darauf achten: der Teig muß sehr weich sein! Nach dem Mischen zirka 20 Minuten liegen lassen, noch einmal kräftig durchkneten und nach einer weiteren Teigruhe von 15 Minuten aufarbeiten. Den Teig nun in sechs gleiche Teile aufteilen, rundwirken und zirka fünf Minuten liegen lassen. Dann mit der flachen Hand breit drücken, so daß das Teigstück nicht höher als einen Zentimeter ist. Auf gefettete Backbleche geben, zirka 40 Minuten gären lassen und vor dem Einschieben mit einer Stricknadel anstupfen. Dadurch wird eine Bläschenbildung und ein Abreißen der Kruste vermieden. Einschieben bei 220 Grad Celsius, Gefäß mit Wasser hineingeben, Wasser ins Rohr schütten, Brot bei einer Ausbacktemperatur von 170 Grad Celsius zirka 40 Minuten fertigbacken. Durch diese lange Backdauer ist dieses Brot gegen jegliche Schimmelbildung ge-

Fladenbrot		Eiweiß	Fett	Kohlenhydrate	kcal	kjoule
750 g	Weizen	87,75	15	519,75	2.565	10.770
650 g	Wasser	—	—	—	—	—
20 g	Salz	—	—	—	—	—
40 g	Hefe	5,28	0,53	2,68	41	168,70
10 g	Kümmel	—	—	—	—	—
50 g	Butter	0,35	41,60	0,35	377	1.583,50
1520 g	Teiggewicht	93,38	57,13	522,78	2.983	12.522,20
1300 g	Ausbackgewicht					
in 100 g	Gebackenem	7	4,5	40	230	6960

1 BE = 23 g — *Arbeitszeit:* zirka 45 Minuten
1 Schnitte Brot 25 g = zirka 1 BE = 58 Kilokalorien

schützt. Eignet sich hervorragend für Vorratshaltung, für Reisen oder Bergtouren. Auch ein Brot für Schlankheitsfanatiker. Es weist wenig Kalorien auf und ist dadurch gut für eine „schlanke Taille".

ZWIEBELBROT

750 g frischgemahlener Weizen
550 g Wasser, 35 Grad Celsius
20 g Salz
40 g Hefe
20 g Butter
3 Zwiebeln

Vor dem Teigmachen drei Zwiebeln in kleine Würfel schneiden und in der Butter andünsten. Die Hefe in Wasser auflösen und mit den anderen Zutaten zu einem Teig mischen. Die Zwiebelwürfel erst zum Schluß des Mischens dazugeben. Werden sie bereits anfangs dazugegeben, so verschmieren sich die angerösteten Zwiebeln im Teig; es entsteht eine dunkle Krume. Das Brot wird beim Anschneiden unansehnlich und wirkt dadurch nicht einladend. Man ißt ja in erster Linie mit den Augen. Bei einem richtig hergestellten Zwiebelbrot heben sich die angerösteten Zwiebelwürfel deutlich von der hellen Weizenkrume ab. Den Teig 30 Minuten liegen lassen und aufarbeiten. Das Teigstück rundwirken, fünf Minuten liegen lassen und zu einem Wecken formen. Auf ein gefettetes Backblech setzen und zirka 30 Minuten gären lassen. Mit Wasser bestreichen, danach mit einem scharfen Messer die Oberfläche kreuzweise einen Zentimeter tief einschneiden. Dadurch entsteht eine kräftige Kruste.
Das Brot bei einer Temperatur von 240 Grad Celsius in den Ofen schieben, Gefäß mit Wasser dazustellen, vorsichtig etwas Wasser hineinschütten und bei einer Temperatur von 180 Grad Celsius fertigbacken.
Backdauer: zirka 45 bis 50 Minuten
Zwiebelbrot ist ein knuspriges Vergnügen! Schmeckt auch in ofenfrischem Zustand ausgezeichnet, besonders durch den erhöhten Krustenanteil.

Zwiebelbrot		Eiweiß	Fett	Kohlenhydrate	kcal	kjoule
750 g	Weizen	87,75	15	519,75	2.565	10.770
550 g	Wasser	—	—	—	—	—
20 g	Salz	—	—	—	—	—
40 g	Hefe	5,28	0,53	2,68	41	168,70
20 g	Butter	0,14	16,64	0,14	150,8	633,40
200 g	Zwiebel (3 Stk.)	3	0,40	16,20	80	334,00
1580 g	Teiggewicht	96,17	32,57	538,77	2.836,8	11.906,10
1330 g	Ausbackgewicht					
in 100 g	Gebackenem	7	2,5	41	44	893

1 BE = 26 g — *Arbeitszeit:* zirka 50 Minuten
1 Schnitte Brot 50 g = zirka 2 BE = 107 Kilokalorien

KRÄUTERBROT

750 g Weizenvollkornmehl
zirka 400 g Wasser
20 g Salz
40 g Hefe
50 g Butter
30 g Petersilie
30 g Schnittlauch
30 g Dille
1 Zwiebel
2 Knoblauchzehen
5 g Kräutersalz
250 g Quark/Topfen
zirka 150 g Sahne

Vorbereitungsarbeiten: Kräuter, Zwiebel und Knoblauch klein hacken. Butter, Sahne, Quark/Topfen und Kräutersalz schaumig schlagen und die kleingehackten Kräuter unterziehen.
Teigbereitung: Die Hefe in Wasser auflösen und mit den anderen Zutaten zu einem Teig mischen. Die Kräutermischung erst zum Schluß unter den Teig mischen. Den Teig 40 Minuten liegen lassen und dann gleich aufarbeiten. In zwei Teile aufteilen, rundwirken und fünf Minuten entspannen lassen. Dann zu Wecken formen und mit dem Schluß auf gefettetes Blech wegsetzen. Nach einer Gare von zirka 40 Minuten die Wecken in der Längsrichtung tief einschneiden. Dadurch bekommt das Kräuterbrot ein sehr rustikales Aussehen. Im vorgeheizten Ofen bei einer Temperatur von 240 Grad Celsius in den Ofen geben, Gefäß mit Wasser hineinstellen, vorsichtig etwas Wasser in's Backrohr schütten und bei einer Ausbacktemperatur von 180 Grad Celsius fertigbacken.
Backdauer: zirka 50 Minuten.
Eine Salatplatte, dazu Kräuterbrot mit selbstgemachtem Frühlingskäse oder mit Butter bestrichen, ist ein pikantes und vor allem gesundes Essen mit wenig Kalorien.

Kräuterbrot		Eiweiß	Fett	Kohlenhydrate	kcal	kjoule
750 g	Weizen	87,75	15	519,75	2.565	10.770
400 g	Wasser	—	—	—	—	—
20 g	Salz	—	—	—	—	—
40 g	Hefe	3,60	0,2	4,40	38,4	161,2
50 g	Butter	0,30	41,6	0,30	377	1.583,5
30 g	Petersilie	1,30	0,1	2,90	18	75,6
30 g	Schnittlauch	1	0,2	2,50	16,2	68,1
30 g	Dille	1,60	0,3	2,90	21	88
100 g	1 Zwiebel	1,50	0,2	8,10	40	167
20 g	2 Knoblauch	1,20	—	5,50	27,2	113,8
250 g	Quark/Topfen	43	1,5	4,50	202,5	850
150 g	süße Sahne	3,60	47,5	5,10	463,5	1.947
2020 g	Teiggewicht	144,85	106,6	555,95	3.768,8	15.824,2
1700 g	Ausbackgewicht					
in 100 g	Gebackenem	8,5	6,5	33	228	929

1 BE = 25 g *Arbeitszeit:* zirka 65 Minuten
1 Schnitte Brot 45 g = zirka 2 BE = 100 Kilokalorien

GERSTENLAIBCHEN

500 g Weizenvollkornmehl, frisch gemahlen
400 g Gerstenmehl, frisch gemahlen
100 g Reismehl, frisch gemahlen
zirka 650 g Wasser
20 g Salz
50 g Butter
50 g Hefe
20 g Honig

Die gemahlenen Vollkornmehle in eine Schüssel geben, in die Mitte eine Mulde hineindrücken. Hefe in Wasser auflösen und hineinschütten, die übrigen Zutaten zu einem Teig mischen. Der Teig soll eine eher festere Konsistenz aufweisen, weil Gerstenmehl zum Fließen neigt und der Teig dadurch weicher wird. 30 Minuten liegen lassen. Mit beiden Händen kräftig ausstoßen. Teigstücke à 50 Gramm abwiegen und rundwirken. 15 Minuten auf dem Arbeitstisch liegen lassen, noch einmal rundwirken und auf gefettete Backbleche wegsetzen. Die Oberfläche mit Wasser bestreichen und je nach Geschmack mit Sesam, Mohn oder auch Gewürzen bestreuen. Auch mit Hirse bestreut, schmecken die Gerstenlaibchen vorzüglich. Nach einer Garzeit von 15 Minuten im vorbereiteten Ofen bei einer Temperatur von 230 Grad Celsius backen.

Backzeit: zirka 20 Minuten
Die Gerste hat sich bei Darmerkrankungen sehr gut wegen ihrer Schleimbildung bewährt. Durch den Kieselsäuregehalt wirkt sie vorbeugend gegen Gewebeschwächen auch bei Bandscheiben- und Gelenkschäden.

Gerstenlaibchen		Eiweiß	Fett	Kohlenhydrate	kcal	kjoule
500 g	Weizen	58,50	10,—	346,50	1.710	7.180
400 g	Gerste	42,40	8,4	288	1.480	6.192
100 g	Reismehl	7,20	0,7	79	351	1.474
650 g	Wasser	—	—	—	—	—
20 g	Salz	—	—	—	—	—
50 g	Butter	0,35	41,6	0,35	377	1.583,5
50 g	Hefe	6	0,2	5,50	48	201,5
20 g	Honig	—	—	16,20	64,8	272,2
1790 g	Teiggewicht	114,45	60,9	735,55	4.030,8	16.903,2
1500 g	Ausbackgewicht					
in 100 g	Gebackenem	7,6	4	49	269	1.125,4

1 BE = 20 g
Arbeitszeit: zirka 70 Minuten
1 Laibchen 40 g = zirka 2 BE = 107 Kilokalorien

SOJAFLADEN

400 g Weizenvollkornmehl, frisch gemahlen
100 g Sojamehl, frisch gemahlen
300 g Sojaschrot
zirka 750 g Wasser
30 g Hefe
20 g Salz
50 g Butter
1 Zwiebel

Vorarbeiten: Zwei Stunden vor der Teigbereitung: 300 Gramm Sojaschrot in 400 Gramm Wasser (35 Grad Celsius) einweichen.

Teigbereitung: Die Hefe in Wasser auflösen, mit den anderen Zutaten zu einem Teig mischen. Wichtig ist, daß die Butter erst im letzten Drittel des Teigmischens dazugegeben wird. Nach dem Mischen den Teig 20 Minuten liegen lassen, noch einmal kräftig durcharbeiten und nach einer weiteren Teigruhe von 20 Minuten aufarbeiten. Teigstücke mit 250 Gramm auswiegen, rundwirken und mit einem Rollholz zu einem Kreis von 20 bis 25 Zentimeter Durchmesser ausrollen. Auf gefettete Backbleche setzen, zirka 30 Minuten gären lassen und im vorgeheizten Ofen bei einer Temperatur von 190 Grad Celsius backen. *Backdauer:* zirka 30 bis 35 Minuten. Nach dem Backen etwas auskühlen lassen, aber noch im warmen Zustand mit der Schnittfläche einer kalten Zwiebel einreiben. Der Zwiebelsaft gibt den Sojafladen ein sehr kräftiges, ausgeprägtes Aroma.

Die Sojabohne gewinnt in letzter Zeit in der europäischen Ernährung immer mehr an Bedeutung. Ihre Eiweißstoffe sind biologisch sehr hochwertig, die Kohlenhydrate für Diabetiker sehr gut verträglich. Wenn Sie die Sojabohne vermahlen, können wir Ihnen folgenden Tip geben: Die Bohne ganz grob verschroten, durch das Einweichen in Wasser werden sämtliche Nährstoffe aufgeschlossen. Beim Vermahlen zu ganz feinem Sojamehl ist es möglich, daß die Mahlsteine verschmiert werden, und dann ist eine gründliche Reinigung der Getreidemühle notwendig.

Sojafladen		Eiweiß	Fett	Kohlenhydrate	kcal	kjoule
400 g	Weizen	46,8	8	277,20	1.368	5.744
100 g	Sojamehl	43,4	6,7	36,60	380	1.596
300 g	Sojaschrot	111	54	81	1.254	5.268
750 g	Wasser	—	—	—	—	—
50 g	Butter	0,35	41,6	0,35	377	1.583,5
30 g	Hefe	3,60	0,1	3,30	28,8	120,9
20 g	Salz	—	—	—	—	—
1650 g	Teiggewicht	205,15	110,4	398,45	3.407,8	14.312,4
1380 g	Ausbackgewicht					
in 100 g	Gebackenem	15	8	29	247	1.034

1 BE = 25 g — *Arbeitszeit:* zirka 50 Minuten
1 Schnitte Brot 35 g = zirka 2 BE = 125 Kilokalorien

HAFERRINGE

350 g Weizenvollkornmehl, frisch gemahlen
350 g Hafervollkornmehl, frisch gemahlen
150 g Roggenvollkornmehl, frisch gemahlen
10 g Kümmel, vermahlen
30 g Hefe
30 g Salz
zirka 650 g Wasser
Haferflocken
Sauerteig

Vorarbeiten: Weizen, Hafer, Roggen und Kümmel fein vermahlen. Am besten alle Getreidearten vor dem Vermahlen vermischen. Wird der Hafer extra vermahlen, besteht die Gefahr, daß die Mahlsteine verschmiert werden. Hafer besitzt einen höheren Fettgehalt.
Teigbereitung: 200 Gramm Sauerteig-Graupen (Gerstl) vor Gebrauch in 300 Gramm Wasser einweichen. Nach einer Stunde gut aufrühren, dann 250 Gramm Weizenvollkornmehl dazugeben und zu einem Teig mischen. Diesen zirka vier Stunden stehen lassen. Nach dieser Zeit 200 Gramm Sauerteig wegnehmen, mit Vollkornmehl zu einem Gerstl (= Graupen) verreiben und im Kühlschrank zugedeckt aufbewahren.
Nun Hefe in Wasser auflösen und mit sämtlichen anderen Zutaten zu einem Teig mischen. Diesen 30 Minuten liegen lassen und noch einmal kräftig durchkneten. Nach einer weiteren Teigruhe von 30 Minuten aufarbeiten. Teigstücke á 200 Gramm rundwirken, die Teigstränge langrollen (bis zu 30 cm), Ringe formen, die Oberfläche mit Wasser bestreichen und mit Haferflocken bestreuen. Die Garzeit soll zirka 20 bis 25 Minuten betragen. Im vorgeheizten Ofen bei einer Temperatur von 250 Grad Celsius einschieben. Wassergefäß hineinstellen und vorsichtig etwas Wasser in das Rohr schütten.
Backzeit: zirka 40 Minuten bei einer Ausbacktemperatur von 180°C.
Daß Hafer eine sehr kräftespendende Getreideart ist, beweist eigentlich folgende Tatsache: Bis in das 18. Jahrhundert hinein blieb er das meistgefragte Nahrungsmittel; der Proviant der Kriegs- und Söldnerheere bestand hauptsächlich aus Hafer. Inzwischen ist er von unserem Speisezettel völlig verschwunden. Erst seit der Einführung der „Haferflocken" erlebt er eine gewisse Renaissance.

Haferringe		Eiweiß	Fett	Kohlenhydrate	kcal	kjoule
350 g	Weizen	40,95	7	242,55	1.197	5.026
350 g	Hafer	44,10	24,85	220,50	1.354,5	5.687,5
150 g	Roggen	17,40	2,55	103,50	507	2.130
650 g	Wasser	—	—	—	—	—
200 g	Sauerteig	23,20	34	138	676	2.839,2
30 g	Hefe	3,60	0,10	3,30	28,8	120,9
30 g	Salz	—	—	—	—	—
1760 g	Teiggewicht	129,25	68,50	707,85	3.763,3	15.803,6
1480 g	Ausbackgewicht					
in 100 g	Gebackenem	9	5	48	255	1065

1 BE = 30 g — *Arbeitszeit:* zirka 50 Minuten
1 Schnitte Brot 40 g = zirka 2 BE = 102 Kilokalorien

JOGHURTBROT

750 g Weizenvollkornmehl
zirka 100 g Wasser
20 g Salz
50 g Hefe
40 g Butter
10 g Anis
3 Becher Joghurt (zirka 550 g), Sauermilch, womöglich aus rechtsdrehender Milchsäure verwenden.

Vorbereitungsarbeiten: Weizenvollkornmehl mit Anis fein vermahlen.
Teigbereitung: Die Hefe in Wasser auflösen und mit den anderen Zutaten zu einem Teig mischen. Auch Joghurt gleich untermischen. Den Teig 40 Minuten liegen lassen und dann kräftig ausstoßen. Nach einer weiteren Teigruhe von 20 Minuten aufarbeiten. Teig in zwei Teile aufteilen, rundwirken, zehn Minuten liegen lassen. Noch einmal rundwirken, die zwei Laibe auf ein gefettetes Blech setzen. Nach einer Gärdauer von zirka 40 Minuten die Laibe mit einem scharfen Messer in der Mitte einmal kräftig einschneiden. In den Schnitt etwas Anis hineinbröseln. Das Aroma vom Gewürz zieht sich in das Innere des Joghurtbrotes. Im vorgeheizten Ofen bei einer Temperatur von 240 Grad Celsius backen. Gefäß mit Wasser hineinstellen, vorsichtig etwas Wasser hineinschütten und bei einer Ausbacktemperatur von 180 Grad Celsius fertigbacken.
Backdauer: zirka 50 Minuten
Das Brot bekommt einen typischen Joghurtgeschmack. Die Milchsäure verbessert wesentlich die Backeigenschaften des Weizenvollkornteiges, außerdem ist durch die erhöhte Milchsäure ein gewisser Schimmelschutz gegeben.

Joghurtbrot		Eiweiß	Fett	Kohlenhydrate	kcal	kjoule
750 g	Weizen	87,75	15	519,75	2.565	10.770
100 g	Wasser	—	—	—	—	—
20 g	Salz	—	—	—	—	—
50 g	Hefe	6,05	0,20	5,50	48	201,5
40 g	Butter	0,30	33,30	0,30	301,6	1.266,8
550 g	3 Joghurt	19,80	8,80	25,85	264	1.111
10 g	Anis	—	—	—	—	—
1520 g	Teiggewicht	113,90	57,30	551,40	3.178,8	13.349,3
1280 g	Ausbackgewicht					
in 100 g	Gebackenem	9	4,5	43	249	1.040

1 BE = 22 g *Arbeitszeit:* zirka 50 Minuten
1 Schnitte Brot 60 g = zirka 2,5 BE = 149 Kilokalorien

SOJABROT

500 g Weizenvollkornmehl, frisch gemahlen
400 g Sojaschrot, frisch gemahlen
zirka 750 g Wasser, 35 Grad Celsius
20 g Hefe
20 g Salz
Sauerteig

Vorarbeiten: 400 Gramm Sojaschrot in 550 Gramm Wasser, 35 Grad Celsius, zwei Stunden vor dem Teigmachen einweichen.
Teigbereitung: 250 Gramm Sauerteig-Graupen (Gerstl) vor Gebrauch in 200 Gramm Wasser (35 Grad Celsius) ein-

weichen. Nach einer Stunde Graupen (Gerstl) im Wasser gut aufrühren und mit 250 Gramm Weizenvollkornmehl zu einem Teig mischen. Diesen Teig zirka sieben Stunden stehen lassen. Danach 250 Gramm Sauerteig wegnehmen und mit Vollkornmehl zu Graupen (Gerstl) verreiben. Diese gut zugedeckt im Kühlschrank für die nächste Brotbereitung aufbewahren.
Hefe in Wasser auflösen, 250 Gramm Weizenvollkornmehl, eingeweichten Sojaschrot und Salz zu einem Teig mischen. Den Teig 20 Minuten liegen lassen, noch einmal kräftig durchmischen und nach einer weiteren Teigruhe von 20 Minuten aufarbeiten. Den Sojabrotteig in drei gleich große Teile teilen, rundwirken und mit dem Schluß nach unten auf ein gefettetes Backblech setzen. Um dem Brot ein schöneres Aussehen zu geben, kann man die drei rundgewirkten Stücke vor dem Wegsetzen mit Wasser bestreichen und in Vollkornmehl wälzen. Auf dem Backblech 40 Minuten gären lassen. Vor dem Einschieben mit einem scharfen Messer einen Zentimeter tiefe Längs- und Querschnitte hineinschneiden und in den Ofen geben. Anfangstemperatur 260° Celsius, Ausbacktemperatur 180° Celsius. *Backdauer:* zirka 50 Minuten
Sojabrot enthält, wie selten eine andere Brotsorte, Nährstoffe im ausgewogenen Verhältnis. Es kann sogar aufgrund seiner wenigen Kalorien und Kohlenhydrate als Diabetikerbrot empfohlen werden.

Vollkorn-Sojabrot		Eiweiß	Fett	Kohlenhydrate	kcal	kjoule
500 g	Weizen	58,5	10	346,5	1.710	7.180
400 g	Soja	148	116	108	1.672	6.919
ca. 750 g	Wasser	—	—	—	—	—
20 g	Hefe	2,64	0,26	1,34	20,5	84,4
20 g	Salz	—	—	—	—	—
250 g	Sauerteig	29	4,25	172,5	845	3.496,6
1940 g	Teiggewicht	238,14	130,51	628,34	4.247,5	17.680
1620 g	Ausbackgewicht					
in 100 g	Gebackenem	15	8	39	262	1097

1 BE = 21 g — *Arbeitszeit:* zirka 50 Minuten
1 Schnitte Brot 45 g = zirka 2 BE = 131 Kilokalorien

WIENER ZWIEBACK

200 g Weizenvollkornmehl, fein vermahlen
150 g Honig
4 ganze Eier
6 Dotter
50 g feingehacktes Orangeat
ungespritzte Zitrone, gerieben

Vorbereitungsarbeiten: Viereckige Brotform (Wandelform) fetten und mit Weizenvollkornmehl stauben.
Teigbereitung: Weizenvollkornmehl mit Orangeat vermischen. Dotter und Honig schaumig rühren. Eiklar zu

einem festen Schnee schlagen und unter die Dotter-Honig-Masse heben. Weizenvollkornmehl mit Orangeat dazugeben und untermischen. Die Masse in die vorbereitete Wandelform einfüllen und bei mäßiger Hitze (180 Grad Celsius) backen. Nach dem Backen den Zwieback vorsichtig herausgeben und zwei Tage liegen lassen. Nach dieser Zeit fünf Millimeter dicke Scheiben schneiden und bei zirka 170 Grad Celsius beide Seiten goldgelb bähen. Zwieback ist sehr lange haltbar, und Sie können daher eine größere Menge auf Vorrat backen. Wesentlich ist, daß er trocken gelagert wird.

Zwieback		Eiweiß	Fett	Kohlenhydrate	kcal	kjoule
200 g	Weizen	23,40	4	138,6	684	2.872
150 g	Honig	0,45	—	121,5	486	2.041
220 g	4 Eier	28	24	—	328	1.376
100 g	6 Dotter	16,80	32,4	0,6	360	1.512
50 g	Orangeat	0,20	—	34	137	573
720 g	Teiggewicht	68,85	60,4	294,7	1.995	8.374,5
600 g	Ausbackgewicht					
in 100 g	Gebackenem	12	10	49	322	1.392

1 BE = 16 g
1 Scheibe 25 g = zirka 1,5 BE = 83 Kilokalorien

Arbeitszeit: zirka 40 Minuten

ANISZWIEBACK

250 g Weizenvollkornmehl, fein vermahlen
150 g Honig
3 ganze Eier
6 Dotter
zirka 20 g Anis
ungespritzte Zitronenschale, gerieben
Butter zum Fetten

Vorbereitungsarbeiten: Backblech fetten und mit Weizenvollkornmehl stauben.
Teigbereitung: Eier, Dotter und Honig schaumig rühren. Weizenvollkornmehl mit Anis vermischen und unter die Eier-Dotter-Honig-Masse heben. Die Masse mit dem Dressiersack in Stangen (zirka zwei Zentimeter breit) aufdressieren. Mit einem mit wenig Wasser verdünnten Ei bestreichen und hellbraun backen.
Backtemperatur: 190 Grad Celsius
Die Zwiebackstangen zwei Tage lang liegen lassen, dann in schräge, zirka fünf Millimeter dicke Scheiben schneiden und beiderseits bähen.
Früher einmal wurde Zwieback hauptsächlich bei Feldzügen und bei der Seefahrt gegessen. Zwieback ist leicht verdaulich und heute ein wesentlicher Bestandteil der Diätkost.

Aniszwieback		Eiweiß	Fett	Kohlen-hydrate	kcal	kjoule
250 g	Weizen	29,25	5	173,25	855	3.590
150 g	Honig	0,45	—	121,50	486	2.041,5
150 g	3 Eier	21,00	18	—	246	1.032
100 g	6 Dotter	16,80	32,4	0,60	360	1.512
20 g	Anis	—	—	—	—	—
670 g	Teiggewicht	67,50	55,4	295,35	1.947	8.175,5
560 g	Ausbackgewicht					
in 100 g	Gebackenem	12	10	53	348	1.455

1 BE = 15 g
1 Scheibe 30 g = 2 BE = 102 Kilokalorien

Arbeitszeit: zirka 40 Minuten

SIEBENKORNBROT

400 g Weizenvollkornmehl
150 g Roggenvollkornmehl
100 g Hafervollkornmehl
100 g Gerstenvollkornmehl
100 g Maisvollkornmehl
100 g Hirsevollkornmehl
100 g Reisvollkornmehl
zirka 850 g Wasser
30 g Hefe
30 g Salz
100 g Getreidekeimöl
Sauerteig

Vorbereitungsarbeiten: Sämtliche Getreidearten miteinander gut vermischen und miteinander vermahlen.
Teigbereitung: 300 Gramm Sauerteig-Gerstl (Graupen) vor Gebrauch in 400 Gramm Wasser (35 Grad Celsius) einweichen und nach einer Stunde gut verrühren. 150 Gramm Roggenvollkornmehl und 250 Gramm Weizenvollkornmehl dazugeben und zu einen Vorteig mischen. Diesen Vorteig sechs Stunden stehen lassen. Nach dieser Zeit 300 Gramm Sauerteig weggeben und mit Vollkornmehl zu Graupen (einem Gerstl) verreiben. Zugedeckt in den Kühlschrank geben und dort für die nächste Brotbereitung aufbewahren. Dann Hefe im restlichen Wasser auflösen und mit sämtlichen anderen Zutaten zu einem Teig mischen. Diesen Teig 30 Minuten liegen lassen und dann noch einmal kräftig durchkneten.
Nach einer weiteren Teigruhe von 40 Minuten aufarbeiten. Teigstücke mit je 600 Gramm abwiegen, rundwirken, einen kurzen Wecken formen. Die Oberfläche in Weizenvollkornmehl wälzen und in die Tonerdeform legen. Die zweite Tonerdeform darauflegen und mit Klammern verschließen. Zirka 40 Minuten gären lassen und im vorgeheizten Ofen bei einer Temperatur von 260 Grad Celsius einschieben. Wassergefäß braucht nicht hineingegeben zu werden.
Ausbacktemperatur: 190 Grad Celsius
Backzeit: zirka 50 Minuten
Ein Brot der Vollkommenheit, sämtliche Eigenschaften und Nährwerte jedes Getreidekorns sind in diesem Backgut enthalten. Vielleicht der Inbegriff des täglichen Brotes überhaupt.

Siebenkornbrot		Eiweiß	Fett	Kohlen-hydrate	kcal	kjoule
400 g	Weizen	46,8	8	277,2	1.368	5.744
150 g	Roggen	17,4	2,55	103,5	507	2.130
100 g	Hafer	12,6	7,10	63	387	1.625
100 g	Gerste	10,6	2,10	72	370	1.584
100 g	Mais	9,2	3,80	71	355	1.491
100 g	Hirse	10,6	3,90	71	382	1.604
100 g	Reis	7,4	2,20	75,4	351	1.474
850 g	Wasser	—	—	—	—	—
30 g	Hefe	3,6	0,10	3,3	28,8	120,9
100 g	Getreidekeimöl	—	99,90	—	899	3.776
30 g	Salz	—	—	—	—	—
2060 g	Teiggewicht	118,2	129,65	672,5	4.647,8	19.512,9
1730 g	Ausbackgewicht					
in 100 g	Gebackenem	7	7,5	39	269	1.125

1 BE = 21 g — *Arbeitszeit:* zirka 45 Minuten
1 Schnitte Brot 45 g = zirka 2 BE = 107 Kilokalorien

MANDELZWIEBACK

300 g Hirse, fein vermahlen
50 g Sojamehl, fein vermahlen
300 g Honig
200 g Mandeln, fein vermahlen
5 ganze Eier
6 Dotter
1 ungespritzte Zitronenschale, gerieben

Vorbereitungsarbeiten: Backblech fetten und mit Weizenvollkornmehl stauben.
Teigbereitung: Hirsevollmehl und Sojamehl gut vermischen. Dotter, Honig und Zitronenschale schaumig rühren. Eiklar zu einem festen Schnee schlagen und unter die Dotter-Honig-Masse heben. Hirsevollmehl, Sojamehl und geriebene Mandeln dazugeben und untermischen. Mittels Dressiersack zwei Zentimeter breite Stangen aufspritzen. Mit einem — mit wenig Wasser verdünnten — Ei bestreichen und hellbraun backen. Backtemperatur: 190 Grad Celsius.
Die Zwiebackstangen zwei Tage liegen lassen, dann in schräge, zirka 5 Millimeter dicke Scheiben schneiden und beiderseits bähen.
Eine besondere Art, Zwieback herzustellen: mit Hirse, Soja und Mandeln. Dieser Zwieback eignet sich hervorragend für Wanderungen oder Bergtouren. Eigentlich überall, wo man nicht größere Mengen an Lebensmitteln mittragen will. Er füllt den Magen und hat einen sehr hohen Sättigungsgrad.

Mandelzwieback		Eiweiß	Fett	Kohlenhydrate	kcal	kjoule
300 g	Hirse	31,80	11,70	213	1.146	4.812
50 g	Soja	21,70	3,35	18,30	190	798
300 g	Honig	0,90	—	243	972	2.722
200 g	Mandeln	38	108	39	1.280	5.376
280 g	5 Eier	35	30	—	410	1.720
100 g	6 Dotter	16,80	32,40	0,60	360	1.512
1230 g	Teiggewicht	144,20	185,45	513,90	4.358	16.940
1000 g	Ausbackgewicht					
in 100 g	Gebackenem	14,5	18,5	52	436	1.825

1 BE = 12,5 g
1 Stück 25 g = 2 BE = 109 Kilokalorien

Arbeitszeit: zirka 50 Minuten

Brote aus Weizen- und Roggen-Vollkornmehl

WEIZENMISCHBROT

Weizenmischbrote schmecken kräftiger als die „sanften" Weizenbrote. Sie stehen in der Beliebtheitsskala an oberster Stelle. Allerdings, um sie herzustellen braucht man Erfahrung: aus dem einfachen Grund, weil hier mit *Sauerteig* gearbeitet wird. Der Weizenanteil beträgt zirka 60 bis 90 Prozent, der Roggenanteil zirka 40 bis 10 Prozent. Dadurch werden die Brote kräftiger, aromatischer im Geschmack und schmecken herzhafter. Die Versäuerung ist sehr verschieden. Bei zehn Prozent Roggenanteil wird die versäuerte Menge kleiner sein, bei einem Roggenanteil von 40 Prozent wesentlich höher.

Als erstes stellen wir Ihnen ein Brot vor, bei dem der Roggenanteil bereits 40 Prozent erreicht und dadurch von der Sauerteigherstellung her interessant ist. Er gilt als relative Norm für alle anderen Mischbrote.

450 g Weizenvollkornmehl, frisch gemahlen
300 g Roggenvollkornmehl, frisch gemahlen
zirka 600 g Wasser (je nach Aufnahmefähigkeit des Getreides)
15 g Salz
15 g Hefe
Sauerteig

Teigbereitung: 200 Gramm Sauerteig-Gerstl (= Graupen) vor Gebrauch in

500 Gramm Wasser einweichen. Nach einer Stunde Graupen im Wasser gut aufrühren, dann 300 Gramm Roggenvollkornmehl und 150 Gramm Weizenvollkornmehl dazugeben und zu einem Teig mischen. Diesen zirka fünf Stunden stehen lassen. Danach 200 Gramm Sauerteig wegnehmen, mit Vollkornmehl zu einem „Gerstl" (Graupen) verreiben und im Kühlschrank zugedeckt für das nächste Brotbacken aufbewahren! Dann die restlichen 300 Gramm Weizenvollkornmehl frisch mahlen, 15 Gramm Salz und fünf Gramm Hefe im restlichen Wasser aufgeschlämmt (aufgelöst) gut hineinarbeiten. Den Teig so lange mischen, bis er geschmeidig ist und sich von der Schüssel löst. Mit Vollkornmehl bestäuben, zudecken und eine halbe Stunde an einem warmen Ort aufgehen lassen. Nach dieser Ruhezeit noch einmal kräftig durchkneten. Abermals zehn Minuten liegen lassen und dann zu einem Laib oder Wecken formen. In ein gestäubtes Backkörbchen geben, mit einem Tuch abdecken und warm stellen. Wir geben diesen Teig einer schönen Form wegen in ein Backkörbchen. Man kann das Teigstück auch gleich auf ein gefettetes Backblech setzen, aber hier ist es möglich, daß durch den relativ hohen Roggenanteil der Teig zum Fließen neigt und das Brot eine flache Form bekommt. Nach einer Gärdauer von zirka 40 Minuten bei einer Temperatur von 250 Grad Celsius in den Ofen schieben, Gefäß mit Wasser hineinstellen und vorsichtig Wasser hineinschütten. Ausgebacken wird das Brot bei 180 Grad Celsius. Die Backdauer beträgt zirka 75 Minuten. Nach dem Ausbacken das Brot wieder gut mit Wasser bestreichen, damit ein schöner Glanz entsteht. Natürlich kann es Ihnen passieren, daß das Brot zu dunkel wird. Hier kann *ein kleiner Tip* eine Enttäuschung verhindern und die Freude am Brotbacken retten: Bestreichen Sie die dunkle Kruste des Brotes gut mit Wasser und geben Sie das Brot noch einmal fünf bis zehn Minuten in den Ofen. Das Brot wird eine goldgelbe Farbe bekommen, und die Freude am Brotbacken ist gerettet!

	Weizenmischbrot	Eiweiß	Fett	Kohlen-hydrate	kcal	kjoule
400 g	Weizen	46,8	8	277,2	1.368	5.744
300 g	Roggen	34,8	5,1	207	1.014	4.260
ca. 600 g	Wasser	—	—	—	—	—
15 g	Salz	—	—	—	—	—
15 g	Hefe	1,8	0,2	1	15,8	65,4
200 g	Sauerteig	23,2	3,4	138	676	2.797,3
1530 g	Teiggewicht	106,6	16,7	623,2	3.073,8	12.866,7
1280 g	Ausbackgewicht					
in 100 g	Gebackenem	8,5	1,5	49	240	1.005

1 BE = 23 g *Arbeitszeit:* zirka 45 Minuten
1 Schnitte Brot 40 g = zirka 1,5 BE = 96 Kilokalorien

VOLLKORN-KNOBLAUCHFLADEN

500 g frischgemahlener Weizen
150 g frischgemahlener Buchweizen
100 g frischgemahlenes Sojamehl
ca. 650 g Wasser
20 g Salz
40 g Hefe
10 g Fenchel
50 g Butter
60 g Knoblauch, klein gehackt

Die Hefe im Wasser auslösen und mit den anderen Zutaten einen Teig mischen. Butter erst zum Schluß dazugeben. Fenchel zusammen mit Weizen vermahlen, das Brot schmeckt dadurch aromatischer. Der Teig muß sehr weich sein! Nach dem Mischen zirka 20 Minuten liegen lassen, noch einmal kräftig durchkneten und nach einer weiteren Teigruhe von 15 Minuten aufarbeiten. Den Teig nun in sechs gleiche Teile aufteilen, rundwirken und zirka 15 Minuten liegen lassen. Dann mit der flachen Hand breit drücken, so daß das Teigstück nicht höher als einen Zentimeter ist. Auf gefettetes Backblech geben, zirka 40 Minuten gären lassen und vor dem Einschieben mit einer Stricknadel anstupfen.
Einschieben bei 220° Celsius, Gefäß mit Wasser hineingeben, Wasser ins Rohr schütten und bei einer Ausbackemperatur von 170° Celsius zirka 40 Minuten fertigbacken.

Knoblauch wird schon immer als wahres Wundermittel gepriesen. Der Stoffwechsel wird beeinflußt, Knoblauch wirkt vorbeugend gegen Altererscheinungen, gegen hohen Blutdruck und desinfizierend gegen gewisse Bakterien.

Vollkorn-Knoblauchfladen		Eiweiß	Fett	Kohlen-hydrate	kcal	kjoule
500 g	Weizen	58,50	10	346,50	1.710	7.180
150 g	Buchweizen	17,55	4,05	105	540	2.259
100 g	Sojamehl	37	28,50	27	418	1.756
650 g	Wasser	—	—	—	—	—
20 g	Salz	—	—	—	—	—
40 g	Hefe	5,28	0,53	2,68	41	168,70
10 g	Fenchel	—	—	—	—	—
50 g	Butter	0,35	41,60	0,35	377	1.583,50
60 g	Knoblauch	3,6	—	16,50	81,60	341,40
1580 g	Teiggewicht	122,28	84,68	498,03	3.167,60	13.288,60
1320 g	Ausbackgewicht					
in 100 g	Gebackenem	9,24	6,44	37,73	239,97	1.004,51

1 BE = 22 g — *Arbeitszeit:* zirka 45 Minuten
1 Schnitte Brot 30 g = zirka 1,5 BE = 72 Kilokalorien

NUSSBROT

650 g Weizenvollkornmehl, frisch gemahlen
300 g Roggenvollkornmehl, frisch gemahlen
750 g Wasser, 35 Grad Celsius
20 g Hefe
30 g Salz
300 g Walnüsse und Haselnüsse
100 g Butter
Sauerteig

Vorbereitungsarbeiten: 300 Gramm geriebene Walnüsse und Haselnüsse vermischen und in Nußbutter leicht anrösten (Nußbutter = Butter mit geriebenen Walnüssen).

Teigbereitung: 200 Gramm Sauerteig-Graupen vor Gebrauch in 300 Gramm Wasser (35 Grad Celsius) einweichen. Nach einer Stunde Sauerteig-Graupen im Wasser gut verrühren, dann 300 Gramm Roggenvollkornmehl dazugeben und zu einem Teig mischen. Diesen Teig zirka fünf Stunden stehen lassen. Nach dieser Zeit 200 Gramm Sauerteig wegnehmen und mit Vollkornmehl zu einem Gerstl (Sauerteig-Graupen) verreiben und im Kühlschrank gut zugedeckt für das nächste Brot aufbewahren. Hefe im Wasser auflösen, Weizenvollkornmehl und Salz dazugeben und zu einem Teig mischen. Den Teig so lange mischen, bis er geschmeidig ist und sich von der Schüssel löst. Erst in diesen plastischen Teig die Nüsse kurz untermischen. Teigruhe 30 Minuten. In drei gleich große Stücke teilen und rundwirken. Nach fünf Minuten Ruhezeit die Teigstücke zu eher langen Wecken formen und auf gefettete Backbleche setzen. Zirka 30 Minuten gären lassen, dann mit einem Messer in der Längsrichtung einen tiefen Schnitt von zwei Zentimeter machen. In den vorgeheizten Ofen (260 Grad Celsius) ohne Wassergefäß hineingeben. Wasser brauchen wir auch keines hineinzuschütten, das Brot soll nämlich ein sehr rustikales Aussehen erhalten.

Ausbacktemperatur: 180 Grad Celsius.
Backdauer: 60 Minuten

Nach dem Ausbacken zerlassene Nußbutter in den aufgerissenen Längsschnitt hineinträufeln. Dadurch zieht sich das Aroma der Nußbutter in das Innerste des Brotes und verleiht dem Nußbrot einen äußerst angenehmen Geschmack: Ein Brot für Kenner und Feinschmecker.

Nußbrot		Eiweiß	Fett	Kohlenhydrate	kcal	kjoule
650 g	Weizen	76,05	13	450,45	2.223	9.334
300 g	Roggen	34,80	5,10	207	1.014	4.260
750 g	Wasser	—	—	—	—	—
20 g	Hefe	2,64	0,26	1,34	20,5	84,35
30 g	Salz	—	—	—	—	—
300 g	Wal- und Haselnüsse	45	192	40,50	2.070	8.694
200 g	Sauerteig	23,20	3,40	138	676	2.840
2250 g	Teiggewicht	181,69	213,76	837,29	6.003,5	25.212
1900 g	Ausbackgewicht					
in 100 g	Gebackenem	9,5	11,5	44	316	1.323

1 BE = 17 g — *Arbeitszeit:* zirka 55 Minuten
1 Schnitte Brot 45 g = zirka 2 BE = 143 Kilokalorien

GEWÜRZBROT

(Stark gewürzt)

---

700 g Weizenvollkornmehl
350 g Roggenvollkornmehl
1300 g Wasser, 35 Grad Celsius
20 g Hefe
20 g Salz
350 g Weizenkörner
15 g Koriander, ganz
15 g Kümmel, ganz
15 g Fenchel, ganz
40 g Leinsamen
Sauerteig

Vorbereitungsarbeiten: 350 Gramm Weizenkörner in 500 Gramm Wasser einweichen und bei mäßiger Temperatur zirka drei Stunden über dem Ofen dünsten. Das Korn soll vollkommen aufgequollen sein, damit es leicht verdaulich ist.

40 Gramm Leinsamen in 100 Gramm Wasser einweichen.

Teigbereitung: 250 Gramm Sauerteig-Graupen vor Gebrauch in 500 Gramm Wasser (35 Grad Celsius) einweichen. Nach einer Stunde Sauerteig-Graupen im Wasser gut aufrühren, dann 350 Gramm Roggenvollkornmehl und 100 Gramm Weizenvollkornmehl dazugeben und zu einem Teig mischen. Den Teig zirka sechs Stunden lang stehen lassen. Danach 250 Gramm Sauerteig wegnehmen, mit Vollkornmehl zu einem „Gerstl" (Graupen) verreiben und im Kühlschrank zugedeckt für das nächste Brot aufbewahren.

Die Hefe in restlichem Wasser auflösen und mit sämtlichen Zutaten, einschließlich Gewürzen, zu einem Teig mischen. Den Teig zirka 30 Minuten stehen lassen und noch einmal kräftig durchkneten. Nach einer weiteren Teigruhe von 30 Minuten aufarbeiten. Den Teig in vier gleich schwere Teile aufteilen, rundwirken, in grob gemahlenem Weizenschrot wälzen und mit dem Schluß nach unten auf ein gefettetes Blech setzen. Die Garzeit soll zirka 30 Minuten betragen. Vor

Gewürzbrot		Eiweiß	Fett	Kohlen-hydrate	kcal	kjoule
700 g	Weizen	81,9	14	485,1	2.394	10.052
350 g	Roggen	40,6	6	241,5	1.183	4.970
1300 g	Wasser	—	—	—	—	—
20 g	Hefe	2,64	0,26	1,34	20,5	84,4
20 g	Salz	—	—	—	—	—
350 g	Weizenkörner	40,9	7	242,6	1.197	5.026
15 g	Koriander	—	—	—	—	—
15 g	Kümmel	—	—	—	—	—
15 g	Fenchel	—	—	—	—	—
40 g	Leinsamen	8	20	6,40	237,6	983,2
250 g	Sauerteig	29	4,25	172,5	845	3.496,6
3075 g	Teiggewicht	203,04	51,51	1.149,44	5.877,1	24.612,2
2580 g	Ausbackgewicht					
in 100 g	Gebackenem	8	2	45	228	954

1 BE = 24 g *Arbeitszeit:* zirka 40 Minuten
1 Schnitte Brot 65 g = zirka 2,5 BE = 142 Kilokalorien

dem Einschieben auf der Oberfläche einen zwei Zentimeter tiefen Kreuzschnitt machen. Bei einer Temperatur von 270 Grad Celsius in den Ofen schieben, Wassergefäß hineinstellen, etwas Wasser vorsichtig hineinschütten und bei einer Ausbacktemperatur von 180 Grad Celsius fertigbacken.

Backdauer: 60 Minuten

Gewürzbrot ist richtig für alle, die kräftig, gewürztes, doch nicht allzu dunkles Brot schätzen.

KÖRNDLBROT

650 g Weizenvollkornmehl, frisch gemahlen
400 g Roggenvollkornmehl, frisch gemahlen
zirka 1300 g Wasser
20 g Hefe
20 g Salz
350 g Weizenkörner
10 g Kümmel
10 g Fenchel
Sauerteig

Vorbereitungsarbeiten: 350 Gramm Weizenkörner in 500 Gramm Wasser einweichen und bei mäßiger Temperatur zirka drei Stunden über dem Ofen dünsten. Das Korn soll vollkommen aufgequollen sein, damit es leicht verdaulich ist.

Teigbereitung: 250 Gramm Sauerteig-Graupen vor Gebrauch in 500 Gramm Wasser (35 Gramm Celsius) einweichen. Nach einer Stunde Graupen im Wasser gut aufrühren, dann 400 Gramm Roggenvollkornmehl dazugeben und zu einem Teig mischen. Diesen zirka sechs Stunden stehen lassen. Nach dieser Zeit 250 Gramm Sauerteig wegnehmen, mit Vollkornmehl zu einem Gerstl (Graupen) verreiben und im Kühlschrank zugedeckt für das nächste Brot aufbewahren. Hefe in restlichem Wasser auflösen und mit sämtlichen anderen Zutaten, einschließlich aufgedünsteter Getreidekörner, zu einem Teig mischen. Den Teig zirka 30 Minuten stehen lassen, dann noch einmal kräftig durchkne-

Körndlbrot		Eiweiß	Fett	Kohlenhydrate	kcal	kjoule
650 g	Weizen	76,05	13	450,45	2.223	9.334
400 g	Roggen	46,40	6,8	276,00	1.352	5.680
1300 g	Wasser	—	—	—	—	—
20 g	Hefe	2,64	0,26	1,34	20,5	84,4
20 g	Salz	—	—	—	—	—
350 g	Weizenkörner	40,90	7	242,60	1.197	5.026
10 g	Kümmel	—	—	—	—	—
10 g	Fenchel	—	—	—	—	—
250 g	Sauerteig	29	4,25	172,50	845	3.496,6
3010 g	Teiggewicht	194,99	31,31	1.142,89	5.637,5	23.621,0
1520 g	Ausbackgewicht					
in 100 g	Gebackenem	8	1,5	46	224	937

1 BE = 25 g

Arbeitszeit: zirka 60 Minuten

1 Schnitte Brot 45 g = zirka 2 BE = 100 Kilokalorien

ten! Nach einer weiteren Teigruhe von 30 Minuten aufarbeiten. Wir machen daraus vier Brote und wirken die Teigstücke rund. Nach fünf Minuten zu Wecken formen, in grobgemahlenem Weizenschrot wälzen und, wenn vorhanden, in viereckige Brotbackformen geben. Gärzeit zirka 40 Minuten. Vor dem Einschieben an der Oberfläche in der Mitte einen ein Zentimeter tiefen Längsschnitt machen und bei 260 Grad Celsius in den Ofen geben. Wassergefäß hineinsetzen, etwas Wasser vorsichtig hineinschütten und bei einer Ausbacktemperatur von 180 Grad Celsius fertigbacken.
Backdauer: zirka 60 Minuten

Ein saftig gebackenes Vollkorn-Brot mit ganzen Körnern, das an der Schnittfläche durch die aufgequollenen Körner eine schöne Struktur aufweist.

VINTSCHGERL

600 g Weizenvollkornmehl
300 g Roggenvollkornmehl
800 g Wasser
10 g Fenchel, gemahlen
20 g Salz
20 g Hefe
Sauerteig

Teigbereitung: 150 Gramm Sauerteig-Graupen vor Gebrauch in 300 Gramm Wasser einweichen. Nach einer Stunde Graupen (Gerstl) im Wasser gut aufrühren, 300 Gramm Roggenvollkornmehl dazugeben und zu einem Teig vermischen. Den Teig zirka vier Stunden stehen lassen. Nach dieser Zeit 150 Gramm Sauerteig wegnehmen, mit Vollkornmehl zu einem Gerstl (Graupen) verreiben und im Kühlschrank zugedeckt für das nächste Brot aufbewahren. Hefe in restlichem Wasser auflösen und mit den anderen Zutaten zu einem Teig mischen. Der Teig soll eine weiche Konsistenz aufweisen. Teigruhe: 20 Minuten. Dann noch einmal kräftig durchkneten. Nach einer weiteren Teigruhe von 30 Minuten aufarbeiten. In acht gleich große Stücke teilen, rund-

Vintschgerl		Eiweiß	Fett	Kohlenhydrate	kcal	kjoule
600 g	Weizen	70,2	12	415,8	2.052	8.616
300 g	Roggen	34,8	5,1	207	1.014	4.260
800 g	Wasser	—	—	—	—	—
10 g	Fenchel	—	—	—	—	—
20 g	Salz	—	—	—	—	—
20 g	Hefe	2,64	0,26	1,34	20,5	84,35
150 g	Sauerteig	17,40	2,55	103,5	507	2.099
1900 g	Teiggewicht	125,04	19,91	727,64	3.593,5	15.059,35
1550 g	Ausbackgewicht					
in 100 g	Gebackenem	8	1,3	47	232	1113

1 BE = 24 g — *Arbeitszeit:* zirka 60 Minuten
1 Vintschgerl 200 g = zirka 8 BE = 464 Kilokalorien

wirken und fünf Minuten liegen lassen. Nach dieser kurzen Ruhezeit die Vintschgerl mit der flachen Hand in aufgestaubtem Vollkornroggenmehl breitdrücken. Die Gärdauer beträgt zirka 60 Minuten, damit die Vintschgerl beim Gären breitlaufen. Bei einer Backtemperatur von 230 Grad Celsius in den Ofen geben, bei 180 Grad fertigbacken. Die Backzeit beträgt zirka 35 Minuten. Selbstverständlich vorher Gefäß mit Wasser hineinstellen und Wasser vorsichtig ins Rohr schütten. Vintschgerl haben einen bekömmlichen und würzigen Geschmack und eignen sich für schlankheitsbewußte Menschen.

KLETZENBROT

500 g Weizenvollkornmehl, frisch gemahlen
350 g Roggenvollkornmehl, frisch gemahlen
zirka 750 g Wasser
30 g Hefe
20 g Salz
Sauerteig
200 g Dörrpflaumen
200 g Feigen
200 g Dörräpfel
200 g Kletzen (= Dörrbirnen)
200 g Nüsse
200 g Rosinen
10 g Anis
10 g Neugewürz
10 g Zimt
200 g Rum

Vorbereitungsarbeiten: Einen Tag vor der Brotherstellung die Früchte klein schneiden, mit Rum und Zimt vermischen und gut abgedeckt stehen lassen.
Teigbereitung: 200 g Sauerteig-Graupen (Gerstl) vor Gebrauch in 400 Gramm Wasser einweichen. Nach einer Stunde Graupen im Wasser gut aufrühren, dann 350 Gramm Roggenvollkornmehl dazugeben und zu einem Teig mischen. Diesen Teig zirka fünf Stunden stehen lassen. Danach 200 Gramm Sauerteig wegnehmen, mit Vollkornmehl zu einem Gerstl (Graupen) verreiben und im Kühlschrank zugedeckt für das nächste Brot aufbewahren. Nun Hefe in Wasser auflösen und mit Weizenvollkornmehl und Salz zu einem Teig mischen. Dieser bleibt 30 Minuten liegen, dann werden die eingeweichten Früchte dazugegeben und noch einmal kräftig durchgemischt. Die Früchte nicht beim ersten Durchgang dazugeben, sonst werden die weichen Früchte im Teig verschmiert, und die Schnittfläche des Kletzenbrotes wird unansehnlich. Bei einem richtig hergestellten Kletzenbrot sollen sich die Früchte deutlich von der Krume abheben. Nach einer weiteren Teigruhe werden die Brote aufgearbeitet. In vier Stücke aufteilen, rundwirken und gleich zu einem länglichen Wecken formen. Auf Backbleche setzen und zirka 40 Minuten gären lassen. Vor dem Einschieben mit Wasser bestreichen und mit geschälten Mandeln verzieren. Bei 250 Grad Celsius in den Backofen geben, Gefäß mit Wasser hineinstellen, etwas Wasser vorsichtig hineinschütten und bei 180 Grad Celsius fertigbacken.
Backdauer: zirka eine Stunde
Nach dem Ausbacken noch einmal gut mit Wasser bestreichen.

Dieses Brot wird hauptsächlich in der Adventzeit gegessen: es ist ein Vorbote des Christkindes.

Kletzenbrot		Eiweiß	Fett	Kohlen-hydrate	kcal	kjoule
500 g	Weizen	58,5	10	346,5	1.710	7.180
350 g	Roggen	40,6	6	241,5	1.183	4.970
750 g	Wasser	—	—	—	—	—
30 g	Hefe	3,6	0,36	2	31,5	130,3
20 g	Salz	—	—	—	—	—
200 g	Sauerteig	23,2	3,40	138	676	2.797,3
200 g	Dörrpflaumen	4,6	1,20	138,8	66	276
200 g	Feigen	7,8	2,60	125	554	2.318
200 g	Dörräpfel	2,4	3,20	133,6	572	2.394
200 g	Kletzen	6,2	3,60	122,2	546	2.284
200 g	Nüsse	30	128	27	1.380	5.796
200 g	Rosinen	4,6	1	128	538	2.250
10 g	Anis	—	—	—	—	—
10 g	Neugewürz	—	—	—	—	—
10 g	Zimt	—	—	—	—	—
200 g	Rum	—	—	2	430	1.806
3280	Teiggewicht	181,5	159,36	1.404,60	5.976,5	32.201
2740 g	Ausbackgewicht					

1 BE = 18 g *Arbeitszeit:* zirka 90 Minuten
1 Schnitte Brot 55 g = zirka 3 BE = 146 Kilokalorien

VOLLKORNBROT MIT SONNENBLUMENKERNEN

650 g Weizenvollkornmehl, frisch gemahlen
350 g Roggenvollkornmehl, frisch gemahlen
750g Wasser, 35°C
20 g Hefe
30 g Salz
250 g Sonnenblumenkerne
Sauerteig

Vorbereitungsarbeiten: 250 Gramm Sonnenblumenkerne in 300 Gramm Wasser (35 Grad Celsius) einweichen. Stehdauer zirka zwei Stunden.

Teigbereitung: 200 Gramm Sauerteig-Graupen (Gerstl) vor Gebrauch in 300 Gramm Wasser (35 Grad Celsius) einweichen. Nach einer Stunde Graupen (Gerstl) im Wasser gut verrühren, dann 300 Gramm Roggenvollkornmehl dazugeben und zu einem Teig mischen. Diesen Teig zirka fünf Stunden stehen lassen. Nach dieser Zeit 200 Gramm Sauerteig wegnehmen, mit Vollkornmehl zu einem Gerstl (= Graupen) verreiben und im Kühlschrank gut zugedeckt für das nächste Brot aufbewahren. Hefe in etwas Wasser auflösen, 650 Gramm Weizenvollkornmehl, 30 Gramm Salz und eingeweichte Sonnenblumenkerne zu einem Teig mischen. Den Teig so lange mischen, bis er geschmeidig ist und sich von der Schüssel löst. Teigruhe: 20 Minuten. Noch einmal vorsichtig durchkneten, damit die Sonnenblumenkerne nicht zerquetscht werden. Nach einer weiteren Ruhe von 20 Minuten den Teig in drei gleiche Teile teilen und rundwirken. Diese rundgewirkten Teigstücke auf gefettete Backbleche setzen, mit Vollkornmehl bestäuben und die Form einer Sonne mit den davonfliehenden Sonnenstrahlen eingravieren. Oberfläche mit Wasser bestreichen und mit Sonnenblumenkernen bestreuen. Bei 250 Grad Celsius in den Ofen geben, Gefäß mit Wasser hineinstellen, vorsichtig Wasser in das Rohr schütten, die Masse bei einer Temperatur von 180 Grad Celsius fertigbacken.

Backdauer: zirka 60 Minuten

Ein Brot, das sehr viele Anhänger besitzt. Die eingeweichten Sonnenblumenkerne geben ihm im gebackenen Zustand einen sehr guten Geschmack.

Vollkornbrot mit Sonnenblumenkernen		Eiweiß	Fett	Kohlenhydrate	kcal	kjoule
650 g	Weizen	76,05	13	450,45	2.223	9.334
300 g	Roggen	34,80	5,10	207	1.014	4.260
750 g	Wasser	—	—	—	—	—
20 g	Hefe	2,64	0,26	1,34	20,5	84,35
30 g	Salz	—	—	—	—	—
250 g	Sonnenblumenkerne	67,50	90	57,50	1.310	5.502,50
200 g	Sauerteig	23,20	3,4	138	676	2.840
2200 g	Teiggewicht	204,19	111,76	854,29	5.243,5	22.020,85
1840 g	Ausbackgewicht					
in 100 g	Gebackenem	11	6	47	285	1.193

1 BE = 20 g
1 Schnitte Brot 40 g = 2 BE = 111 Kilokalorien

Arbeitszeit: zirka 55 Minuten

ZWIEBELFLADEN

300 g Weizenvollkornmehl, fein vermahlen
100 g Magerquark/Topfen (20% Fettgehalt)
etwas Salz
30 g Hefe
2 Eier
zirka 100 g Milch, 35 Grad Celsius
50 g Butter
1200 g Zwiebel
2 Becher Joghurt
Kümmel
Pfeffer

Vorbereitungsarbeiten: 1200 Gramm Zwiebeln schälen und in Ringe schneiden, in 50 Gramm Butter dünsten. Zwei Becher Joghurt mit zwei Eiern gut verschlagen und etwas Salz, gemahlenen Kümmel, etwas Pfeffer dazugeben.

Teigbereitung: Hefe in erwärmter Milch auflösen und mit den anderen Zutaten zu einem Teig mischen. Den Teig gut durchmischen und kühl stellen. Nach einer Ruhezeit von einer Stunde in vier Teile aufteilen und Fladen ungefähr fingerdick ausrollen. Mit den angedünsteten Zwiebeln belegen und die verschlagene Joghurt-Eiermasse darübergeben. Im vorgeheizten Ofen bei 220 Grad Celsius backen.

Backdauer: zirka 40 Minuten

Die Zahl der Zwiebelkuchenfreunde wird immer größer. Gut gewürzt und goldbraun gebacken: eine wahre Delikatesse.

Aufgrund der hohen Zwiebelanteile und des extrem niedrigen Kohlenhydrateanteils ist dieser Zwiebelfladen die ideale Diabetikernahrung.

Zwiebelfladen		Eiweiß	Fett	Kohlen-hydrate	kcal	kjoule
1200 g	Zwiebel	18	2,4	97,2	480	2.004
250 g	Weizen	35,4	5	173,3	855	3.590
100 g	Quark/Topfen (20%)	17,2	0,6	1,8	81	340
30 g	Hefe	3,6	0,1	3,3	28,8	1.209
500 g	2 Joghurt	18	8	23,5	240	1.010
200 g	Eier	14	12	—	164	688
100 g	Milch	3,2	3,5	4,7	63	265
50 g	Butter	0,3	41,6	0,3	377	1.583,5
	Salz	—	—	—	—	—
2430 g	Teiggewicht	103,6	73,2	304,1	2.288,8	10.689,5
2150 g	Ausbackgewicht					
in 100 g	Gebackenem	4,77	3,16	15,7	110,6	462,97

1 BE = 52 g *Arbeitszeit:* zirka 50 Minuten
1 Schnitte 50 g = zirka 1 BE = 55 Kilokalorien

Roggenmischbrote

Roggenmischbrote schmecken wesentlich kräftiger als Weizen- und Weizenmischbrote. Hier wird mit größerem Sauerteig-Anteil gebacken, der ihnen auch ihren aromatischen Charakter gibt. Die Vollkornmehlzusammensetzung besteht aus 60 bis 90 Prozent Roggenanteil; der Weizenanteil beträgt 40 bis 10 Prozent. Interessanterweise werden diese Brotsorten vorwiegend in den nördlichen Gegenden gegessen, während Weizenbrote in den südlicheren Klimaten bevorzugt werden. Der Umgang mit höherem Roggenanteil erfordert ein sehr genaues Arbeiten. Besonders muß auf die Flüssigkeitszugabe geachtet werden, weil die Wasseraufnahme der Roggengetreide oft verschieden hoch ist. Deshalb geben Sie Wasser immer nur nach und nach bei. Besonders wichtig ist, daß vorwiegend mit mittelfesten Teigen gearbeitet wird, um ein Fließen der Roggenteige zu verhindern.

Als erstes beschreiben wir ein Brot, das typisch die Sorten der Roggenmischbrote vertritt: das gleichsam mit fünf Sternen ausgezeichnete...

LEINSAMENBROT

650 g Roggenvollkornmehl
450 g Weizenvollkornmehl
zirka 1050 g Wasser
20 g Hefe
30 g Salz
250 g Leinsamen
Sauerteig

Vorbereitungsarbeiten: 250 Gramm Leinsamen in 300 Gramm Wasser (35 Grad Celsius) drei Stunden vor der Teigbereitung einweichen. Dieses Einweichen hat den Vorteil, daß die Leinsamenkörner aufquellen, die schleimartigen Stoffe frei werden und der Gesundheit zugute kommen.
Teigbereitung: 300 Gramm Sauerteig-Graupen (Gerstl) vor Gebrauch in 400 Gramm Wasser (35 Grad Celsius) einweichen und nach einer Stunde gut verrühren. 400 Gramm Roggenvollkornmehl dazugeben und zu einem Vorteig verarbeiten. Dieser soll sechs Stunden stehen. Nach dieser Zeit 300 Gramm Sauerteig weggeben und mit Vollkornmehl zu einem Gerstl (Graupen) verreiben. Zugedeckt in den Kühlschrank geben und dort für die nächste Brotteigbereitung aufbewahren. Dann Hefe in restlichem Wasser auflösen und mit sämtlichen anderen Zutaten, einschließlich eingeweichtem Leinsamen, zu einem Teig mischen. Achten Sie auf eine mittelfeste Teigkonsistenz. Den Teig 20 Minuten liegen lassen und noch einmal kräftig durchmischen. Nach einer weiteren Teigruhe von 40 Minuten aufarbeiten. Teig in drei gleiche Teile teilen und rundwirken. Fünf Minuten entspannen lassen, dann zu Wecken formen und dabei in grobgemahlenem Schrot wälzen. Auf gefettete Backbleche setzen und zirka 25 bis 30 Minuten gären lassen. Einschieben bei einer Anfangstemperatur von 260 Grad Celsius, Gefäß mit Wasser hineinstellen, etwas Wasser aufs Backblech schütten und bei einer Ausbacktemperatur von 180 Grad Celsius fertigbacken.
Backzeit: zirka eine Stunde
Regelmäßig gegessen, erzieht Leinsamenbrot den Darm zur Pünktlichkeit. Es ist eines der „Fünfsternbrote" für die Gesundheit.

Leinsamenbrot		Eiweiß	Fett	Kohlenhydrate	kcal	kjoule
650 g	Roggen	75,4	11,05	448,50	2.197	9.091,18
450 g	Weizen	52,65	9	311,85	1.539	6.462
ca. 1050 g	Wasser	—	—	—	—	—
20 g	Hefe	2,64	0,26	1,34	20,5	84,35
30 g	Salz	—	—	—	—	—
250 g	Leinsamen	50	125	40	1.485	6.237
350 g	Sauerteig	40,60	5,95	241,50	1.183	4.868
2800 g	Teiggewicht	221,29	151,26	1.043,19	6.424,5	26.742,53
2400 g	Ausbackgewicht					
in 100 g	Gebackenem	9	6,5	44	268	1121

1 BE = 21 g — *Arbeitszeit:* zirka 50 Minuten
1 Schnitte Brot 50 g = zirka 2,5 BE = 133 Kilokalorien

VESPERBROT

700 g Roggenvollkornmehl
400 g Weizenvollkornmehl
zirka 750 g Wasser
20 g Hefe
30 g Salz
150 g Quark/Topfen
150 g Rosinen
150 g Korinthen
200 g Hirse, gehackt
15 g Brotgewürz je nach Geschmack, Anis, Fenchel oder Kümmel
100 g Butter
Sauerteig

Teigbereitung: 350 Gramm Sauerteig-Graupen vor Gebrauch in 500 Gramm Wasser (35 Grad Celsius) einweichen und nach einer Stunde gut verrühren. 500 Gramm Roggenvollkornmehl dazugeben und zu einem Teig mischen. Dieser soll sieben Stunden ruhen. Nach dieser Zeit 350 Gramm Sauerteig weggeben und mit Vollkornmehl zu Graupen verreiben. Diese zugedeckt in den Kühlschrank geben und dort für die nächste Brotbereitung aufbewahren. Nun Hefe in restlichem Wasser auflösen und mit sämtlichen anderen Zutaten zu einem Teig mischen. Diesen 20 Minuten liegen lassen. Noch einmal kräftig durchkneten und weitere 40 Minuten liegen lassen. Teigstücke von je 700 Gramm abwiegen und rundwirken. Nach einer weiteren Teigruhe (15 Minuten) abermals rundwirken, in Vollmehl wälzen und mit dem Schluß nach unten auf ein gefettetes Blech absetzen. Zirka 60 Minuten gären lassen, dann die Oberfläche kreuzweise einschneiden. Im vorgeheizten Rohr bei einer Temperatur von 260 Grad Celsius backen. Wassergefäß dazugeben, etwas Wasser hineinschütten.
Ausbacktemperatur: 190 Grad Celsius, *Backzeit:* zirka 60 Minuten.

Vesper ist die Zeit gegen Abend. Das Vesperbrot war ein wesentlicher Bestandteil der „Brotzeit“, der „Jause“, die am späten Nachmittag einge-

Vesperbrot		Eiweiß	Fett	Kohlenhydrate	kcal	kjoule
700 g	Roggen	81,20	11,90	483	2.366	9.940
400 g	Weizen	46,80	8	277,2	1.368	5.744
750 g	Wasser	—	—	—	—	—
20 g	Hefe	2,40	—	2,2	19,2	80,6
30 g	Salz	—	—	—	—	—
350 g	Sauerteig	40,60	5,95	241,5	1.183	4.868
150 g	Quark/Topfen	25,80	0,90	2,7	121,5	510
150 g	Rosinen	3,45	0,75	96	403,5	1.687,5
150 g	Korinthen	3,45	0,75	96	403,5	1.687,5
200 g	Nüsse	30	128	27	1.380	5.796
100 g	Butter	0,70	83,20	0,7	754	3.167
15 g	Gewürze	—	—	—	—	—
3015 g	Teiggewicht	234,40	239,45	1.226,3	7.998,7	33.480,6
2520 g	Ausbackgewicht					
in 100 g	Gebackenem	8,5	9,5	49	318	1.543

1 BE = 17 g
1 Stück 75 g = zirka 5 BE = 240 Kilokalorien

Arbeitszeit: zirka 65 Minuten

nommen wurde. Das Ziel vieler Hausfrauen ist es, ein Brot herzustellen, das nicht nur von vorzüglicher Qualität ist, sondern auch hübsch aussieht. Das Vesperbrot wird nicht nur vom Anblick her appetitlich erscheinen, es schmeckt ausgezeichnet und ist auch locker. Ein Stück dieses Brotes ohne jegliche Beilage im stillsten Winkel des Hauses genossen: das kann zur Brotmeditation führen.

In Tonerde gebackenes Ährenbrot...

Es besteht ein grundsätzlicher Unterschied, ob Brot in einer geschlossenen oder in einer teilweise geöffneten Form gebacken wird. In letzterer kommt es zu einem Feuchtigkeitsverlust von bis zu zwanzig Prozent. Der Feuchtigkeitsverlust ist aber mit dem Verlust lebensnotwendiger Stoffe verbunden. Ein in einer geschlossenen Tonerdeform gebackenes Vollwertbrot erleidet nun praktisch keinen Feuchtigkeitsverlust. Zudem erhält dieses unter Druck gebackene Brot eine dünnere Rinde, es zeichnet sich durch eine Vielzahl besonders kleiner Poren aus und hat eine hohe Dichte. Es sind daher mit diesem speziellen Brot folgende Vorteile verbunden:

— es ist gut schneidefähig,
— es neigt nicht zum Krümeln.

In der geschlossenen Tonerdeform wird die Backwärme gleichmäßig verteilt. Und da der Wasserdampf nicht entweichen kann, löst er die Aromastoffe wesentlich gründlicher. Für uns heißt das, daß das Brot saftig bleibt.

ÄHRENBROT

700 g Roggenvollkornmehl
400 g Weizenvollkornmehl
zirka 800 g Wasser
20 g Hefe
30 g Salz
Sauerteig

Teigbereitung: 350 Gramm Sauerteig-Graupen (Gerstl) vor Gebrauch in 500 Gramm Wasser (35 Grad Celsius) einweichen und nach einer Stunde gut verrühren. 500 Gramm Roggenvollkornmehl dazugeben und zu einem Teig mischen. Dieser soll sieben Stunden stehen. Nach dieser Zeit 350 Gramm Sauerteig weggeben und mit Vollkornmehl zu einem Gerstl (Graupen) zerreiben. Zugedeckt in den Kühlschrank geben und dort für die nächste Brotbereitung aufbewahren. Dann Hefe in restlichem Wasser auflösen und mit sämtlichen anderen Zutaten zu einem Teig mischen. Diesen 20 Minuten liegen lassen. Noch einmal kräftig durchkneten und weitere 40 Minuten liegen lassen. Teigstücke mit je 600 Gramm abwiegen, rundwirken und fünf Minuten zum Entspannen liegen lassen. Dann kurz ausrollen, gut in Schrot wälzen und in die Tonerdeform legen. Die zweite Hälfte der Tonerdeform darauflegen und mit

Klammern verschließen. Zirka 40 Minuten garen lassen und im vorgeheizten Ofen bei einer Temperatur von 260 Grad Celsius einschießen. Wassergefäß braucht nicht hineingegeben zu werden.
Ausbacktemperatur: 190 Grad Celsius
Backzeit: zirka 50 Minuten.

Ährenbrot		Eiweiß	Fett	Kohlenhydrate	kcal	kjoule
700 g	Roggen	81,20	11,9	483	2.366	9.940
400 g	Weizen	46,80	8	277,2	1.368	5.744
ca. 800 g	Wasser	—	—	—	—	—
20 g	Hefe	2,64	0,26	1,34	20,5	84,35
30 g	Salz	—	—	—	—	—
350 g	Sauerteig	40,60	5,95	241,50	1.183	4.868
2300 g	Teiggewicht	171,24	26,11	1.003,04	4.937,5	20.636,35
2180 g	Ausbackgewicht					
in 100 g	Gebackenem	8	1,2	46	227	949

1 BE = 25 g
Arbeitszeit: zirka 60 Minuten
1 Schnitte Brot 45 g = zirka 2 BE = 102 Kilokalorien

GEWÜRZLAIB (SALZBURGER GEWÜRZLAIB)

650 g Roggenvollkornmehl
450 g Weizenvollkornmehl
zirka 850 g Wasser
20 g Hefe
30 g Salz
15 g Kümmel, gemahlen
15 g Fenchel, gemahlen
15 g Anis, gemahlen
15 g Koriander, gemahlen
Sauerteig

Teigbereitung: 300 Gramm Sauerteig-Graupen (Gerstl) vor Gebrauch in 400 Gramm Wasser (35 Grad Celsius) einweichen und nach einer Stunde gut verrühren. 400 Gramm Roggenvollkornmehl dazugeben und zu einem Teig mischen. Dieser soll sechs Stunden ruhen. Danach 300 Gramm Sauerteig weggeben und mit Vollkornmehl zu einem Gerstl (Graupen) verreiben. Zugedeckt in den Kühlschrank geben und dort für die nächste Brotbereitung aufbewahren.

Hefe im restlichen Wasser auflösen und mit sämtlichen anderen Zutaten zu einem Teig mischen. Diesen 20 Minuten liegen lassen. Noch einmal kräftig durchkneten und weitere 40 Minuten liegen lassen. Nun aufarbeiten und in drei gleich große Stücke teilen, rund wirken, in groben Schrotkörnern wälzen und mit dem Schluß nach unten auf ein gefettetes Backblech setzen.
Gardauer: zirka 25 bis 30 Minuten. Vor dem Einschieben mit dünnem Stab übers Kreuz gut drücken. Bei 260 Grad Celsius in den Ofen geben, Gefäß mit Wasser hineinstellen, etwas Wasser hineinschütten. Ausbacktemperatur 180 Grad Celsius.
Backdauer: zirka eine Stunde
Ein Vollkornbrot, hergestellt nach einem guten Salzburger Bauernrezept. Der Salzburger Gewürzlaib sorgt für kernigen Genuß und verdient es, in jedem Brotkorb zu liegen.

Salzburger Gewürzlaib		Eiweiß	Fett	Kohlen-hydrate	kcal	kjoule
650 g	Roggen	75,40	11,05	448,50	2.197	9.091,18
450 g	Weizen	52,65	9	311,85	1.539	6.462
ca. 850 g	Wasser	—	—	—	—	—
20 g	Hefe	2,64	0,26	1,34	20,5	84,35
30 g	Salz	—	—	—	—	—
60 g	Gewürze	—	—	—	—	—
300 g	Sauerteig	34,80	5,10	207	1.014	4.197,96
2360 g	Teiggewicht	165,49	25,41	968,69	4.770,5	19.835,49
1970 g	Ausbackgewicht					
in 100 g	Gebackenem	8,5	1,5	49	241	1006

1 BE = 210 g — *Arbeitszeit:* zirka 50 Minuten
1 Schnitte Brot 50 g = zirka 2,5 BE = 121 Kilokalorien

BERGBAUERNBROT

750 g Roggenvollkornmehl
350 g Weizenvollkornmehl
zirka 800 g Wasser
20 g Hefe
30 g Salz
Sauerteig

Teigbereitung: 350 Gramm Sauerteig-Graupen (Gerstl) vor Gebrauch in 500 Gramm Wasser (35 Grad Celsius) einweichen und nach einer Stunde gut verrühren. 500 Gramm Roggenvollkornmehl dazugeben und zu einem Teig mischen. Dieser Teig soll sieben Stunden stehen. Nach dieser Zeit 350 Gramm Sauerteig weggeben und mit Vollkornmehl zu einem Gerstl (Graupen) verreiben. Zugedeckt in den Kühlschrank stellen und dort für die nächste Brotbereitung aufbewahren. Dann Hefe in restlichem Wasser auflösen und mit sämtlichen anderen Zutaten zu einem Teig mischen. Diesen Teig 20 Minuten liegen lassen. Noch einmal kräftig durchkneten und weitere 40 Minuten liegen lassen. Nun aufarbeiten, in fünf gleich große Stücke teilen, rundwirken und fünf Minuten zum Entspannen liegen lassen. Die Teigstücke dann länglich zirka 40 Zentimeter ausrollen und einen Ring formen. Auf gefettete Backbleche wegsetzen, 20 Minuten gären lassen und bei einer Temperatur von 260 Grad Celsius ohne Wasser einschieben.
Ausbacktemperatur: 180 Grad Celsius
Backdauer: zirka 50 Minuten
Dieser Brotring ist eine althergebrachte Gebäcksform, wie sie heute noch von Bergbauern bei der Brotherstellung verwendet wird. Die Ringe werden in größerer Anzahl gebacken und dann als Wochen- oder gar als Monatsvorrat an Stangengestellen aufgehängt. Ist der Ring bereits sehr alt und hart, wird er ein paar Stunden in ein feuchtes Tuch eingeschlagen. Die Feuchtigkeit überträgt sich auf das Brot, und es ist wieder eßbar: Das beste Vorbeugungsmittel für gesunde Zähne und damit für den ganzen Organismus.

Bergbauernbrot		Eiweiß	Fett	Kohlenhydrate	kcal	kjoule
750 g	Roggen	87	12,7	517,5	2.535	10.650
350 g	Weizen	40,95	7	242,6	1.197	5.026
ca. 800 g	Wasser	—	—	—	—	—
20 g	Hefe	2,64	0,26	1,34	20,5	84,35
30 g	Salz	—	—	—	—	—
350 g	Sauerteig	40,60	5,95	241,50	1.183	4.868
2300 g	Teiggewicht	171,19	25,91	1.002,94	4.935,5	20.628,35
1920 g	Ausbackgewicht					
in 100 g	Gebackenem	9	1,5	53	258	1077

1 BE = 21 g *Arbeitszeit:* zirka 50 Minuten
1 Schnitte Brot 40 g = zirka 3 BE = 154 Kilokalorien

BAUERNBROT

500 g Roggenvollkornmehl
300 g Weizenvollkornmehl
150 g Hafervollkornmehl
150 g Gerstenvollkornmehl
zirka 800 g Wasser
30 g Hefe
40 g Salz
70 g Quark/Topfen
40 g Butter
10 g Anis, gemahlen
Sauerteig

Vorbereitungsarbeiten: Alle vier Getreidearten vermischen und vermahlen.
Teigbereitung: 350 Gramm Sauerteig-Graupen (Gerstl) vor Gebrauch in 500 Gramm Wasser (35 Grad Celsius) einweichen und nach einer Stunde gut verrühren. 500 Gramm Roggenvollkornmehl dazugeben und zu einem Teig mischen. Dieser Teig soll sieben Stunden stehen. Nach dieser Zeit 350 Gramm Sauerteig weggeben und mit Vollkornmehl zu einem Gerstl (Graupen) verreiben. Dieses zugedeckt in den Kühlschrank geben und dort für die nächste Brotbereitung aufbewahren. Dann Hefe in restlichem Wasser auflösen und mit sämtlichen anderen Zutaten zu einem Teig mischen. Butter und Quark/Topfen sollen erst zum Schluß untergemischt werden. Den Teig 20 Minuten liegen lassen. Noch einmal kräftig durchkneten und weitere 40 Minuten liegen lassen. Nach dieser Ruhezeit den Teig aufarbeiten, in drei gleich große Stücke teilen und rundwirken. Fünf Minuten liegen lassen, danach zu Wecken oder Laiben formen und auf ein gefettetes Backblech setzen. 20 Minuten gären lassen und bei einer relativ niedrigen Temperatur (210 Grad Celsius) einschieben. Wassergefäß hineingeben und etwas Wasser vorsichtig hineinschütten. Durch diese für Roggenmischbrote niedrige Temperatur zerreißt das Brot nach allen Seiten sowie an der Oberfläche und erhält das urige Aussehen eines Bauernbrotes. Ausbacktemperatur 180 Grad Celsius.
Backdauer: 70 Minuten
Durch die etwas längere Backzeit entsteht ein Vorteil: Das Brot erhält eine stärkere Kruste, schmeckt dadurch besser, und außerdem kann durch eine stärkere Kruste die Feuchtigkeit nicht so schnell entweichen, das Brot bleibt also länger frisch.
Ein herzhaft frisches Vollkornbrot!

Bauernbrot		Eiweiß	Fett	Kohlen-hydrate	kcal	kjoule
500 g	Roggen	58	8,5	345	1.690	7.100
300 g	Weizen	35,1	6	207,9	1.026	4.308
150 g	Hafer	18,9	10,65	94,5	580,5	2.437,5
150 g	Gerste	15,9	3,15	108	555	2.322
ca. 800 g	Wasser	—	—	—	—	—
30 g	Hefe	3,6	0,36	2	31,5	130,3
40 g	Salz	—	—	—	—	—
70 g	Quark/Topfen	—	—	—	—	—
40 g	Butter	0,28	33,28	0,28	301,6	1.266,72
10 g	Anis	—	—	—	—	—
300 g	Sauerteig	34,80	5,10	207	1.014	4.260
2390 g	Teiggewicht	116,58	67,04	964,68	5.195	21.825
2000 g	Ausbackgewicht					
in 100 g	Gebackenem	8,5	3,5	49	260	1.088

1 BE = 22 g *Arbeitszeit:* zirka 55 Minuten
1 Schnitte Brot 55 g = zirka 2,5 BE = 143 Kilokalorien

KARTOFFELBROT

600 g Roggenvollkornmehl
300 g Weizenvollkornmehl
250 g Kartoffeln
zirka 600 g Wasser
20 g Hefe
30 g Salz
Sauerteig

Vorbereitungsarbeiten: 250 Gramm Kartoffeln langsam aufkochen und zu einem Brei drücken.
Teigbereitung: 300 Gramm Sauerteig-Graupen (Gerstl) vor Gebrauch in 500 Gramm Wasser (35 Grad Celsius) einweichen und nach einer Stunde gut verrühren. 500 Gramm Roggenvollkornmehl dazugeben und zu einem Teig mischen. Diesen Teig acht Stunden stehen lassen. Danach 300 Gramm Sauerteig weggeben und mit Vollkornmehl zu einem Gerstl (Graupen) verreiben. Zugedeckt in den Kühlschrank stellen und dort für die nächste Brotbereitung aufbewahren. Dann Hefe in restlichem Wasser auflösen und mit sämtlichen anderen Zutaten zu einem Teig vermischen. Diesen 30 Minuten liegen lassen und noch einmal kräftig durchmischen; weitere 40 Minuten liegen lassen. Nun den Teig aufarbeiten, in drei gleich große Stücke teilen und rundwirken. Fünf Minuten liegen lassen, abermals rundwirken, in feingemahlenem Roggenvollkornmehl wälzen und auf gefettete Backbleche setzen. 30 Minuten gären lassen und vor dem Einschieben mit einem dünnen Stab (Stupfer) locker in das Brot stupfen. Diese Löcher bewirken folgendes: Im Innern des Brotes entstehen Gärgase (Alkohol, Kohlensäure, verdampfendes Wasser), die das Bestreben haben, nach allen Seiten zu entweichen. Besteht jetzt keine leichte Möglichkeit (Löcher!), um zu entweichen, suchen sie sich eine poröse Stelle im Teig, wo sie gewaltsam austreten können, und das Brot bekommt einen großen Krustenriß und eine ungleichmäßige Porung. Befinden

sich aber nun keine porösen Stellen im Teig, dann ist der Austritt minimal, der Wasserdampf setzt sich in der Kruste ab, und das Brot bekommt einen dunklen Wasserring, es wird „speckig".
Einschiebtemperatur: 260 Grad Celsius. Wassergefäß hineinstellen, vorsichtig etwas Wasser hineinschütten und bei 180 Grad Celsius fertigbacken.
Backdauer: 60 Minuten
Dieses Brot hält sehr lange frisch und bleibt auch sehr aromatisch.

Kartoffelbrot		Eiweiß	Fett	Kohlen-hydrate	kcal	kjoule
600 g	Roggen	69,6	10,2	414	2.028	8.520
300 g	Weizen	35,1	6	207,9	1.026	4.308
250 g	Kartoffeln	4,75	—	40	180	725,50
ca. 600 g	Wasser	—	—	—	—	—
20 g	Hefe	2,64	0,26	1,34	20,5	84,35
30 g	Salz	—	—	—	—	—
300 g	Sauerteig	34,80	5,10	207	1.014	4.260
2100 g	Teiggewicht	146,89	21,56	870,24	4.268,5	17.924,85
1760 g	Ausbackgewicht					
in 100 g	Gebackenem	8,5	1,3	50	243	1011

1 BE = 24 g *Arbeitszeit:* zirka 60 Minuten
1 Schnitte Brot 65 g = zirka 3 BE = 157 Kilokalorien

KRAFTSTANGEN

250 g Weizenvollkornmehl, frisch gemahlen
250 g Roggenvollkornmehl, frisch gemahlen
250 g Hafermehl, frisch gemahlen
200 g Kartoffeln
80 g Honig
50 g Getreidekeimöl
30 g Hefe
30 g Salz
zirka 650 g Wasser
Sauerteig

Vorbereitungsarbeiten: 200 Gramm Kartoffeln langsam aufkochen und zu einem Brei drücken. Weizen, Roggen und Hafer gut vermischen und zusammen vermahlen.
Teigbereitung: 250 Gramm Sauerteig-Graupen (Gerstl) vor Gebrauch in 500 Gramm Wasser (35 Grad Celsius) einweichen. Nach einer Stunde Gerstl im Wasser gut vermischen, dann 250 Gramm Roggenvollkornmehl und 150 Gramm Hafermehl dazugeben und einen Teig bereiten. Diesen zirka fünf Stunden stehen lassen. Nach dieser Zeit 250 Gramm Sauerteig mit Vollkornmehl zu einem Gerstl (Graupen) verreiben und im Kühlschrank gut zugedeckt für das nächste Brot aufbewahren. Hefe in restlichem Wasser auflösen und mit sämtlichen anderen Zutaten zu einem Teig mischen. Der Kartoffelbrei verursacht jedoch eine nachlassende Teigbeschaffenheit, so daß ein fester Teig herzustellen ist, der sich bis zu seiner Ofenreife wieder zu einer normalen Konsistenz verändert. Diesen Teig 30 Minuten liegen lassen und noch

einmal kräftig durchkneten. Nach einer weiteren Teigruhe von 30 Minuten Teigstücke von zirka 100 Gramm abwiegen, rundwirken und zu zehn bis zwölf Zentimeter langen Streifen formen. Die Oberfläche mit Wasser bestreichen und in Roggenvollkornmehl rollen. Auf ein gefettetes Blech setzen, 35 Minuten gären lassen und im vorgeheizten Ofen bei 250 Grad Celsius einschließen. Gefäß mit Wasser hineinstellen und vorsichtig etwas Wasser hineinschütten.

Backzeit: zirka 25 Minuten

Ausbacktemperatur: 180 Grad Celsius

Hafer hat die besondere Eigenschaft, daß sehr viele Eigenkräfte in dieser Pflanze stecken. Er gibt — gemeinsam mit den Kartoffeln und den anderen Zutaten — dem Brot sehr viel Energie.

Kraftstangen		Eiweiß	Fett	Kohlen-hydrate	kcal	kjoule
250 g	Weizen	29,25	5	173,25	855	3.590
250 g	Roggen	29	4,25	172,50	845	3.550
250 g	Hafer	31,50	17,75	157	967,5	4.062,5
200 g	Kartoffeln	3,80	—	32	144	602
80 g	Honig	0,20	—	64,80	259,2	1.088,8
50 g	Keimöl	—	49,95	—	449,5	1.888
30 g	Hefe	3,60	0,12	3,30	28,8	120,9
30 g	Salz	—	—	—	—	—
650 g	Wasser	—	—	—	—	—
250 g	Sauerteig	29	42,50	172,50	845	3.550
2040 g	Teiggewicht	126,35	119,57	775,85	4.394	18.452,20
1710 g	Ausbackgewicht					
in 100 g	Gebackenem	7,5	6,5	46	257	1076

1 BE = 20 g

1 Kraftstange 80 g = 4 BE = 206 Kilokalorien

Arbeitszeit: zirka 65 Minuten

GERSTENBROT

350 g Weizenvollkornmehl, frisch vermahlen
350 g Roggenvollkornmehl, frisch vermahlen
300 g Gerstenvollkornmehl, frisch vermahlen
200 g Kartoffeln
30 g Hefe
30 g Salz
zirka 750 g Wasser
Sauerteig

Vorbereitungsarbeiten: 200 Gramm Kartoffeln langsam aufkochen und zu einem Brei drücken. Weizen, Roggen und Gerste gut vermischen und zusammen vermahlen.

Teigbereitung: 30 Gramm Sauerteig-Graupen vor Gebrauch in 500 Gramm Wasser, 35 Grad Celsius, einweichen. Nach einer Stunde Graupen im Wasser gut vermischen, dann 350 Gramm Roggenvollkornmehl und 100 Gramm Gerstenvollkornmehl dazugeben und einen Teig bereiten. Diesen zirka fünf Stunden stehen lassen. Danach 300 Gramm Sauerteig wegnehmen, mit Vollkornmehl zu einem Gerstl (Graupen) verreiben und im Kühlschrank gut zugedeckt für das nächste Brot aufbewahren. Hefe im restlichen Wasser auflösen und mit sämtlichen anderen Zutaten zu einem Teig mischen. Der Kartoffelbrei verursacht eine nachlassende Teigbeschaffenheit, so daß ein fester Teig herzustellen ist, der sich bis zu seiner Ofenreife wieder zur normalen Konsistenz verändet. Diesen Teig 30 Minuten liegen lassen, abermals kräftig durchkneten, weitere 30 Minuten liegen lassen. Dann in drei gleiche Stücke teilen und rundwirken. Fünf Minuten liegen lassen und die rundgewirkten Teigstücke in Vollkornmehl unten und oben etwas breit drücken. Auf gefettete Backbleche setzen, zirka 30 Minuten gären lassen und vor dem Einschieben mit einem dünnen Stab quadratisch markieren. Dann in den vorgeheizten Ofen bei 250 Grad Celsius einschieben. Kein Gefäß mit Wasser hineinstellen, kein Wasser hineinschütten! Bei einer Ausbacktemperatur von 180 Grad Celsius fertigbacken.

Backdauer: zirka eine Stunde

Gerstenmehl läßt sich bis zu einem Zusatz von 30 Prozent ganz gut verarbeiten, ein höherer Anteil ist nicht ratsam, da sonst das Brot einen herben Geschmack bekommt und zum Krümeln neigt. Kartoffelbrei wirkt diesen Brotfehlern entgegen.

Gerstenbrot		Eiweiß	Fett	Kohlenhydrate	kcal	kjoule
350 g	Weizen	40,95	7	242,60	1.197	5.026
350 g	Roggen	40,60	6	241,50	1.183	4.970
300 g	Gerste	31,80	6,3	216,00	1.110	4.644
200 g	Kartoffeln	3,80	—	32,00	144	602
30 g	Hefe	3,60	0,36	2,00	31,50	130,3
30 g	Salz	—	—	—	—	—
300 g	Sauerteig	34,80	5,10	207,00	1.014,00	4.260
1560 g	Teiggewicht	155,59	24,76	941,10	4.679,50	19.632,3
1300 g	Ausbackgewicht					
in 100 g	Gebackenem	12	2	73	360	1.507

1 BE = 15 g
1 Schnitte Brot 60 g = 4 BE = 216 Kilokalorien

Arbeitszeit: zirka 60 Minuten

VOLLKORNBROT MIT HAFER

350 g Weizenvollkornmehl, frisch gemahlen
350 g Hafervollkornmehl, frisch gemahlen
150 g Sojaschrot
10 g Koriander, vermahlen
20 g Hefe
20 g Salz
zirka 650 g Wasser
Sauerteig

Vorarbeiten: Weizen, Hafer und Koriander miteinander vermahlen. Wird der Hafer extra vermahlen, besteht die Gefahr, daß die Mahlsteine verschmiert werden. Hafer besitzt einen höheren Fettgehalt als die anderen Getreide. Sojaschrot in 300 Gramm Wasser, 35 Grad Celsius, zwei Stunden vor Mischbeginn einweichen.

Teigbereitung: 200 Gramm Sauerteig-Graupen (Gerstl) vor Gebrauch in 300 Gramm Wasser einweichen. Nach einer Stunde Graupen (Gerstl) im Wasser gut aufrühren, dann 250 Gramm Weizenvollkornmehl dazugeben und zu einem Teig mischen. Diesen zirka vier Stunden stehen lassen. Danach 200 Gramm Sauerteig wegnehmen, mit Vollkornmehl zu Graupen (Gerstl) verreiben und im Kühlschrank zugedeckt für das nächste Brot aufbewahren.

Hefe in Wasser auflösen, 150 Gramm Weizenvollkornmehl, 350 Gramm Haferkornmehl, eingeweichten Sojaschrot und Salz dazugeben und zu einem Teig mischen. Den Teig 30 Minuten liegen lassen und dann noch einmal kräftig durchkneten. Nach einer weiteren Teigruhe von 30 Minuten aufarbeiten. Haferbrot ist bereits eine besondere Brotsorte, daher wählen wir auch eine besondere Form. Nehmen Sie zwei Konservendosen mit einer Höhe von je zirka zehn Zentimeter und einem Durchmesser von zirka sieben Zentimeter, bestreichen Sie sie innen mit Butter und streuen Sie sie mit Haferflocken aus. Den Teig in zwei Teile teilen, länglich ovale Form wirken und in beide Dosen einfüllen.

Gardauer: 40 Minuten

Bei einer Temperatur von 250 Grad Celsius in den Backofen schieben und bei 180 Grad fertigbacken.

Backdauer: zirka 70 Minuten

Ein Brot, das hervorragende Werte hinsichtlich Nährstoffe aufweist und besonders viele der für gesunde und schlankmachende Ernährung wichtigen Ballaststoffe enthält.

Vollkornbrot mit Hafer		Eiweiß	Fett	Kohlenhydrate	kcal	kjoule
350 g	Weizen	40,95	7	242,6	1.197	5.026
350 g	Hafer	44,10	24,8	220,5	1.354,5	5.687,5
150 g	Soja	55,50	43,35	40,5	627	2.594,5
10 g	Koriander	—	—	—	—	—
20 g	Hefe	2,64	0,26	1,34	20,5	84,4
20 g	Salz	—	—	—	—	—
650 g	Wasser	—	—	—	—	—
1550 g	Teiggewicht	143,19	75,41	504,94	3.199	13.392,4
1300 g	Ausbackgewicht					
in 100 g	Gebackenem	11	6	39	246	1.031

1 BE = 23 g

Arbeitszeit: zirka 60 Minuten

1 Schnitte Brot 30 g = zirka 1,5 BE = 74 Kilokalorien

Roggenbrote

Unter Roggenvollkornbrot verstehen wir ein Brot, das nur aus Roggengetreide hergestellt wird. Man kann aber aus backtechnischen Gründen zehn Prozent Weizen dazugeben, um die Brote etwas lockerer zu machen. Der Geschmack ist aromatisch, kernig und kräftig. Hier wird mit erhöhtem Saueranteil gearbeitet und etwas längerer Teigruhe. Wesentlich ist, daß das Brot bei der Teigbereitung nicht zu weich wird. Die Konsistenz soll immer mittelfest sein. Genaue Einhaltung der Wassertemperaturen! Ziel jeder Hausfrau sollte es sein, ein Roggenbrot von vorzüglicher Qualität herzustellen, das gut gelockert und auch von schönem, appetitlichen Aussehen ist. Roggenbrot ist der Favorit bei all jenen, die „Kerngesundes“ essen wollen.

Zuerst beschreiben wir ein „echtes Kornbrot“:

ROGGENBROT (GROB VERMAHLEN)

1000 g Roggenvollkornmehl
zirka 800 g Wasser
25 g Salz
20 g Hefe
Sauerteig

Teigbereitung: 350 Gramm Sauerteig-Graupen (Gerstl) vor Gebrauch in 550 Gramm Wasser (35 Grad Celsius) einweichen und nach einer Stunde gut verrühren, 550 Gramm Roggenvollkornmehl dazugeben und zu einem Teig vermischen. Diesen Teig acht Stunden stehen lassen. Danach 350 Gramm Sauerteig weggeben und mit Roggenvollkornmehl zu Graupen (Gerstl) verreiben. Diese zugedeckt in den Kühlschrank geben und dort für die nächste Brotbereitung aufbewahren. Dann Hefe im restlichen Wasser auflösen und mit sämtlichen anderen Zutaten zu einem Teig mischen. Diesen 30 Minuten liegen lassen und noch einmal kräftig durchmischen. Nach einer weiteren Teigruhe von 40 Minuten aufarbeiten. Teig in zwei gleich große Stücke teilen, rundwirken und zu Wecken formen. Der Teig braucht keine fünf Minuten zum Entspannen, weil der Kleber des Roggens nicht so zäh ist wie der Kleber des Weizens. Die Wecken auf gefettete Backbleche setzen, zirka 30 Minuten gären lassen, mit einem scharfen Messer vier Querschnitte in den Teig machen, dann im vorgeheizten Ofen bei einer Temperatur von 270 Grad Celsius einschieben. Wassergefäß hineinstellen, etwas Wasser vorsichtig hineinschütten und bei einer Ausbacktemperatur von 180 Grad Celsius fertigbacken.

Backdauer: zirka 60 Minuten

Einfacher und sicherer können Sie das Brot backen, wenn Sie den Teig in zwei viereckige, längliche Backkästen einfüllen und in den Backofen stellen. Ein solch gebackenes Brot kann nicht breitlaufen und wird beim Anschneiden immer eine schöne Form und es wird,

was nicht ohne Bedeutung ist, eine schöne gleichmäßig geporte Krume aufweisen.
Haben Sie keine Angst vor dem Backen mit Sauerteig. Wenn Sie alle Regeln für die Sauerteigbereitung und für das Backen genau einhalten, kann nichts schiefgehen. Vielleicht drücken Sie vor dem Einschieben ein kleines Kreuz in den Brotlaib.

Roggenbrot (grob vermahlen)		Eiweiß	Fett	Kohlenhydrate	kcal	kjoule
1000 g	Roggen	116	17	690	3.380	14.200
ca. 800 g	Wasser	—	—	—	—	—
25 g	Salz	—	—	—	—	—
20 g	Hefe	2,64	0,26	1,34	20,5	84,35
350 g	Sauerteig	40,60	5,95	241,50	1.183	4.868
2195 g	Teiggewicht	159,24	23,21	932,84	4.583,5	19.152,35
1830 g	Ausbackgewicht					
in 100 g	Gebackenem	9	1,5	51	251	1049

1 BE = 22 g *Arbeitszeit:* zirka 50 Minuten
1 Schnitte Brot 50 g = zirka 2,5 BE = 125 Kilokalorien

ROGGENBROT (FEIN VERMAHLEN)

900 g Roggenvollkornmehl
100 g Weizenvollkornmehl
25 g Salz
zirka 800 g Wasser
20 g Hefe
20 g Butter
Sauerteig

Teigbereitung: 350 Gramm Sauerteig-Graupen (Gerstl) vor Gebrauch in 550 Gramm Wasser (35 Grad Celsius) einweichen und nach zwei Stunden gut verrühren. 550 Gramm Roggenvollkornmehl dazugeben und zu einem Teig mischen. Diesen Teig acht Stunden stehen lassen. Danach 350 Gramm Sauerteig weggeben und mit Roggenvollkornmehl zu einem Gerstl (Graupen) verreiben. Zugedeckt in den Kühlschrank stellen und für die nächste Brotbereitung aufbewahren. Dann Hefe in restlichem Wasser auflösen und mit sämtlichen anderen Zutaten zu einem Teig mischen. Diesen Teig 30 Minuten liegen lassen und noch einmal kräftig durchmischen. Nach einer weiteren Teigruhe von 40 Minuten aufarbeiten. Teig in zwei gleich große Stücke teilen, rundwirken und mit Wasser leicht bestreichen, in Vollkornmehl gut wälzen und auf gefettete Bleche setzen. Gärdauer zirka 40 Minuten. Vor dem Einschieben die bemehlte Oberfläche noch einmal bestreichen und im vorgeheizten Ofen bei einer Temperatur von 270 Grad Celsius einschieben. Wassergefäß hineinstellen, etwas Wasser vorsichtig hineinschütten und bei einer Temperatur von 180 Grad Celsius fertigbacken.
Backdauer: zirka eine Stunde
Das Brot ist in seiner Beschaffenheit feiner und zarter als das grobe und wird daher von sehr vielen typischen „Brotessern“ geschätzt. Vielleicht das Brot, das den „Umsteigern“ vom Brot aus Auszugsmehlen zum Roggenbrot aus Vollkorn am meisten hilft.

Roggenbrot (fein vermahlen)		Eiweiß	Fett	Kohlen-hydrate	kcal	kjoule
900 g	Roggen	104,40	15,3	620	3.042	12.517
100 g	Weizen	11,70	2,0	69,3	342	1.436
25 g	Salz	—	—	—	—	—
ca. 800 g	Wasser	—	—	—	—	—
20 g	Hefe	2,64	0,26	1,34	20,5	84,35
20 g	Butter	0,14	16,64	0,14	150,8	624,01
1865 g	Teiggewicht	118,88	34,20	690,78	3.555,3	14.661,36
1560 g	Ausbackgewicht					
in 100 g	Gebackenem	7,5	3,5	45	229	454

1 BE = 24 g *Arbeitszeit:* zirka 50 Minuten
1 Schnitte Brot 55 g = zirka 2,5 BE = 126 Kilokalorien

WAFFELBROT MIT LEINSAMEN UND SESAM

600 g Roggenvollkornmehl
300 g Weizenvollkornmehl
900 g Wasser
20 g Salz
20 g Hefe
200 g Leinsamen
10 g Fenchel gemahlen
Sesam
Sauerteig

Vorbereitungsarbeiten: 200 Gramm Leinsamen in 250 Gramm Wasser einweichen. Roggen, Weizen und Fenchel vermischen und vermahlen.
Teigbereitung: 30 Gramm Sauerteig-Graupen (Gerstl) vor Gebrauch in 300 Gramm Wasser (35 Grad Celsius) einweichen. Nach einer Stunde Gerstl (Graupen) in Wasser gut verrühren, 300 Gramm Roggenvollkornmehl dazugeben und zu einem Teig vermischen. Den Teig zirka vier Stunden stehen lassen. Danach 300 Gramm Sauerteig wegnehmen, mit Vollkornmehl zu Graupen (Gerstl) verreiben und im Kühlschrank gut zugedeckt für das nächste Brotbacken aufbewahren. Hefe im restlichen Wasser auflösen und mit den anderen Zutaten zu einem Teig mischen. Der Teig soll eine weiche Konsistenz aufweisen. Teigruhe zirka 120 Minuten, am besten kühl. Nach dieser Kühlzeit den Teig mit einem Rollholz zirka fünf Millimeter dick ausrollen, in Quadrate zirka acht mal acht Zentimeter schneiden. Auf ein gefettetes Blech setzen, die Oberfläche mit Wasser bestreichen und dicht mit Sesam bestreuen. Nach einer Gärzeit von 30 Minuten im vorgeheizten Ofen bei einer Temperatur von 190 Grad Celsius einschießen.
Backzeit: zirka 25 bis 30 Minuten
Das Waffelbrot lagern Sie noch drei Tage in einem trockenen, luftigen Raum, bevor es im knusprigen Zustand serviert werden kann. Die Heimat des Waffelbrotes ist der hohe Norden. Die kurze Backdauer und der geringe Wassergehalt bedingen eine gute Erhaltung der biologischen Wirkstoffe.
Besonders bewährt es sich als Reiseproviant bei Bergtouren und Wanderungen.

Waffelbrot		Eiweiß	Fett	Kohlen-hydrate	kcal	kjoule
600 g	Roggen	69,6	10,2	414	2.028	8.520
300 g	Weizen	35,1	6	415,8	1.026	2.872
900 g	Wasser	—	—	—	—	—
200 g	Leinsamen	40	100	32	594	1.188
20 g	Salz	—	—	—	—	—
20 g	Hefe	2,5	—	2,2	19,2	80,6
10 g	Fenchel	—	—	—	—	—
300 g	Sauerteig	34,8	51	207	1.014	4.258,8
2350 g	Teiggewicht	182	167,2	1.071	4.681,2	16.919,4
157 g	Ausbackgewicht					
in 100 g	Gebackenem	11,5	10,5	69	298	1248

1 BE = 13 g *Arbeitszeit:* zirka 70 Minuten
1 Schnitte Brot 25 g = zirka 2 BE = 75 Kilokalorien

Vollkornmehlspeisen

Die Zutaten und deren Behandlung

Für den Großteil der Rezepturen wird *Milch* verwendet. Je nach Produkt und nach Reichhaltigkeit des Rezeptes muß sie entsprechend kalt oder warm eingesetzt werden.
Als Teiglockerungsmittel wird in erster Linie *Hefe* verwendet. Es gibt aber auch Hilfs-Lockerungsmittel, etwa Alkohol, kohlensäurehaltiges Mineralwasser, Tee und natürlich die Luft.
Zum Süßen des Teiges verwenden wir *Honig*, ungeschwefelte *Trockenfrüchte* und *Ahornsirup*. Je höher der Honiganteil, um so intensiver müssen die Teige geknetet werden. Sonst bleiben sie feucht und klebrig, und sie erreichen kein großes Gewichtsvolumen.
Eier werden natürlich nur frisch verwendet, mit Salz kurz aufgeschlagen und stufenweise dem Teig beigemischt. Dieser Vorgang führt zu einer besseren Kleber- beziehungsweise Teigstruktur. Die Teige werden wesentlich feiner und geschmeidiger, was sich auf Volumengröße bei Vollkornmehlspeisen günstig auswirkt.
Butter soll im geschmeidigen Zustand verarbeitet werden. Vor dem Verarbeiten mit einer Küchenmaschine schaumig rühren. Die Butterbeigabe erfolgt erst im letzten Drittel des Mischvorganges, also wenn der Teig bereits fein und plastisch geknetet ist. Dadurch wird die Nahrungsaufnahme der Hefe nicht gestört, und für die Bildung des Klebers ist eine späte Butterbeigabe nur von Vorteil.
Sonstige Zutaten, *Gewürze* und *Früchte* geben dem Teig erst seinen individuellen Geschmack. Gewürze werden mit dem Getreide mitvermahlen. Früchte wie *Rosinen, Korinthen* und *Weinbeeren* einen Tag vorher reinigen und in Rum oder Slibovitz einweichen. Bevor man

Wir verwenden keinen Zucker!
In unseren Rezepten spielt Zucker keine Rolle. Und das vor allem aus dem Grund, weil Zucker als reines Auszugsprodukt außer Kalorien keinerlei Nährwert hat. Vielfach herrscht hier Verwirrung, darum sei klargestellt: Es bestehen zwischen dem weißen Zucker, wie er uns im Supermarkt angeboten wird, und Trauben-, Milch- und Fruchtzucker keine grundsätzlichen Unterschiede. Wir meiden alle und empfehlen statt dessen Bienenhonig. Unser Körper braucht — auch entgegen landläufigen Meinungen („für die Nerven") — Zucker nicht; er gewinnt ihn aus der Stärke des Weizenkorns: und das in der vom Körper am leichtesten verträglichen Form.

sie aber in den Teig gibt, noch einmal mit Vollkornmehl gut überstauben, dadurch haben sie im Teig eine bessere Bindung. *Nüsse* sollen nicht zu klein gehackt werden, sie verlieren dadurch an Wirkung und kommen im Produkt wenig zur Geltung. Erst am Schluß des Teigmachens sollen die Nüsse beigegeben werden, und hier auch nur langsam, damit die Früchte regelmäßig verteilt werden.

Die *Teigruhe* hat besondere Bedeutung und soll je nach Produkt zwischen 30 bis 60 Minuten betragen. Während dieser Zeit entwickelt sich der Teig, und gleichzeitig bildet sich das Aroma.
Das Backen geschieht durchwegs bei Temperaturen von 160 bis 200 Grad Celsius.
Das hat seine Gründe:
1. Honigreiche Teige färben schneller
2. Bei Butterteigen befindet sich während des Backens flüssige Butter zwischen Gebäck und Form. Wird diese Butter zu stark erhitzt, werden die Gebäcksböden dunkel und schmecken verbrannt.
3. Zu hohe Anfangstemperaturen bewirken eine starke Kruste, das Gebäck geht nicht richtig zu seiner Größe auf. Die Folge ist ein Einsinken und Speckigwerden.
4. Bei Temperaturen unter 160 Grad Celsius trocknet das Gebäck aus und verliert dadurch sehr viel an Geschmack.

Was bewirken die Zutaten in unseren Vollkornmehlspeisen?

Milch: Sie gibt dem Teig eine feinere Struktur, der Fettanteil wird erhöht, ebenso der Zuckergehalt. Das Gebäck färbt dadurch im Ofen besser, was wiederum eine gehobene Qualität zur Folge hat. Die Kruste wird sehr zart, das Gebäck entwickelt einen ausgeprägten Geruch und Geschmack, die Frischhaltung wird verlängert.
Butter: Sie gibt dem Teig plastische Beschaffenheit und lebhafte Farbe. Das gebackene Produkt ist vollaromatisch, hat eine feine Krumenstruktur und eine ausgezeichnete Frischhaltewirkung.
Eier: Was ein Emulgator in der herkömmlichen Bäckerei bewirkt, bewirken die Eier in der Vollwertbäckerei. Eine emulgierende Wirkung läßt das Produkt schöner, größer und bekömmlicher aussehen. Die Geschmacksnote wird wesentlich verbessert, und es entsteht eine feinere Porung.
Honig: Er erzielt eine schnellere Bräunung, intensivere Farbe, das Produkt wird im Geschmack besser. Er hält zudem das Gebäck sehr lange frisch.
Früchte und Gewürze: Geben dem gebackenen Produkt die charakteristische Gebäckseigenschaft.

Tiefgefrorene Mehlspeisen
Vollkornmehlspeisen eignen sich hervorragend für das Tiefgefrieren. Beabsichtigen Sie, Mehlspeisen einzufrieren, so mengen Sie vier Prozent mehr Fett unter den Teig, als im Rezept angegeben. So trocknet das Gebäck nicht aus, und es splittert beim Auftauen auch nicht.
Sie gehen also folgendermaßen vor:
- Teig aufarbeiten, Gebäckstücke formen,
- Teigstücke sofort in den Kühlschrank geben,
- vor Gebrauch dem Kühlschrank entnehmen
- zwei Stunden in einem temperierten Raum (25 Grad Celsius) gehen lassen.

Backen.

Die Füllen

Die nachstehenden Rezepturen für verschiedene Füllen werden sicherlich den Beifall Ihres Geschmackes finden. Allerdings sind sie wegen ihres hohen Kohlenhydrat- und Fettgehalts für Diabetiker nicht geeignet.

ZIMTSCHNECKENFÜLLE

350 g Honig
50 g süßes Vollkornpaniermehl/ Vollkornbrösel
100 g Rosinen
20 g Zimt
10 g Kakao
350 g Haselnüsse, gerieben
zirka 250 g Milch

Zimtschneckenfülle		Eiweiß	Fett	Kohlenhydrate	kcal	kjoule
350 g	Honig	1,05	—	283,5	1.134	4.763,5
50 g	Vollkornpaniermehl	5,80	9,85	34,5	169	571,2
100 g	Rosinen	2,30	0,50	64	269	1.125
20 g	Zimt	—	—	—	—	—
10 g	Kakao	2,40	1,20	1,70	27,2	114,2
350 g	Haselnüsse	45,50	213,50	47,95	2.296	9.642,5
250 g	Milch	8	8,75	11,75	157,5	662,5
1130 g		65,05	224,80	443,40	4.052,7	16.878,9
950 g	Trockengewicht					
in 100 g		7	24	47	427	1.786

1 BE = 11,5 g — *Arbeitszeit:* zirka 30 Minuten
1 Eßlöffel Fülle 22 g = zirka 2 BE = 93 Kilokalorien

Milch erwärmen und mit den anderen Zutaten gut vermischen. Die Fülle soll streichfähig sein. Nicht zu weich! Weiche Fülle trocknet sehr schnell aus. Diese Fülle kann man nicht nur für Zimtschnecken verwenden, sondern auch für „Kämme“ und „Brezen“ aus Plunderteig.

MARZIPAN, SELBST GEMACHT

500 g Mandeln
200 g Honig
80 g Eiklar
100 g Butter
100 g Orangeat, klein gehackt
1 Eßlöffel Rosenwasser

Mandeln über Nacht in kaltes Wasser legen und die Schale abbrühen. Die geschälten Mandeln klein backen und leicht anrösten. Nach dem Rösten zu einem feinen Mandelmehl vermahlen. Honig und Butter schaumig rühren. Aus dem Eiklar Schnee schlagen und in die Honig-Butter-Mischung unterheben. Zum Schluß Mandelmehl, Orangeat und Rosenwasser beimengen, bis eine Creme entsteht. Diese Marzipancreme kann auf alle Bäckereien gestrichen werden. Creme dünn auftragen, da die Mehlspeise sonst zu üppig wird.

Marzipan, selbst gemacht		Eiweiß	Fett	Kohlenhydrate	kcal	kjoule
500 g	Mandeln	95	270	97,5	3.200	13.440
200 g	Honig	0,6	—	162	648	2.722
80 g	Eiklar	8,72	0,16	0,64	39,2	164,8
100 g	Butter	0,7	83,20	0,70	754	3.167
100 g	Orangeat	2,30	0,50	64	269	1.125
980 g		107,32	353,86	324,84	4.910,2	20.618,8
950 g	Trockengewicht					
in 100 g		11,5	38	35	528	2.210

1 BE = 9,5 g — *Arbeitszeit:* zirka 30 Minuten
1 Eßlöffel Fülle 22 g = zirka 2 BE = 114 Kilokalorien

MOHNFÜLLE

1000 g Mohn, vermahlen
600 g Honig
700 g Milch
100 g Vollkornpaniermehl (Brösel) von Vollkornmehlspeisen
200 g Rosinen
200 g Powidl/Zwetschkenmarmelade
10 g Zimt
Zitronensaft

Milch erwärmen und mit den anderen Zutaten gut vermischen. Powidlmarmelade (Zwetschkenmarmelade) verbessert die Streichfähigkeit und gibt einen sehr persönlichen Geschmack. Brösel/Paniermehl aus Vollkornmehlspeisen geben der Fülle eine gute Bindung. In jedem Haushalt kommt es vor, daß eine Vollkornmehlspeise übrig bleibt und alt wird. Trocknen Sie die letzten Reste im Backofen, und verreiben Sie sie dann zu Bröseln. Dadurch wird der letzte Krümel verarbeitet. Diese Fülle kann man für längere Zeit im Kühlschrank aufbewahren.

Mohnfülle		Eiweiß	Fett	Kohlenhydrate	kcal	kjoule
1000 g	Mohn	150	640	135	6.900	28.980
600 g	Honig	1,8	—	486	1.944	8.166
700 g	Milch	22,4	24,5	32,9	441	1.855
100 g	Paniermehl/Brösel	11,6	1,7	69	338	1.420
200 g	Rosinen	4,6	1	128	538	2.250
200 g	Powidl	0,6	—	136	546	2.284
10 g	Zimt	—	—	—	—	—
2810 g		191	667,2	986,9	10.707	44.955
2500 g	Trockengewicht					
in 100 g		7,5	27	40	429	1.793

1 BE = 12 g — *Arbeitszeit:* zirka 35 Minuten
1 Eßlöffel Fülle 19 g = zirka 1,5 BE = 82 Kilokalorien

NUSSFÜLLE

1000 g Walnüsse, vermahlen
600 g Honig
100 g Rum
100 g süßes Paniermehl (Brösel)
10 g Zimt
700 g Milch

Milch erwärmen und mit den anderen Zutaten gut vermischen. Fülle beim Vermischen weich halten. Sie wird dann fester, weil das Paniermehl/Brösel die Flüssigkeit langsam bindet. Diese Fülle kann man für längere Zeit im Kühlschrank aufbewahren. Fülle etwas fester halten, dadurch trocknet sie nicht so leicht aus.

Nußfülle		Eiweiß	Fett	Kohlenhydrate	kcal	kjoule
1000 g	Walnüsse	150	640	135	6.900	28.980
600 g	Honig	1,8	—	486	1.944	8.166
100 g	Rum	—	—	1	215	903
100 g	Paniermehl/Brösel	11,6	1,70	69	338	1.420
10 g	Zimt	—	—	—	—	—
700 g	Milch	22,4	24,50	32,9	441	1.855
2510 g		185,8	666,20	723,9	9.838	41.324
2250 g	Trockengewicht					
in 100 g		8,5	30	32,5	437	1.830

1 BE = 11 g — *Arbeitszeit:* zirka 35 Minuten
1 Eßlöffel Fülle 22 g = 2 BE = 96 Kilokalorien

QUARK/TOPFENFÜLLE

500 g Quark/Topfen
100 g Butter
200 g Honig
30 g Maismehl
3 Dotter
Zitronensaft
1 Prise Salz
80 g Rosinen

Butter schaumig rühren und mit den anderen Zutaten gut vermischen. Maismehl gibt der Fülle eine gewisse Handfestigkeit, was bei der Herstellung von „Golatschen" von großem Vorteil ist. Weiche Füllen trocknen zu schnell aus.

Quark/Topfenfülle		Eiweiß	Fett	Kohlenhydrate	kcal	kjoule
500 g	Quark/Topfen	86	3	9	405	1.700
100 g	Butter	0,7	83,20	0,70	754	3.167
200 g	Honig	0,6	—	162	648	2.722
30 g	Maismehl	2,7	1,20	22,20	110,40	463,80
3	Dotter	8,4	16,20	0,30	180	756
80 g	Rosinen	1,8	0,40	51,20	215,20	900
910 g		100,20	104	245,40	2.312,60	9.708,80
850 g	Trockengewicht					
in 100 g		12	12,5	29	272	1.140

1 BE = 20 g
1 Eßlöffel Fülle 20 g = 1 BE = 54 Kilokalorien

Arbeitszeit: zirka 30 Minuten

Hefe(Germ-)teige

RICHTLINIEN FÜR DIE HERSTELLUNG

Aus Hefeteigen werden hauptsächlich Mohn- und Nußstrudel, Kaffee- und Käsekuchen, Brioches, Striezel, Obstflecke usw. hergestellt. Hefeteige sind teilweise sehr reichhaltig an „schweren" Zutaten, an Butter, Eiern und Honig. Außerdem weisen eine Anzahl bekannter Gebäcke aus diesem Teig recht hohe Füllen- und Früchtebeigaben auf. Daher ist die einwandfreie Herstellung eine Voraussetzung für ein schönes Endprodukt.
Hefe dient als Lockerungsmittel, daher ist es besonders wichtig, daß wir einwandfreie, frische Hefe verarbeiten. Typisch für frische Hefe ist der obstartige Geruch; sie neigt nicht zum Krümeln.
Bei der Teigbereitung ist darauf zu achten, daß Teige, die einen hohen Zutatenanteil haben, besser gelingen, wenn man einen Vorteig (Dampfl) bereitet. Die Vorteile sind, daß durch die längere Teigführung eine vermehrte Geschmacks- und Aromabildung ermöglicht wird. Der Kleber des Weizenkorns wird besser aufgeschlossen, was wiederum eine bessere Stand-

fähigkeit und Stabilität der Teige bewirkt. Der Reifungsprozeß des Teiges ist schneller, und die Teige gären entsprechend leichter. Die zweite Methode, einen Hefeteig herzustellen, ist die „böhmische" Art. Dabei werden alle Zutaten — einschließlich Hefe und erwärmter Flüssigkeit — auf einmal zu einem Teig vermischt. Diese Art der Herstellung ist zutreffend auf Plunderteig, Striezeln, Croissants, überhaupt auf Teige, die einen niedrigen Zutatenanteil aufweisen.

Im allgemeinen werden Hefeteige bei milder Temperatur und bei gleichmäßiger Hitze gebacken. Dieses Vorgehen hat seine Gründe: honigreiche Teige härten sehr schnell. Um einer Kondenswasserbildung vorzubeugen, ist es ratsam, die Hefegebäcke nach dem Ausbacken auf einem Gitter auskühlen zu lassen.

Wichtig: Nehmen Sie beim Backen nie eine Zutat aus dem Kühlschrank, um sie unmittelbar danach zu verwenden. Damit könnten Sie den ganzen Backvorgang in Frage stellen. Alle Zutaten sollten zumindest Zimmertemperatur haben.

BUCHTELN/WUCHTELN

500 g Weizenvollkornmehl
zirka 300 g Milch
40 g Hefe
5 g Salz
100 g Butter
100 g Honig
50 g Eidotter
Salz und Abrieb einer ungespritzten Zitrone
Zwetschkenmarmelade

Vorarbeiten: Hefe in 200 Gramm Milch (35 Grad Celsius) auflösen und mit zirka 200 Gramm Weizenvollkornmehl einen Vorteig, ein „Dampfl", machen. Gut abdecken und an einem warmen Ort zirka 20 Minuten aufgehen lassen.

Teigbereitung: Restliche Milch auf 35 Grad Celsius erwärmen und mit den übrigen Zutaten, jedoch ohne Eidotter, Salz und Butter, zu einem gut durchgekneteten Teig mischen. Das Salz mit den Eidottern verrühren und langsam dem Teig beigeben. Nach zwei Drittel der Mischzeit Butter dazugeben. Den Teig zirka 30 Minuten zugedeckt gären lassen und dann noch einmal kräftig durchmischen. Nach einer weiteren Teigruhe (30 Minuten) aufarbeiten. Teigstücke von je 40 Gramm abwiegen, rundwirken und zirka 10 Minuten liegen lassen. Mit einem Rollholz einen Kreis von zirka 10 Zentimeter Durchmesser ausrollen, Zwetschkenmarmelade/Powidl auftragen und den Teigrand wie bei einer „Golatsche" über den Powidl (= Zwetschkenmarmelade) zusammenschlagen. Man kann auch mit Aprikosenmarmelade füllen, muß aber darauf achten, daß eine Marmelade mit fester Konsistenz verwendet wird (ausrinnen!). Eine Pfanne mit zerlassener Butter ausfetten und die Buchteln dicht nebeneinander hineinlegen, bis die Pfanne voll ist. Mit zerlassener Butter darüberstreichen, zirka 30 Minuten gären lassen und bei einer Temperatur von 200 Grad Celsius backen. Nach dem Ausbacken noch einmal mit Butter streichen.

Buchteln stammen aus dem klassischen Hefeteigland Böhmen.

In noch etwas warmem Zustand ein herrliches Tee- oder Kaffeegebäck, wird aber auch in sehr vielen Haushalten als Hauptspeise gegessen, etwa als „Böhmische Dukaten".

Buchteln		Eiweiß	Fett	Kohlen-hydrate	kcal	kjoule
500 g	Weizen	58,5	10	346,5	1.710	7.180
300 g	Milch	9,6	10,5	14,1	189	795
40 g	Hefe	3,6	0,2	4,4	38,4	161,2
100 g	Butter	0,7	83,2	0,7	754	3.167
100 g	Honig	0,3	—	81	324	1.361
50 g	Dotter	1,4	2,7	0,5	30	126
	Zitrone	—	—	—	—	—
400 g	Zwetschkenmarmelade	24	0,4	88	360	1.512
1090 g	Teiggewicht	74,1	106,6	447,2	3.045,4	14.302
1240 g	Ausbackgewicht					
in 100 g	Gebackenem	6,17	8,63	43,16	274,63	1.150

1 BE = 18,5 g
1 Buchtel 50 g = 3 BE = 137 Kilokalorien

Arbeitszeit: zirka 70 Minuten

KÄRNTNER REINDLING

500 g Weizenvollkornmehl, fein vermahlen
zirka 300 g Milch
40 g Hefe
5 g Salz
100 g Butter
100 g Honig
3 Eidotter
Salz und Abrieb einer ungespritzten Zitrone sowie die im Abschnitt „Vorarbeiten“ erwähnten Zutaten

Vorarbeiten: Zuerst wird die Trockenfülle hergestellt. 100 Gramm Nüsse, klein gehackt, 100 Gramm Dörrpflaumen, klein gehackt, 150 Gramm Rosinen, 100 Gramm Kletzen (Dörrbirnen), klein gehackt, 100 Gramm Orangeat, klein gehackt, werden mit etwas Zimt und 150 Gramm Rum gut vermischt und zugedeckt über Nacht stehengelassen. Hefe in 200 Gramm Milch (35 Grad Celsius) auflösen und mit 200 Gramm Weizenkornmehl einen Vorteig, ein „Dampfl“, machen. Gut abdecken und an einem warmen Ort zirka 20 Minuten aufgehen lassen.

Teigbereitung: Restliche Milch auf 35 Grad Celsius erwärmen und mit den übrigen Zutaten, jedoch ohne Eidotter, Salz und Butter, zu einem gut durchgekneteten Teig mischen. Das Salz mit dem Eidotter verrühren und langsam dem Teig beigeben. Nach zwei Drittel der Mischzeit Butter dazugeben. Den Teig zirka 30 Minuten zugedeckt gären lassen und dann noch einmal kräftig durchmischen. Nach einer weiteren Teigruhe von 30 Minuten aufarbeiten. Teig in zwei Teile aufteilen und rundwirken. 10 Minuten liegen lassen und jeden Fleck zu einem Rechteck, ungefähr fingerdick, ausrollen. Mit zerlassener Butter dünn bestreichen, die Fülle auftragen und gleichmäßig verteilen. Wie eine Biskuitroulade zusammenrollen und in zwei gefettete Pfannen wegsetzen. Zirka 45 Minuten gären lassen, mit Ei bestreichen und im vorgeheizten Ofen bei 180 Grad Celsius backen.
Backdauer: zirka 60 Minuten

Dieser wohlschmeckende Kärntner Reindling ist ein Brauchtumsgebäck aus Kärnten. Äußerst beliebt bei Gästen, ist er daher in diesem Land auf jeder Festtafel zu finden.

Kärntner Reindling		Eiweiß	Fett	Kohlen-hydrate	kcal	kjoule
500 g	Weizen	58,5	10	346,5	1.710	7.180
300 g	Milch	9,6	10,5	14,1	189	795
40 g	Hefe	3,6	0,2	4,4	38,4	161,2
100 g	Butter	0,7	83,2	0,7	754	3.167
100 g	Honig	0,3	—	81	324	1.361
50 g	Dotter	1,4	2,7	0,5	30	126
100 g	Nüsse	15	64	13,5	690	2.898
100 g	Dörrpflaumen	2,3	0,6	69,4	33	138
150 g	Rosinen	3,5	0,75	96	403	1.687,5
100 g	Kletzen	3,1	1,8	61,1	273	1.142
150 g	Rum	—	—	45	249	1.045,5
1690 g	Teiggewicht	98	173,75	732,2	4.693,9	19.701,2
1410 g	Ausbackgewicht					
in 100 g	Gebackenem	7	12,5	52	333	1.394

1 BE = 14,5 g
1 Stück 80 g = zirka 5,5 BE = 265 Kilokalorien

Arbeitszeit: zirka 50 Minuten

Plunderteig

ARBEITSANLEITUNG UND BESCHREIBUNG DES TOURIERENS (DES EINSCHLAGENS IN FETT)

Aus Plunderteig hergestellte Gebäckstücke sind typisches Kaffegebäck, das wegen seines angenehmen Geschmacks sehr beliebt ist. Plunderteigstücke schmecken frischer als die aus Blätterteig hergestellten Mehlspeissorten, werden aber auch schneller alt. In Hefeteig wird Butter eingeschlagen, genauso wie beim Blätterteig, gibt jedoch nicht zwei einfache und zwei doppelte Touren, sondern drei einfache Touren. Beim Backen werden Gärgase und Dämpfe frei, die durch die fetten Teigschichten nicht entweichen können. So entsteht die blättrige Struktur. Richtig hergestelltes Plunderteiggebäck ist blättrig, knusprig und locker: eine wahre Delikatesse zum Kaffee.

Die Grundregeln bei der Gebäckherstellung sind die gleichen wie beim Blätterteig, nur soll man hier gefettete Backbleche verwenden. Die Backtemperatur soll 210 bis 220 Grad Celsius betragen, da sonst eine zu starke Bräunung aufgrund des höheren Honiganteils eintritt.

Tourieren
Der Grundteig wird zu einem Rechteck von 1,5 Zentimeter Dicke ausgerollt. In der Mitte des Flecks den Butterziegel legen und in Briefumschlagform die Teigenden darüberschlagen. Den Teig jetzt wieder zu einem Rechteck mit einer Dicke von 1,5 Zentimeter ausrollen und zu drei gleichen Teilen übereinanderschlagen. Abermals in Rechteckform ausrollen — in eine Dicke von 1,5 Zentimeter. Die schmalen Seiten des Rechtecks in die Mitte legen, daß sich die Teigenden berühren. Die beiden Teile nun genauso, als würde man ein Buch zusammenschlagen, übereinanderlegen. Wir haben jetzt eine einfache und eine doppelte Tour eingeschlagen. Das Teigstück nun mit einem feuchtem Tuch bedecken und eine Stunde an einen kühlen Ort stellen. Nach dieser Ruhezeit folgen eine einfache und eine doppelte Tour. Noch einmal eine Stunde kühlstellen, und Sie haben einen gebrauchsfertigen Blätterteig.

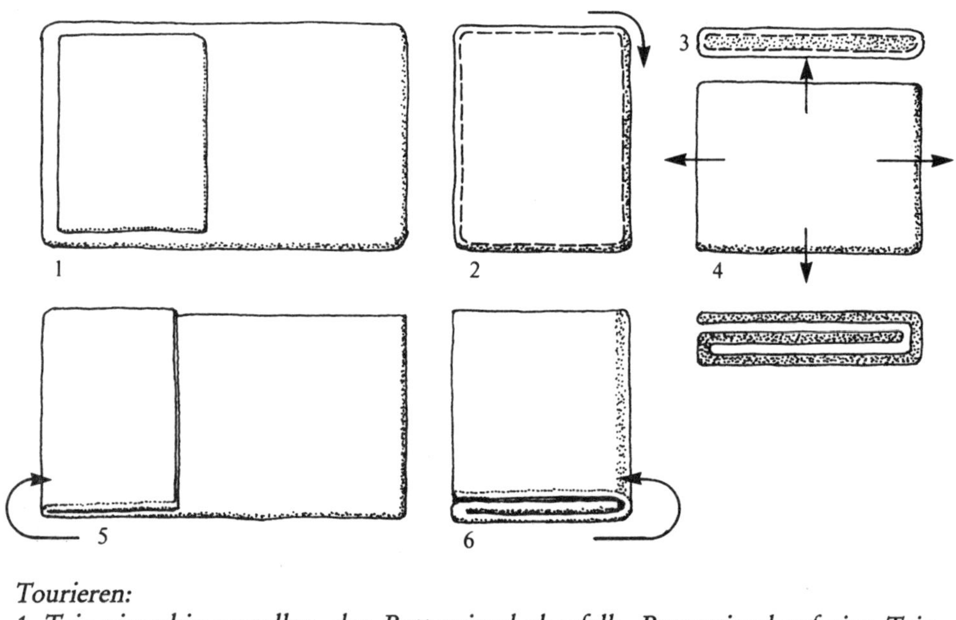

Tourieren:
1. Teig viereckig ausrollen, den Butterziegel ebenfalls. Butterziegel auf eine Teighälfte geben.
2. Die andere Teighälfte über den Butterziegel schlagen, an den Rändern abdrücken.
3. bis 5. Teig viereckig größer ausrollen. Ein Drittel des Teiges von links her einschlagen, dann ein Drittel von rechts her.
6. So soll der eingeschlagene Teig aussehen.

PLUNDERTEIG

Hefeteig:
1000 g Weizenvollkornmehl
zirka 600 g Milch, zirka 20 Grad Celsius
100 g Honig
150 g Butter
20 g Salz
80 g Hefe
3 ganze Eier
3 Eidotter
geriebene Zitronenschale.

Butterziegel:
500 Gramm Butter mit 150 Gramm Weizenvollkornmehl zu einem Butterziegel verarbeiten und in den Kühlschrank legen (5 Stunden vor dem Tourieren).

Teigbereitung: Wesentlich ist, daß alle Zutaten kalt verarbeitet werden. Hefe und Honig in der Milch auflösen und mit den anderen Zutaten zu einem Teig vermischen. Salz mit den Eiern verrühren, langsam dem Teig beimischen. Nach zwei Drittel der Mischzeit die Butter dazugeben. Den Teig kräftig durchmischen und anschließend 60 Minuten mit feuchtem Tuch zugedeckt an einem kühlen Ort stellen. Nach dieser Zeit der Geschmacksbildung kann bereits mit dem Tourieren begonnen werden. Plunderteig eignet sich zum Tiefgefrieren, allerdings nur für kurze Zeit — bis zirka vier Tage. Am besten geformt einfrieren, nach Gebrauch vom Tiefgefrierfach herausnehmen, zirka zwei Stunden bei Zimmertemperatur auftauen lassen und backen. Eine andere Form der Gärunterbrechung ermöglicht ebenfalls ein rationelleres Aufarbeiten und eine ausgezeichnete Qualität: die geformten Plunderteigstücke in das Kühlfach geben und am nächsten Tag, wenn Sie Gäste haben oder eine Party feiern, herausbacken. Die Gärung wird für kurze Zeit unterbrochen, kommt zum Stillstand und beginnt erst wieder, wenn die Gebäckstücke bei Zimmertemperatur aufgetaut werden. Die Lagerung im Kühlfach ist nicht länger als 20 Stunden zu empfehlen, da sonst ein negativer Effekt eintritt: das Gebäck wird klein und grau. Aus Plunderteig werden „Polsterzipf“, „Zimtschnecken“, „Marzipankronen“ und „Plunderbrezen“ hergestellt.

Plunderteig		Eiweiß	Fett	Kohlenhydrate	kcal	kjoule
1150 g	Weizen	149,50	23	701,50	4.025	16.848,65
500 g	Milch	6	18,5	34,5	330	1.381,38
100 g	Honig	0,3	—	81	324	1.356,27
650 g	Butter	5,20	546	390	5.070	21.223,02
20 g	Salz	—	—	—	—	—
80 g	Hefe	9,70	0,32	8,8	76,8	321,49
3 ganze	Eier	21	18	—	186	778,60
3	Dotter	8,4	16,20	0,30	180	753,48
2800 g	Teiggewicht	200,10	622	830	10.191,80	42.662,90
2340 g	Ausbackgewicht					
in 100 g	Gebackenem	8,56	26,6	35,5	435,55	1.823,20

1 BE = 12 g — *Arbeitszeit:* zirka 70 Minuten
1 Stück Plunderteig 50 g = zirka 4 BE = 218 Kilokalorien

Gebäcke aus Vollkorn-Plunderteig

MARZIPANKRONEN

Plunderteig zirka vier Millimeter dick ausrollen, in Rechtecke von zirka 12 x 8 Zentimeter einteilen und gut durchschneiden. In der Mitte jedes Rechteckes mittels Dressiersack einen dünnen Streifen Marzipanfülle (siehe Seite 120) aufdressieren. Nicht zuviel Fülle geben, sonst schmeckt das Gebäckstück zu üppig. Die Ränder mit Eiklar bestreichen, zusammenschlagen und gut abdrücken. An einer Seite Einschnitte machen, aber nicht bis zur Marzipanfülle, sonst rinnt diese während des Backens aus. Mit Ei bestreichen, mit gestiftelte Mandeln bestreuen und sehr stark gebogen, „kipferlförmig", auf das gefettete Backblech wegsetzen. Gärdauer zirka 40 Minuten. Im vorgeheizten Ofen bei 210 Grad Celsius backen. Wassergefäß dazustellen.

50 g Plunderteig	4 BE	218 kcal
20 g Marzipanfülle	2 BE	114 kcal
5 g Mandeln	0,6 BE	32 kcal
1 Marzipankrone	6,6 BE	364 kcal

PLUNDERBREZEN

Plunderteig zirka zwei Millimeter dick zu einem Rechteck von 70 x 40 Zentimeter ausrollen. Das ganze Rechteck mit zerlassener Butter gut bestreuen, geriebene Haselnüsse und etwas Zimt auf den Fleck streuen. Die obere Hälfte über die untere schlagen, so daß eine Breite von zirka 21 Zentimeter entsteht, und in 15 Zentimeter dünne Streifen schneiden. Die Streifen werden langgerollt und dann eingedreht: Mit der einen Hand nach oben, mit der anderen Hand nach unten drehen! Die gedrehten Streifen zu Brezen formen. Nach einer Gärzeit von zirka 30 Minuten mit Ei bestreichen, mit gebackenen Haselnüssen bestreuen und im vorgeheizten Ofen bei 210 Grad Celsius backen. Wassergefäß dazustellen.

40 g Plunderteig	3,2 BE	174 kcal
10 g Haselnüsse	1,4 BE	69 kcal
1 Plunderbrezen	4,6 BE	243 kcal

KLOSTERKIPFERL (KLOSTERHÖRNCHEN)

Plunderteig zirka vier Millimeter dick ausrollen, in Rechtecke von 12 x 8 Zentimeter einteilen und schneiden. In der Mitte jedes Rechtecks mit einem Dressiersack einen Streifen Aprikosenmarmelade auftragen. Die Ränder mit Eiklar bestreichen, zusammenschlagen und gut abdrücken, an einer Seite Einschnitte machen, aber nicht bis zur Marmelade, sonst rinnt diese während des Backens aus. Mit Ei bestreichen, mit Mandelsplittern bestreuen und „kipferlförmig" auf das gefettete Backblech setzen. Zirka 40 Minuten gären lassen und im vorgeheizten Ofen bei einer Temperatur von 210 Grad Celsius backen. Wassergefäß dazustellen.

50 g Plunderteig	4 BE	218 kcal
30 g Aprikosen-marmelade	0,5 BE	27 kcal
1 Klosterkipferl	4,5 BE	245 kcal

NUSSKIPFERL (NUSSHÖRNCHEN)

Plunderteig zirka drei Millimeter dick ausrollen. Den Fleck in Quadrate einteilen (10 x 10 Zentimeter) und gut durchschneiden. Nußfülle diagonal über den Fleck dressieren, die Ränder mit Eiklar bestreichen und sorgfältig zu einem Kipferl (Hörnchen) ausrollen. Mit Ei bestreichen und in gehackte Walnüsse tunken. Hörnchen (kipferlförmig) auf ein gefettetes Blech setzen und im vorgeheizten Rohr bei einer Temperatur von 210 Grad Celsius backen. Die Garzeit beträgt zirka 40 Minuten. Wassergefäß dazustellen.

50 g Plunderteig	4 BE	218 kcal
22 g Nußfülle	2 BE	96 kcal
1 Nußkipferl	6 BE	314 kcal

MOHNKIPFERL (MOHNHÖRNCHEN)

Mohnhörnchen/Mohnkipferl werden wie Nuß(hörnchen)kipferl ausgearbeitet, nur mit Mohnfülle gefüllt und nach dem Streichen in Mohn getunkt.

50 g Plunderteig	4 BE	218 kcal
19 g Mohnfülle	1,5 BE	82 kcal
1 Mohnkipferl	5,5 BE	300 kcal

POLSTERZIPF

Plunderteig zirka drei Millimeter dick ausrollen, quadratisch einteilen (10 x 10 Zentimeter) und gut durchschneiden. Apfelmarmelade diagonal über den Fleck dressieren, die Ränder mit Eiklar bestreichen und zu einem Dreieck zusammenschlagen. Mit Ei bestreichen und mit gehobelten Mandeln bestreuen. Auf ein gefettetes Backblech setzen und im vorgeheizten Rohr bei einer Temperatur von 210 Grad Celsius backen. Die Gärzeit beträgt zirka 40 Minuten. Beim Backen Wassergefäß in den Ofen stellen.

50 g Plunderteig	4 BE	218 kcal
30 g Apfelmarmelade	1,7 BE	82 kcal
1 Polsterzipf	5,7 BE	300 kcal

ZIMTSCHNECKEN

Plunderteig rechteckig zu einem Fleck ausrollen, zirka 60 x 30 Zentimeter, drei Millimeter dick. Zimtschneckenfülle (siehe Seite 119) gleichmäßig aufstreichen und Teig wie eine Roulade zusammenrollen. Achten Sie bitte, daß beim Einrollen keine Hohlräume entstehen. Die Teigrolle in zirka 30-Zentimeter-Stücke einteilen und mit einem scharfen Messer durchschneiden. Verwenden Sie ein stumpfes Messer! Sonst werden die Teigfettschichten zusammengedrückt, und der Plunderteig kann sich nicht zu seiner vollen Größe entwickeln! Die

Schnecken auf gefettete Backbleche setzen, mit Ei leicht bestreichen und mit gemahlenen Haselnüssen zart bestreuen. *Gärzeit:* zirka 30 Minuten. Im vorgeheizten Ofen bei 220 Grad Celsius backen. Wassergefäß dazustellen.

60 g Plunderteig	4,8 BE	261 kcal
40 g Fülle	4 BE	186 kcal
1 Zimtschnecke	8,8 BE	447 kcal

VOLLKORN-CROISSANTS

1000 g Weizenvollkornmehl
650 g Milch, kalt
50 g Hefe
100 g Honig
20 g Salz
350 g Butter zum Einschlagen

Vorarbeiten: 350 Gramm Butter mit 200 Gramm Weizenvollkornmehl vermengen und in den Kühlschrank stellen. Dieser Butterziegel sollte fünf Stunden vor dem Tourieren (siehe Seite 126) gekühlt gelagert werden, dann läßt er sich leichter verarbeiten.
Teigbereitung: Hefe, Honig, Salz in der kalten Milch auflösen und mit dem Vollkornmehl zu einem mittelfesten Teig verarbeiten. Der Teig muß sehr kräftig durchgeknetet und anschließend 60 Minuten an einem kühlen Ort gelagert werden. Nach dieser Ruhezeit drei einfache Touren geben (siehe Seite 126). Den tourierten Teig wieder 60 Minuten kühl lagern. Nach dieser Zeit hat der Teig eine gute Geschmacks- und Aromareife erreicht und kann aufgearbeitet werden. Den Teig zirka 2,5 Millimeter dick ausrollen und mit einem Messer gleichmäßige Dreiecke herausschneiden. Diese mit der Hand sehr sorgfältig zu Croissants aufrollen. Auf Backbleche absetzen und zirka 30 Minuten zugedeckt an einem warmen Ort aufgehen lassen. Dann mit Ei bestreichen, abtrocknen lassen und im vorgeheizten Backofen bei 200 Grad Celsius backen. Gefäß mit Wasser in das Backrohr stellen und etwas Wasser hineinschütten.
Backzeit: zirka 25 Minuten
Gut gelungene Vollkorn-Croissants sind wahre Prachtstücke auf dem Frühstückstisch. Das Aroma kommt am besten zur Geltung, wenn Sie die Croissants durchschneiden und dünn mit Butter bestreichen.

Vollkorn-Croissants		Eiweiß	Fett	Kohlenhydrate	kcal	kjoule
1000 g	Weizen	117	20	693	3.420	14.360
650 g	Milch	16	17,50	23,50	315	1.325
50 g	Hefe	6,05	0,20	7,50	48	201,50
100 g	Honig	0,30	—	81	324	1.361
350 g	Butter	2,45	291,20	2,45	2.639	11.084,50
2150 g	Teiggewicht	141,80	328,90	807,45	6.746	28.332
1670 g	Ausbackgewicht					
in 100 g	Gebackenem	8,5	20	48	404	1.691

1 BE = 12 g *Arbeitszeit:* zirka 30 Minuten
1 Croissant 40 g = zirka 3,5 BE = 162 Kilokalorien

Vollkorn-Blätterteig

ARBEITSANLEITUNG UND BESCHREIBUNG DES TOURIERENS

Zu den köstlichsten Mehlspeisen unter den Vollwertgebäcken zählen jene aus Blätterteig. Dieser wird aus einem Teig ohne Lockerungsmittel hergestellt. Er besteht aus einem *Grundteig* und einem *Butterziegel*, der im Grundteig eingeschlagen wird. Seine Lockerung kommt durch eine große Zahl von Teig- und Fettschichten zustande, die sich durch mehrmaliges Ausrollen und Einschlagen (Tourieren) des Teiges ergeben. Der Grundteig muß genau so fest sein wie der einzuschlagende Fettziegel. Ist der Teig zu fest und die Butter zu weich, dann wird die Butter aus dem Teig gedrückt. Umgekehrt: Ist der Teig zu weich und der Butterziegel zu fest, entsteht eine umgleichmäßige Blätterung.

Wesentliche Grundsätze und Grundregeln

1. *Verwenden Sie nur einwandfreies, gutes Getreide!*
2. *Besonders wichtig: die kühle Behandlung des Teiges!*
3. *Werden zu viele Touren gegeben oder wird der Teig zu dünn ausgerollt, dann entsteht eine schlechte Lockerung.*
4. *Teige immer mit feuchtem Tuch abdecken. Eine Hautbildung führt zu schlechter Blätterung.*
5. *Mehl vor dem Zusammenlegen immer gut abkehren.*
6. *Nur scharfes Messer beim Zerschneiden des Teiges verwenden, sonst werden die Lagen zusammengedrückt.*
7. *Backbleche nicht fetten, nur mit Wasser bestreichen. Das verhütet ein Zusammenziehen des Teiges.*
8. *Backtemperatur 220 bis 230 Grad Celsius. Eine schlechte Lockerung entsteht bei niedriger Hitze; bei zu scharfer Hitze blättert der Teig wild auf.*

BLÄTTERTEIG

Vorteig:
1000 g Weizenvollkornmehl
zirka 650 g Wasser, kalt
70 g Rum
10 g Butter
15 g Salz
2 Eier
Butterziegel:
750 Gramm Butter,
250 Gramm Weizenvollkornmehl

Vorarbeiten: 750 Gramm Butter mit 250 Gramm Weizenvollkornmehl zu einem Butterziegel verarbeiten und kühl stellen (5 Stunden vor dem Tourieren). Gleichzeitig 600 Gramm Wasser ebenfalls kühl stellen.
Teigzubereitung: Sämtliche Zutaten zu einem Teig mischen. Den Teig ganz kräftig und fein durchmischen und anschließend 30 Minuten gut zugedeckt

Seite 133

Oben links: Mandelgugelhupf (Napfkuchen), *daneben* Linzerschnitte und Zimtschnecke, *rechts* Apfelkrone und Egerländer.
Im Körbchen von links nach rechts: Mohnstangerl, Powidltäschchen, Käsestange, Polsterzipf; *rechts (verdeckt)* Nußkipferl (Hörnchen), *daneben* Waffelbrot, *darunter* Nußstange.

Seite 134/135

1. Mandelgugelhupf (Napfkuchen), 2. Marmorgugelhupf (Napfkuchen), 3. Nußstangen, 4. Topfen-Marillen-(Quark-Aprikosen)Täschchen, 5. Nußkipferl (Hörnchen), 6. Topfen-Marillen-(Quark-Aprikosen)Täschchen, 7. Mohnstangen, 8. Hirsekuchen, 9. Sojakuchen, 10. Reisgugelhupf (Napfkuchen), 11. Mohnstrudel, 12. Nußstrudel, 13. Kärntner Reindling, 14. Milchstriezel, 15. Hochzeitsbagn, 16. Mohnstange, 17. Nußtorte, 18. Egerländer, 19. Apfelkrone, 20. Linzertorte, 21. Linzerstange, 22. Linzerschnitten, 23. Knusperstange, 24. Marzipankronen, 25. Zimtschnecken, 26. Polsterzipf, 27. Powidltäschchen, 28. Käsestange.

Seite 136

Links oben: Kakaotorte, *rechts daneben* Nußtorte.
Mittlere Reihe links: Karotten(Möhren-)torte, *rechts:* Linzertorte.
Unten: Kärntner Reindling.

kühl stellen. Danach kann bereits der Butterziegel eingeschlagen (touriert) werden. Wichtig ist, daß der Grundteig und der Butterziegel die gleiche Festigkeit aufweisen. Bei Blätterteig wird zweimal eine einfache und eine doppelte Tour eingeschlagen. Der beschriebene Blätterteig eignet sich hervorragend zum Tiefgefrieren über mehrere Wochen. Die bereits geformten Teigstücke sind nach der Herausnahme aus dem Tiefgefrierfach gleich zu verbacken. Aus Blätterteig werden Quark/Topfengolatschen, Powidltascherl (Zwetschkentäschchen), Nuß- und Mohnstangen hergestellt.

Quark/Topfengolatschen:
Blätterteig zwei Millimeter dick ausrollen, Quadrate 10 x 10 Zentimeter schneiden, jeden Fleck mit Eiklar bestreichen und mittels eines Dressiersackes Quark/Topfenfülle (siehe Seite 122) auftragen. Teigenden in Briefumschlagform darüberlegen, mit Ei bestreichen.

Zwetschkentäschchen/Powidltascherl:
Die gleiche Arbeitsweise wie bei Golatschen, nur Powidl (Zwetschkenmarmelade), mit etwas Rum abgeschmeckt, einfüllen.

Nußstangerl:
Dreiecke ausschneiden, auf der längeren Dreieckseite Nußfülle (siehe Seite 121) aufdressieren, sorgfältig zusammenrollen, mit Ei bestreichen und in gemahlene Haselnüsse tunken, die mit etwas Zimt vermischt sind.

Mohnstangerl:
Die gleiche Arbeitsweise wie bei Nußstangen, nur Mohnfülle einfüllen und in Mohn tunken.

Backtemperatur: In ein auf 230 Grad Celsius vorgeheiztes Backrohr schieben, Wassergefäß in das Rohr stellen und etwas Wasser auf den Backrohrboden schütten.

Blätterteig		Eiweiß	Fett	Kohlenhydrate	kcal	kjoule
1250 g	Weizen	162,5	25	762,5	4.735	19.320,7
650 g	Wasser	—	—	—	—	—
70 g	Rum	—	—	21	116,2	487,9
820 g	Butter	6,56	680	4,10	6232	26.087,15
15 g	Salz	—	—	—	—	—
2	Eier	21	18	—	186	1.032
2905 g	Teiggewicht	190,06	731	787,6	11.269,2	47.172,87
2450 g	Ausbackgewicht					
in 100 g	Gebackenem	7,76	29,84	32,15	460	1.925,5

1 BE = 8,5 g — *Arbeitszeit:* zirka 70 Minuten
1 Stück Blätterteig 50 g = zirka 6 BE = 230 Kilokalorien

KÄSESTANGEN

Das einfachste Käsegebäck, das am besten schmeckt, vor allem, wenn es warm ist. Meist werden Käsestangen hergestellt, indem beim Tourieren von Blätterteig zwischen jede Lage geriebener Parmesankäse gestreut wird. Der fertig eingeschlagene Blätterteig wird nach einer kühlen Teigruhe zu einem rechteckigen Fleck ausgerollt, mit Ei bestrichen und mit Käse bestreut. Davon werden die Käsestangen herunter geschnitten.

Eine weitere Methode, Käsestangen auf leichte Art, aber dennoch mit einem ausgezeichneten Geschmack herzustellen, ist:
Wir bereiten zuerst die *Fülle:* Emmentaler und Parmesan zu gleichen Teilen wird fein gerieben und je nach Geschmack mit etwas Kümmel und Paprika gut vermischt.
Unser bereits beschriebener Blätterteig (siehe Seite 131) wird zu einem rechteckigen Fleck ausgerollt (60 x 20 Zentimeter). Dicke: zwei Millimeter. Mit Eiklar bestreichen und die Käsefüllung aufstreichen. Die obere Hälfte über die untere schlagen, so daß eine Breite von zirka zehn bis zwölf Zentimeter entsteht. In Streifen von drei Zentimeter schneiden, mit Ei bestreichen, mit geriebenem Emmentaler bestreuen und im vorgeheizten Rohr bei einer Temperatur von 220 Grad Celsius backen. Vergessen Sie nicht, ein Wassergefäß dazuzustellen.

GEFÜLLTE KÄSESTANGEN

Blätterteig wird zu einem rechteckigen Fleck ausgerollt. Dicke: zwei Millimeter. Er wird in rechteckige Teile geteilt, etwa 4 x 7 Zentimeter groß, und mit Eiklar bestrichen. Emmentaler Käse schneiden wir in 1,5 x 6 Zentimeter große Stangen und reiben sie mit einer Mischung aus Paprika und Salz gut ein. Wir legen diese in die Mitte des Flecks und schlagen den Teig über dem Käse zusammen, setzen den Schluß nach unten. Auf ein Backblech setzen, mit Ei bestreichen und im vorgeheizten Rohr bei 230 Grad Celsius goldbraun backen. Wassergefäß dazustellen. Ein köstlich schmeckender Nachtisch zum Wein, zum Käse und zu frischen Trauben.

50 g Blätterteig	6 BE	230 kcal
20 g Emmentaler 45 FiT	1 BE	80 kcal
1 Käsestange	7 BE	310 kcal

NUSSSTRUDEL, MOHNSTRUDEL (KUCHEN)

1000 g Weizenvollkornmehl
zirka 350 g Milch
100 g Hefe
20 g Salz
50 g Rum
300 g Butter
300 g Honig
5 ganze Eier
etwas Zitronensaft
Nuß- oder Mohnfülle (siehe Seite 121)

Vorarbeiten: Hefe in 200 Gramm Milch (35 Grad Celsius) auflösen und mit zirka 200 Gramm Weizenvollkornmehl einen Vorteig („Dampfl") machen. Gut abdecken und an einem warmen Ort zirka 20 Minuten aufgehen lassen.
Teigbereitung: Die restliche Milch auf 35 Grad Celsius erwärmen und mit den übrigen Zutaten, jedoch ohne Eidotter, Salz und Butter, zu einem gut durchgekneteten Teig mischen. Das Salz mit den Eidottern verrühren und langsam dem Teig beigeben. Nach zwei Dritteln der Mischzeit Butter dazugeben. Den Teig zirka 30 Minuten zugedeckt gären lassen und noch einmal kräftig durchmischen. Nach einer weiteren Teigruhe von 30 Minuten aufarbeiten. Teigstücke mit je 400 Gramm abwiegen und rundwirken. Die rundgewirkten Teigmengen zirka 10 Minuten gären lassen und dann zu einem rechteckigen Fleck ausrollen (30 x 20 Zentimeter). Mit 250 bis 300 Gramm Nußfülle oder Mohnfülle (siehe Seite 121) bestreichen, die beiden

schmalen Enden zur Mitte zusammenrollen, so daß eine „Potitzenform“ entsteht. In gefettete, viereckige Backformen setzen und zirka 60 Minuten aufgehen lassen. Mit Ei bestreichen und im vorgeheizten Rohr bei 170 Grad Celsius zirka 60 Minuten backen. Wassergefäß hineingeben.

Nuß-/Mohnstrudel		Eiweiß	Fett	Kohlenhydrate	kcal	kjoule
1000 g	Weizen	117	20	693	3.420	14.360
300 g	Milch	9,6	10,5	14,1	189	795
100 g	Hefe	12,1	0,4	11	96	403
20 g	Salz	—	—	—	—	—
50 g	Rum	0,2	—	2	19	80
300 g	Butter	2,1	249,6	2,1	2.262	9.501
300 g	Honig	0,9	—	243	972	4.083
250 g	Eier (5 Stück)	35	30	—	410	1.720
1500 g	Nußfülle	102	356	526	5715	23.922
3820 g	Teiggewicht	276,91	666,5	1491,2	13.083	54.864
3100 g	Ausbackgewicht					
in 100 g	Gebackenem	8,93	21,5	48	422	1.770

1 BE = 12 g — *Arbeitszeit:* zirka 60 Minuten
1 Schnitte 70 g = zirka 6 BE = 295 Kilokalorien

EGERLÄNDER

Aus Vollkorn-Strudelteig wiegen wir Teigstücke von je 200 Gramm ab und wirken sie rund. Zirka zehn Minuten angären lassen und mit dem Rundholz rund ausrollen (Durchmesser: zirka 15 bis 20 Zentimeter). Mittels Dressiersack verteilen wir nun gleichmäßig Nuß, Mohn, Powidl und Quark/Topfenfülle. In der Mitte eine große Belegkirsche geben. Den so verzierten „Egerländer“ zirka 40 Minuten gären lassen, dann bei einer Temperatur von 170 Grad Celsius zirka 40 bis 50 Minuten lang hellbraun backen. Wassergefäß dazustellen.

Egerländer		Eiweiß	Fett	Kohlenhydrate	kcal	kjoule
200 g	Strudelteig	16,44	29	89,8	685,40	2.878,40
50 g	Nußfülle	3,70	13,32	14,5	196,76	826
50 g	Mohnfülle	3,67	12,85	19	205,90	864,50
50 g	Quark-/Topfenfülle	5,60	5,80	13,60	128,30	539,40
50 g	Zwetschkenmarmelade	0,15	—	34	136,50	571
400 g	Teiggewicht	29,56	60,97	170,90	1.352,86	5.679,30
350 g	Ausbackgewicht					
in 100 g	Gebackenem	8,5	17,5	49	387	1.622

1 BE = 13 g — *Arbeitszeit:* zirka 20 Minuten
1 Stück 70 g = zirka 5,5 BE = 273 Kilokalorien

ZWETSCHKENFLECK

Wir bereiten einen Vollkorn-Strudelteig von zirka 700 Gramm und wirken ihn rund. Rund 10 Minuten angären lassen, dann mit einem Rollholz einen rechteckigen Fleck in Backblechgröße ausrollen. Auf das gefettete Backblech legen und einen Teigrand herausdrücken. Den Fleck mit Quark/Topfenfülle bestreichen (zirka 5 Millimeter) und mit eingeschnittenen Zwetschken (mit der Fruchtseite nach oben) belegen. Mit Butterstreusel (200 Gramm Butter, 200 Gramm Honig, zirka 300 Gramm Weizenvollkornmehl) überstreuen und im vorgeheizten Ofen bei 170 Grad Celsius backen. Je nach Jahreszeit kann man diesen Fleck mit verschiedensten Früchten belegen. Etwa mit Äpfeln, Johannisbeeren/Ribiseln, Weintrauben. Eine herrliche Geschmacksvariante ist die Verbindung Quark/Topfen mit Aprikosen oder saftigen Pfirsichen.

Zwetschkenfleck		Eiweiß	Fett	Kohlenhydrate	kcal	kjoule
700 g	Strudelteig	57,54	101,50	314,30	2.398,90	10.073
150 g	Quark-/Topfenfülle	16,80	17,40	41,80	384,90	1.618,20
1500 g	Zwetschken	9,00	1,50	240	1.005	4.200
200 g	Butter	1,40	166,80	1,40	1.508	6.334
200 g	Honig	0,60	—	162	648	2.722
300 g	Weizen	35,10	6	207,90	1.026	4.308
3050 g	Teiggewicht	120,44	293,20	967,40	6.970,80	29.255,20
2500 g	Ausbackgewicht					
in 100 g	Gebackenem	5	12	39	279	1.170

1 BE = 17 g

1 Stück 100 g = zirka 6 BE = 279 Kilokalorien

Arbeitszeit: zirka 30 Minuten

QUARKKUCHEN/TOPFENSTRUDEL

500 g Weizenvollkornmehl
120 g Honig
120 g Butter
40 g Hefe
zirka 350 g Milch
3 Dotter
10 g Salz
eine halbe Vanilleschote, gerieben
geriebene Zitronenschale

Quark-/Topfenfülle

500 g Quark/Topfen, (10% Fett, doppelt passiert),
100 g Butter
100 g Honig
100 g Rosinen
5 Eidotter
geriebene Zitronenschale
1 Messerspitze Vanille, gerieben
1 Prise Salz
30 g Sojamehl zur besseren Bindung

Butter und Honig schaumig rühren, die Eier langsam dazugeben und dann mit den anderen Zutaten vermischen.

Teigbereitung:
Aus Hefe, 200 Gramm Milch (35 Grad Celsius) und 200 Gramm Weizenvollkornmehl einen Vorteig („Dampfl“)

machen. Zirka 20 Minuten gut zugedeckt stehen lassen. Die restliche Milch auf 35 Grad Celsius erwärmen und mit den übrigen Zutaten, jedoch ohne Eidotter, Salz und Butter, zu einem gut durchgekneteten Teig mischen. Das Salz mit den Eidottern verrühren und langsam dem Teig beigeben. Nach zwei Dritteln der Mischzeit Butter dazugeben. Den Teig zirka 30 Minuten zugedeckt gären lassen und dann abermals kräftig durchmischen. Nach einer weiteren Teigruhe von 30 Minuten aufarbeiten. Den Teig auf einer bemehlten Arbeitsfläche zu einem großen Rechteck (zirka einen Zentimeter dick) ausrollen. Mit der Quark/Topfenfülle bestreichen, dabei an einer Seite einen zirka vier Zentimeter freien Rand lassen. Der Länge nach von der gegenüberliegenden Seite her aufrollen. Die Rolle in zwei Teile teilen, die Enden mit Teig gut abschließen, damit die Fülle nicht austreten kann. Auf ein gefettetes Blech setzen und zirka 40 Minuten gären lassen. Mit Ei bestreichen und im vorgeheizten Ofen bei 200 Grad Celsius zirka 50 Minuten backen. Wassergefäß dazustellen.

Den Quark/Topfenstrudel kann man warm und kalt servieren. Er eignet sich auch hervorragend zum Einfrieren.

Quarkkuchen/Topfenstrudel und -fülle		Eiweiß	Fett	Kohlenhydrate	kcal	kjoule
500 g	Weizen	58,5	10	346,5	1.710	7.180
120 g	Honig	0,4	—	97,2	388,8	1.633,2
120 g	Butter	0,8	100	0,8	904,8	3.800,4
40 g	Hefe	4,8	0,2	4,4	38,4	161,2
300 g	Milch	9,6	10,5	14,1	189	795
50 g	= 3 Dotter	8,4	16,2	0,3	180	756
10 g	Salz	—	—	—	—	—
1240 g	Teiggewicht	82,5	136,9	463,3	3.410	14.325,8
500 g	Quark/Topfen	86	3	9	405	1.700
100 g	Butter	0,7	83,2	0,7	754	3.167
100 g	Honig	0,3	—	81	324	1.361
100 g	Rosinen	2,3	0,5	64	269	1.125
250 g	= 5 Dotter	14	27	0,5	300	1.260
30 g	Soja	13	2	11	114	478,8
1080 g		116,3	115,7	166,2	2.166	9.091,8
2320 g		198,8	252,6	629,5	5.576	23.417,6
2000 g	Ausbackgewicht					
in 100 g	Gebackenem	10	12,5	31,5	279	1.171

1 BE = 20 g
1 Stück 80 g = 4 BE = 224 Kilokalorien

Arbeitszeit: zirka 90 Minuten

KAFFEEKUCHEN

1000 g Weizenvollkornmehl
zirka 450 g Milch
80 g Hefe
250 g Honig
200 g Butter
20 g Salz
70 g Rum
6 Dotter
etwas Zitronensaft
Marzipanfülle (siehe Seite 120)

Vorarbeiten: Hefe in 200 Gramm Milch (35 Grad Celsius) auflösen und mit zirka 200 Gramm Weizenvollkornmehl einen Vorteig („Dampfl") machen. Gut abdecken und an einem warmem Ort zirka 20 Minuten aufgehen lassen.

Teigbereitung: Die restliche Milch auf 35 Grad Celsius erwärmen und mit den übrigen Zutaten, jedoch ohne Eidotter, Salz und Butter, zu einem gut durchgekneteten Teig mischen. Das Salz mit den Eidottern verrühren und langsam dem Teig beigeben. Nach zwei Dritteln der Mischzeit Butter dazugegeben. Den Teig zirka 30 Minuten zugedeckt gären lassen und dann noch einmal kräftig durchmischen. Nach einer weiteren Teigruhe von 30 Minuten aufarbeiten. Teigstücke von je 450 Gramm abwiegen und rundwirken. Die rundgewirkten Teiglinge zirka 10 Minuten gären lassen und dann zu einem rechteckigen Fleck ausrollen (30 x 20 Zentimeter). Mit 150 Gramm selbstgemachter Marzipanfülle bestreichen und wie eine Roulade zusammenrollen. Die Rolle in der Mitte mit einem scharfen Messer durchschneiden und die zwei Teigstränge ineinander flechten und aufdrehen. In gefettete, viereckige Backformen setzen und zirka 50 Minuten gut aufgehen lassen. Mit Ei bestreichen, mit Mandelsplittern bestreuen und im vorgeheizten Rohr bei einer Temperatur von 170 Grad Celsius zirka 50 Minuten backen. Wassergefäß dazustellen.

Kaffeekuchen		Eiweiß	Fett	Kohlenhydrate	kcal	kjoule
1000 g	Weizen	117	20	693	3.420	14.360
400 g	Milch	12,8	14	18,8	252	1.060
80 g	Hefe	9,7	0,3	8,8	76,8	322,4
250 g	Honig	0,75	—	202,5	810	3.402,5
200 g	Butter	1,4	166,4	1,4	1.508	6.334
20 g	Salz	—	—	—	—	—
70 g	Rum	—	—	21	116,2	487,9
100 g	6 Dotter	16,8	32,4	0,6	360	1.512
750 g	Marzipanfülle	86,5	285	262	3960	16.576
2870 g	Teiggewicht	245	51,8	1208	10.503	44.055
2400 g	Ausbackgewicht					
in 100 g	Gebackenem	10,2	21,5	50	438	1.832

1 BE = 12 g
1 Schnitte 70 g = zirka 6 BE = 301 Kilokalorien

Arbeitszeit: zirka 65 Minuten

GUGELHUPF (NAPFKUCHEN)

1000 g Weizenvollkornmehl
zirka 450 g Milch
80 g Hefe
15 g Salz
300 g Honig
400 g Butter
100 g Rosinen
100 g Korinthen
100 g geschälte, gehackte Mandeln
100 g Zitronat und Orangeat, gemischt
6 ganze Eier
4 Eidotter
80 g Schlagsahne
abgeriebene Zitronenschale
200 g Rum

Vorbereitungsarbeiten: Rum mit den Früchten gut vermischen.
Teigbereitung: Hefe und gesamte Milch auf 35 Grad Celsius erwärmen und mit 400 Gramm Weizenvollkornmehl einen Vorteig („Dampfl“) machen. Diesen gut zugedeckt an einem warmen Ort zirka 20 Minuten gären lassen. In der Zwischenzeit Butter, Honig und Eier schaumig schlagen. Gewürze und Schlagsahne dazugeben. Vorteig („Dampfl“) und die schaumige Eiermischung zusammengeben und mit dem Vollkornmehl zu einem Teig mischen. Zum Schluß werden die Früchte untergearbeitet. Den Teig jetzt nicht mehr lange mischen, sonst wird er grau und unansehnlich. Zirka 30 Minuten gären lassen und noch einmal kräftig durchmischen.
Napfkuchen/Gugelhupfform fetten, mit gehobelten Mandeln ausstreuen, Teig einfüllen und zirka 30 bis 40 Minuten gären lassen. Im vorgeheizten Ofen bei 170 Grad Celsius zirka 60 bis 70 Minuten backen.
Napfkuchen/Gugelhupf ist in unseren Breitegraden der beliebteste Hefeteig. Die ersten „Gugelhupfformen“ sind bereits im 15. Jahrhundert aufgetaucht.

Gugelhupf (Napfkuchen)		Eiweiß	Fett	Kohlenhydrate	kcal	kjoule
1000 g	Weizen	117	20	693	3.420	14.360
450 g	Milch	14,4	15,75	21,15	283,5	1.192,5
80 g	Hefe	9,7	0,30	8,80	76,8	322,4
15 g	Salz	—	—	—	—	—
300 g	Honig	0,9	—	243	972	4.083
400 g	Butter	2,8	332,80	2,80	3.016	12.668
100 g	Rosinen	2,3	0,50	64	269	1.125
100 g	Korinthen	2,3	0,50	64	269	1.125
100 g	Mandeln	19	54	19,50	640	2.688
100 g	Zitrone	0,4	0,20	8	35	146
300 g	6 ganze Eier	32	36	—	492	2.064
70 g	4 Dotter	11,2	21,60	0,40	240	1.008
80 g	Schlagsahne	1,9	25,40	2,70	247,2	1.038,40
200 g	Rum	—	—	60	332	1.394
3295 g	Teiggewicht	1213,9	507,05	1.187,35	10.292,5	43,214,3
2750 g	Ausbackgewicht					
in 100 g	Gebackenem	8	18,5	44	375	1.567

1 BE = 13 g
1 Stück 80 g = zirka 6 BE = 296 Kilokalorien

Arbeitszeit: zirka 50 Minuten

In Tonerdeform gebacken, bleibt er besonders lange frisch. Dieses hervorragende Gebäck behauptet seit jeher seinen angestammten Platz auf vielen Fest- beziehungsweise Kaffeetafeln, etwa als „Geburtstagsgugelhupf".

Ein guter Tip: Bevor Sie den Teig in die Form füllen, legen Sie den gerippten Boden der Form mit geschälten Mandeln aus. In jede Hippe gleichmäßig verteilen. Das Prunkstück wird dadurch viel freundlicher.

STRIEZEL

1000 g Weizenvollkornmehl
zirka 550 g Milch, zirka 20 Grad Celsius
40 g Hefe
15 g Salz
150 g Honig
200 g Butter
100 g Rosinen
50 g Orangeat
100 g Rum
2 ganze Eier

Vorbereitungsarbeiten: Rosinen und Orangeat in Rum einweichen.
Teigbereitung: Hefe und Honig in der Milch auflösen und mit den anderen Zutaten zu einem Teig mischen. Salz mit den Eiern verrühren und langsam dem Teig beimischen. Nach zwei Dritteln der Mischzeit die Butter dazugeben, nach der Butter die eingeweichten Rosinen und Orangeat. Den Teig 30 Minuten zugedeckt gären lassen und dann noch einmal kräftig durchmischen. Nach einer weiteren Teigruhe (20 Minuten) aufarbeiten. Teigstücke von je 50 Gramm abwiegen und rundwirken. Die rundgewirkten Teiglinge zirka 5 Minuten gären lassen und dann zu zirka 30 Zentimeter langen Strängen formen. Das gleichmäßige Ausrollen der Stränge ist für das Aussehen und die Form des Striezels von großer Wichtigkeit. Beim Flechten achten Sie bitte darauf, daß die einzelnen Stränge gleich straff geflochten werden. Die einfachste Form des Flechtens geschieht mit drei Strängen. Höher und schöner wird der Striezel mit vier Strängen. Nach dem Flechten auf Backbleche setzen, mit Ei bestreichen und mit gehobelten Mandeln bestreuen. Zirka 30 Minuten gären

Striezel		Eiweiß	Fett	Kohlenhydrate	kcal	kjoule
1000 g	Weizen	117	20	693	3.420	14.360
500 g	Milch	6	18,5	34,5	330	1.380
40 g	Hefe	4,8	0,2	4,4	38,4	161,2
15 g	Salz	—	—	—	—	—
150 g	Honig	0,45	—	121,5	486	2.041,5
200 g	Butter	1,40	166,4	1,4	1.508	6.334
100 g	Rosinen	2,30	0,5	64	269	1.125
50 g	Orangeat	1,20	0,25	32	134,5	562,5
100 g	Rum	—	—	30	166	697
2155 g	Teiggewicht	133,15	205,85	980,8	6.351,9	26.661,2
1830 g	Ausbackgewicht					
in 100 g	Gebackenem	7,5	11,5	55	353	1.478

1 BE = 15 g
1 Stück 60 g = 4 BE = 212 Kilokalorien

Arbeitszeit: zirka 45 Minuten

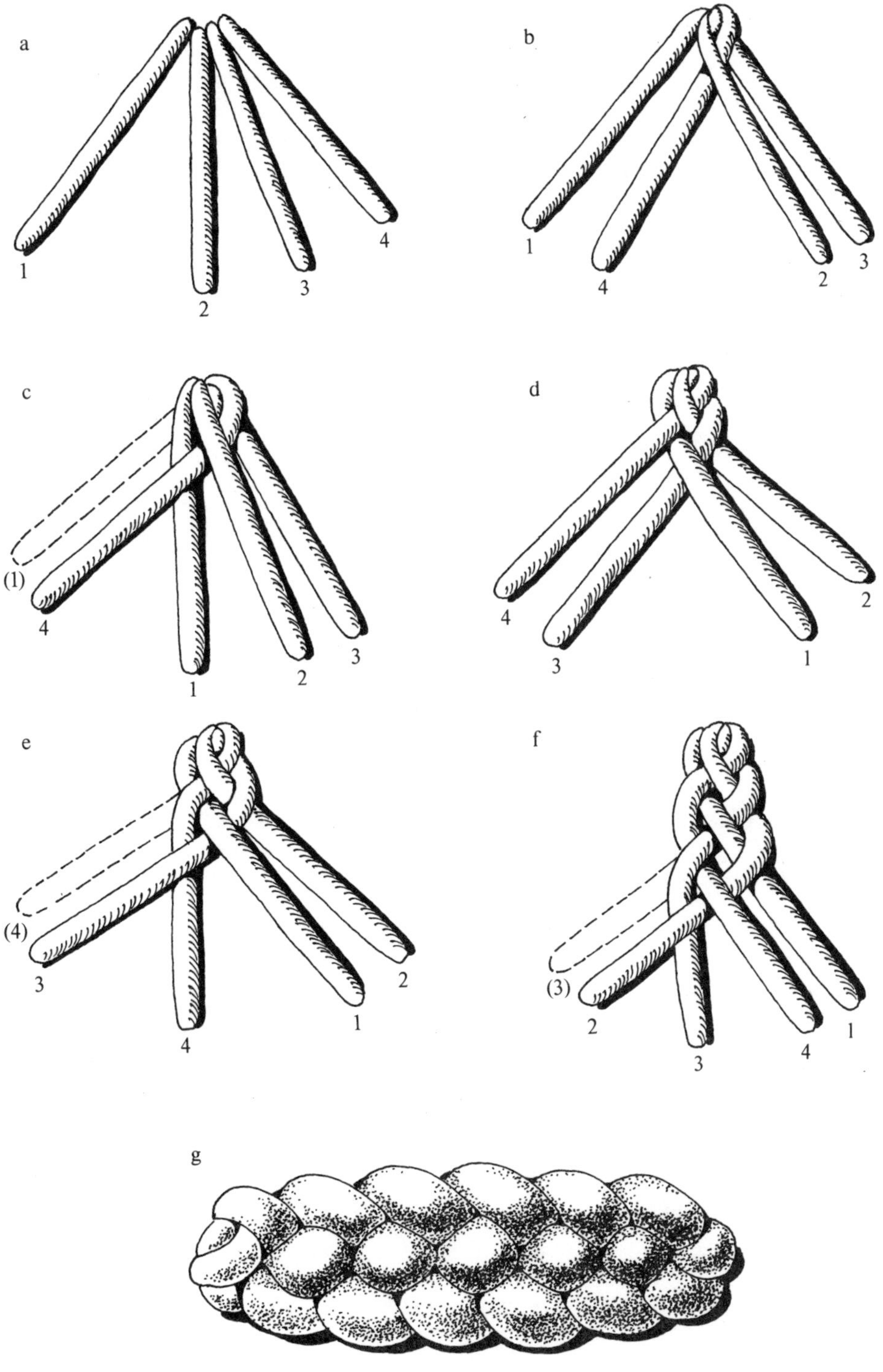

So flechtet man einen vierstrangigen Striezel (auch „Mozartzopf“ genannt).

lassen und im vorgeheizten Backrohr bei einer Temperatur von 220 Grad Celsius backen.
Es gibt eine weitere Methode des Aufarbeitens, die einfacher, bei der vor allem aber das Gelingen sicherer ist: Teigstücke von je zirka 250 Gramm abwiegen, 5 Minuten gärenlassen und dann halblang genauso wie Vollkornbrot ausrollen und in eine gefettete Form wegsetzen. Zirka 40 Minuten gären lassen, mit Ei bestreichen und mit der Schere kreuzweise einschneiden.
Backtemperatur: zirka 190 Grad Celsius

BRIOCHES

1000 g Weizenvollkornmehl
zirka 560 g Milch, 35 Grad Celsius
150 g Butter
200 g Honig
70 g Hefe
20 g Salz
5 Dotter
2 Eßlöffel Rum
ungespritzte Zitronenschale gerieben.

Hefe und Honig in der Milch auflösen und mit Zitronensaft, Rum und Vollkornmehl vermischen. Das Salz mit den Eiern verrühren und beigeben. Zuletzt die Butter dazugeben und den Teig sehr gut kneten. Den Teig 30 Minuten kühl, gut zugedeckt, lagern und noch einmal kräftig durchkneten. Nach einer weiteren kühlen Teigruhe von 30 Minuten aufarbeiten. Teigstücke von 40 Gramm auswiegen und rundwirken. Aus diesen Teigstücken können wir jetzt verschiedene Briocheformen herstellen.

Briochekipferl (Hörnchen)

Ovalen Fleck ausrollen, Hörnchen/Kipferl wickeln und auf Backblech setzen. Mit Ei bestreichen.
1 Hörnchen 35 g = 2,5 BE = 120 kcal.

Schnecken

Teigstück zu einem 15 Zentimeter langen Strang ausrollen und dann wieder zu einer Schnecke zusammenrollen. Mit Ei bestreichen und nach dem Backen „aprikotieren“ und mit gehobelten Mandeln garnieren.
1 Schnecke 35 g = 3 BE = 140 kcal.

Brioches		Eiweiß	Fett	Kohlenhydrate	kcal	kjoule
1000 g	Weizen	117	20	693	3.420	14.360
550 g	Milch	17,6	19,3	25,9	346,50	1.457,5
150 g	Butter	1,05	124,8	1,05	1.131	4.750,5
200 g	Honig	0,60	—	162	648	2.722
70 g	Hefe	8,50	0,3	7,70	67,20	282,1
20 g	Salz	—	—	—	—	—
90 g	5 Dotter	14	27	0,5	300	1.260
	2 Eßl. Rum	—	—	—	—	—
2080 g	Teiggewicht	158,75	191,4	890,15	5.912,70	24.832,1
1730 g	Ausbackgewicht					
in 100 g	Gebackenem	9,18	11,07	51,46	341,8	1.430,8

1 BE = 15 g — *Arbeitszeit:* zirka 70 Minuten
1 Brioche 35 g = zirka 2,5 BE = 120 Kilokalorien

Mohnzöpfchen

Teigstück 15 Zentimeter lang ausrollen und den Teigstrang zu einer Schlaufe mit einem verlängerten Teil auslegen. Den längeren Teil einmal unten durchziehen, mit Ei bestreichen, mit Mohn bestreuen.

Die Gärzeit beträgt zirka 40 Minuten, gebacken wird im vorgeheizten Backrohr bei 190 Grad Celsius. Gefäß mit Wasser dazustellen.

Backdauer: zirka 20 Minuten

1 Zöpfchen 35 g = 3 BE = 140 kcal.

APFELSTRUDEL (AUSGEZOGENER TEIG)

500 g Weizenvollkornmehl
zirka 400 g Milch, 30 Grad Celsius
2 Eier
1 Prise Salz
50 g Maiskeimöl

Apfelfülle:

6000 g Äpfel, geschält, klein gehackt
500 g süßes Paniermehl/süße Brösel
500 g Honig
400 g Butter
400 g Rosinen
300 g Haselnüsse, gerieben
aberiebene Zitronenschale
50 g Zimt

Vorarbeiten: Weizenvollkornmehl fein vermahlen und die Kleieteilchen aussieben. Diese werden der Apfelfülle beigemischt. Apfelfülle: Butter wird warm gemacht und mit dem Paniermehl/Bröseln vermischt. Anschließend werden alle Zutaten dazugegeben, noch einmal gut durchgemischt, einschließlich der ausgesiebten Kleie.

Teigbereitung: Eier und Salz in der auf 30 Grad Celsius erwärmten Milch auflösen und mit Weizenvollkornmehl und Maiskeimöl zu einem Teig mischen.

Apfelstrudel		Eiweiß	Fett	Kohlenhydrate	kcal	kjoule
500 g	Weizen	58,5	10	346,5	1.710	7.180
400 g	Milch	12,8	14	18,8	252	1.060
100 g	2 Eier	14	12	—	164	688
50 g	Maiskeimöl	—	50	—	449,5	1.888
1050 g	Teiggewicht	85,3	86	365,3	2.575,5	10.816
6000 g	Äpfel	12	36	810	3.600	15.060
500 g	Paniermehl/Brösel	58	8,5	345	1.690	5.712
500 g	Honig	1,5	—	405	1.620	6.805
400 g	Butter	2,8	332,8	2,80	3.016	12.668
400 g	Rosinen	9,2	2	256	1.076	4.500
300 g	Haselnüsse	39	183	41,10	1.968	8.265
50 g	Zimt	—	—	—	—	—
8150 g	Fülle	122,5	562,3	1.859,90	12.970	53.010
9200 g	Rohgewicht	207,8	648,3	2.225,20	15.545,5	63.826
8300 g	Ausbackgewicht					
in 100 g	Gebackenem	2,5	7,8	26,8	187	784

1 BE = 24 g

Arbeitszeit: zirka 65 Minuten

1 Schnitte 100 g = zirka 4 BE = 187 Kilokalorien

Den Teig besonders lange kneten, bis er geschmeidig ist. Die Oberfläche mit Öl bestreichen und zugedeckt an einem warmen Ort 60 Minuten rasten lassen. Nun auf ein gut bemehltes Küchentuch legen und mit dem Rollholz einen großen, viereckigen Fleck ausrollen. Die Finger mit Öl bestreichen, unter den Teig fassen und von der Mitte aus mit beiden Handrücken vorsichtig und langsam nach allen Seiten ausziehen. Den Teig hauchdünn ausziehen: man muß fast durchsehen können. Es dürfen keine Löcher entstehen. Den ausgerollten Fleck dünn mit zerlassener Butter bestreichen und die Apfelfülle gleichmäßig auf zwei Drittel des Fleckes verteilen. Das letzte Drittel soll frei bleiben, damit die äußere Mitte verstärkt wird. Mit Hilfe des Tuches wird der Strudel aufgerollt. Man beginnt mit der Seite, die gefüllt ist. Den Strudel aufteilen und die einzelnen Stücke auf ein gefettetes Backblech legen. Etwas Butter zergehen lassen, ein Ei darin gut verrühren und damit die Oberfläche bestreichen. Durch die Butter wird die Oberfläche mürb, das Ei gibt dem Strudel ein schöneres Aussehen. Im vorgeheizten Ofen bei 220 Grad Celsius zirka 50 Minuten lang backen. Wassergefäß dazustellen.

FASCHINGSKRAPFEN

1000 g Weizenvollkornmehl
150 g Honig
150 g Butter
5 Dotter
70 g Hefe
15 g Salz
600 g Milch
50 g Rum
abgeriebene Zitronenschale, ungespritzt
Vanille
Aprikosen-/Marillenmarmelade
Erdnußfett

Vorbereitung: Mit 250 Gramm gewärmter Milch, Hefe und zirka 250 Gramm Weizenvollkornmehl einen Vorteig („Dampfl") machen. Gut zugedeckt zirka 20 bis 30 Minuten stehen lassen, bis die bestaubte Oberfläche Sprünge (Risse) zeigt.

Teigbereitung: Hefe und Honig in der restlichen erwärmten Milch auflösen und mit dem Vorteig („Dampfl"), dem Rum und dem restlichen Vollkornmehl zu einem Teig mischen. Eidotter mit Salz verrühren und langsam beigeben. Im letzten Drittel des Verrührens wird die locker aufgeschlagene Butter dazugegeben. Den „gedampfelten" Teig nach dem Mischen zirka 20 Minuten liegen lassen, abermals kräftig durcharbeiten und nach einer weiteren Teigruhe von 20 Minuten aufarbeiten. Den Teig auf einem mit Vollkornmehl bestäubten Brett zirka 1,5 Zentimeter dick ausrollen. Scheiben von zirka sechs bis sieben Zentimeter Durchmesser ausstechen. Auf die Hälfte der Scheiben Aprikosen-/Marillenmarmelade dressieren, mit den leeren Scheiben belegen und die Ränder gut abdrücken. Mit einem feuchten Tuch abdecken und an einem warmen Ort gären lassen. Krapfen brauchen eine feuchte, dunstig warme Gare. Um die Hälfte größer werden lassen. Jetzt ist eine Hautbildung erwünscht, weil die Krapfen dadurch einen besseren Stand bekommen. Nach zirka zehn Minuten „kühler" Gare die Krapfen im Erdnußfett bei einer Temperatur von 160 Grad Celsius goldbraun sieden.

Eine Probe: Ein paar Wassertropfen in das Fett hineinfallen lassen: Zischt es, dann haben Sie die gewünschte Backtemperatur erreicht.

Ein Tip: Wenden Sie die Krapfen zweimal. Die Oberfläche wird dadurch stabiler, und Sie beugen dem gefürchteten „Schrumpfen" vor.

Faschingskrapfen		Eiweiß	Fett	Kohlen-hydrate	kcal	kjoule
1000 g	Weizen	117	20	693	3.420	14.360
150 g	Honig	0,45	—	121,50	486	2.041,5
150 g	Butter	1,05	124,8	1,05	1.131	4.750,5
100 g	5 Dotter	14	27	0,50	300	1.260
70 g	Hefe	8,50	0,3	7,70	67,2	282,1
15 g	Salz	—	—	—	—	—
550 g	Milch	17,60	19,3	25,85	346,5	1.457,5
50 g	Rum	—	—	15	83	348,5
500 g	Aprikosenmarmelade	3	0,5	110	450	1.890
2085 g	Teiggewicht	161,60	191,9	974,6	6.283,7	26.389,6
2160 g	Ausbackgewicht					
in 100 g	Gebackenem	7,48	8,88	45,12	290,90	1.217,70

1 BE = 18 g
1 Krapfen 60 g = zirka 3,5 BE = 174 Kilokalorien

Arbeitszeit: zirka 60 Minuten

Biskuits, Sandkuchen und Torten

„Biskuit" ist ein sehr weit gesteckter Begriff. Darunter versteht man vom einfachen Zwieback bis zur Supertorte vieles. Es kommt auf das Land an, in dem Sie Ihren Biskuit kaufen oder backen. Hierzulande ist Biskuit eine schaumige Masse aus Eiern, Zucker und Mehl, die bekömmlich, aber auch kalorienfreundlich ist. Diese leichte Masse wird, wie es in der Fachsprache heißt, „geschlagen": die eingeschlagene Luft wirkt auflockernd. Zwei Möglichkeiten bieten sich für die Herstellung an: die Masse mit der Schneerute kalt zu schlagen, oder über Dunst aufzuschlagen, bis sie eine gewisse Festigkeit aufweist und schaumig wird.

„Sandmasse" ist eine Spezialität mit Butter, Eiern, Vollkornmehl und diversen Geschmackszutaten. Diese Zusammensetzung wird hauptsächlich auf kaltem Wege hergestellt, wobei schwere Massen „gerührt", leichte wie beim Biskuit stark schaumig geschlagen werden. Schwere Sandmassen enthalten weniger Eier, aber dafür mehr Butter als die leichten. Je nach Rezeptur ist die Arbeitsweise verschieden. In der Regel wird Butter mit Honig schaumig gerührt, die Dotter oder die ganzen Eier werden langsam dazugegeben. Zuletzt wird das Vollmehl mit den anderen Geschmackszutaten untergemischt. Eine weitere Möglichkeit ist jene, mit Eiklar und wenig Honig Eischnee zu schlagen, der dann vorsichtig mit Vollmehl und den anderen Zutaten unter die Grundmasse gehoben wird. Massen aus Vollkornmehl werden in der Regel etwas schwerer. Dabei ist es ratsam, mit etwas Backpulver zu arbeiten.

Ein kleiner *Tip:* Wenn Sie Ihre Masse in Tortenreifen backen, so fetten Sie die Reifen nicht. Bedecken Sie nur den Boden des Reifens mit Pergamentpapier und wickeln Sie den Rand rundherum ein. Durch das Nichtfetten kann sich die Masse vom Formrand nicht lösen, zieht sich daher während des Backens nicht zusammen und stürzt auch nachher nicht ein. Eine kleine Prise Salz gibt jedem Gebäck, vom Laibchen bis zur Torte, besseren Geschmack.

BISKUITROULADE

150 g Weizenvollkornmehl
120 g Honig
6 ganze Eier
40 g Butter
Abrieb einer ungespritzten Zitronenschale
Marmelade beziehungsweise Fruchtcreme

Vorbereitungsarbeiten: Weizenvollkornmehl ganz fein vermahlen. Backblech mit Fettpapier auslegen, mit Butter bestreichen und mit Vollkornmehl ausstreuen.
Teigbereitung: Honig, Dotter und Zitronenschale schaumig rühren, die zerlassene Butter einrühren. Weizenvollkornmehl einmelieren. Aus dem Eiklar und einer Prise Salz steifen Schnee schlagen und vorsichtig unter die Masse heben. Auf das Backblech geben und zirka einen Zentimeter hoch aufstreichen. Im vorgeheizten Ofen bei 210 Grad Celsius rund zehn Minuten backen. Dann den Biskuitfleck mit Vollmehl leicht bestäuben, damit er nicht am Butterpapier kleben bleibt. Auf ein zweites, ebenfalls mit Vollmehl bestäubten Papier stürzen. Dieses mit Wasser bestreichen: Es läßt sich dann besser abziehen. Mit dem zweiten, unteren Papier einrollen und auskühlen lassen. Wenn die Roulade ausgekühlt ist, mit Marmelade oder einer Fruchtcreme füllen und abermals zusammenrollen. Verwenden wir Fruchtcreme, dann behalten wir ein wenig zurück und bestreichen damit die gerollte Roulade außen dünn. Mit gehobelten Mandeln bestreuen.
Fruchtcreme (Erdbeercreme)
Zirka 100 Gramm frische Erdbeeren waschen und klein schneiden. Fünf Blatt Gelatine fünf Minuten in kaltem Wasser einlegen, dann mit 100 Gramm Honig über Dampf auflösen. Einen halben Liter Sahne steif schlagen und mittels eines Schneebesens unter die bereits ausgekühlte Honig-Gelatine-Masse heben. Früchte werden vor dem Zusammenrollen auf die glattgestrichene Creme gelegt.

Biskuitroulade		Eiweiß	Fett	Kohlenhydrate	kcal	kjoule
150 g	Weizen	17,6	3	104	513	2.154
120 g	Honig	0,4	—	97,2	389	1.633
300 g	6 Eier	32	36	—	492	2.064
40 g	Butter	0,3	33,3	0,3	301,6	1.267
150 g	Aprikosenmarmelade	0,9	0,3	98,85	397,5	1.668
760 g	Teiggewicht	51,2	72,6	300,35	2.093,1	8.786
680 g	Ausbackgewicht					
in 100 g	Gebackenem	7,5	10,5	44,20	308	1.291

1 BE = 16 g
1 Stück 65 g = zirka 4 BE = 180 Kilokalorien
Arbeitszeit: zirka 35 Minuten

BRANDTEIGKRAPFEN

200 g Weizenvollkornmehl
100 g Buchweizenmehl
120 g Butter
zirka 400 g Wasser
5 g Salz
7 ganze Eier
Quark-/Topfencreme

Teigbereitung: Wasser mit Butter und Salz aufkochen, Vollmehle vermischen und langsam unter die aufgekochte Masse rühren. Den Teig unter ständigem Rühren so lange am Herd lassen, bis er glatt wird und sich leicht vom Topf löst. Den Topf vom Herd wegstellen, mit einem Rührbesen die Eier einzeln unterrühren. Dieses Unterrühren muß geschehen, so lange die aufgekochte Masse noch warm ist. Wichtig ist, daß keine Klumpen entstehen. Die Brandmasse wird dann mit einem Dressiersack mit Sternfülle aufdressiert (Krapfenform) und im vorgeheizten Ofen bei 200 Grad Celsius gebacken.

Brandteigkrapfen		Eiweiß	Fett	Kohlenhydrate	kcal	kjoule
200 g	Weizen	23,40	4	138,6	684	2.872
100 g	Buchweizen	9,80	1,7	72,4	364	1.523
120 g	Butter	0,80	99,8	0,8	904,8	3.800,4
400 g	Wasser	—	—	—	—	—
5 g	Salz	—	—	—	—	—
400 g	7 Eier	49	42	—	574	2.408
1225 g	Teiggewicht	83,00	147,5	211,8	2.526,8	10.603,4
1050 g	Ausbackgewicht					
in 100 g	Gebackenem	7,9	14	20	240	1009
1 BE = 22 g				*Arbeitszeit:* zirka 70 Minuten		

Topfencremefülle für Brandteigkrapfen		Eiweiß	Fett	Kohlenhydrate	kcal	kjoule
350 g	Quark/Topfen mager	60,20	2,10	6,30	283,50	1.190
100 g	Schlagsahne	2,2	36	2,6	343	1.441
100 g	Weißwein	0,1	—	2,5	65	273
50 g	Schnittlauch	1,8	0,3	4,2	27	113,50
50 g	Meerrettich	1,4	0,2	7,65	37,8	157
50 g	Parmesan	18	12,90	1,75	194,50	817
700 g		83,70	51,50	25,00	950,8	3.991,5
100 g		11,95	7,35	3,57	135,82	570,21
1 BE = 55 g				*Arbeitszeit:* zirka 15 Minuten		
100 g	Brandteigkrapfen	7,90	14	20	240	1009
100 g	Quark-/Topfencreme	11,95	7,35	3,57	135,82	570,21
200 g		19,85	21,35	23,57	375,82	1579,21

60 g Quark-/Topfencreme = zirka 1 BE = 81 Kilokalorien
40 g Brandteig = zirka 2 BE = 96 Kilokalorien
Brandteigkrapferl = zirka 3 BE = 177 Kilokalorien

Die gebackenen Brandteigkrapfen gut auskühlen lassen, in der Mitte durchschneiden und mit einer Quark-/Topfencreme füllen.

Quark-/Topfencreme
350 Gramm Magerquark (Topfen) mit zirka 100 Gramm Schlagsahne und 100 Gramm Weißwein schaumig rühren. Zirka 50 Gramm feingehackten Schnittlauch, 50 Gramm geriebenen Meerrettich, 50 Gramm geriebenen Parmesan, etwas Pfeffer und etwas Kräutersalz unterziehen.
Will man die Krapfen glasieren, dann bestreicht man sie mit Ahornsirup und bestreut mit kleingehackten Haselnüssen. Die Bezeichnung „Brandteig" bezieht sich auf die spezielle Herstellungsmethode. Da die Zutaten gekocht beziehungsweise abgebrüht werden, verkleistert die Stärke des Vollkornmehls und läßt sich dadurch leichter verarbeiten.

HIRSEKUCHEN

300 g Hirsemehl, fein vermahlen
50 g Sojamehl, fein gemahlen
200 g Honig
200 g Butter
5 ganze Eier
70 g Mandeln, klein gehackt
10 g Backpulver
ungespritzte Zitronenschale, gerieben.

Vorbereitungsarbeiten: 70 Gramm Mandeln kleinhacken und in etwas Rum einweichen.
Teigbereitung: Eier mit Honig und geriebener Zitronenschale schaumig schlagen. Butter mit Sojamehl ebenfalls schaumig rühren. Hirsemehl mit Backpulver gut vermischen. Dann die Eier-Honig-Masse, die Butter-Soja-Masse und das abgemischte Hirsemehl gut vermischen. Zuletzt die eingeweichten Mandeln unterziehen.
Zwei Bischofsbrotformen oder viereckige Backformen gut fetten, mit gehobelten Mandeln ausstreuen und die Masse einfüllen. Die Oberfläche mit kleingebackenen Mandeln bestreuen und im vorgeheizten Ofen (170 Grad Celsius) zirka 50 Minuten backen.

Hirsekuchen		Eiweiß	Fett	Kohlenhydrate	kcal	kjoule
300 g	Hirse	31,8	11,7	213	1.146	4.812
50 g	Sojamehl	18,5	9	13,5	209	878
200 g	Honig	0,6	—	162	648	2.722
200 g	Butter	1,4	166,4	1,4	1.508	6.334
280 g	5 Eier	35	30	—	410	1.720
70 g	Mandeln	13,3	37,8	13,7	448	1.881,6
10 g	Backpulver	—	—	—	—	—
1110 g	Teiggewicht	100,6	254,9	403,6	4.369	18.347,6
1000 g	Ausbackgewicht					
in 100 g	Gebackenem	10	25	40	436	1.834

1 BE = 12 g
1 Stück 60 g = 5 BE = 258 Kilokalorien

Arbeitszeit: zirka 40 Minuten

TEEKUCHEN

150 g Weizenvollkornmehl
50 g Sojamehl
200 g Honig
200 g Butter
5 ganze Eier
40 g Mandeln
40 g Nüsse
geriebene Zitronenschale, ungespritzt
5 g Backpulver
10 g Muskatblüte

Vorbereitungsarbeiten: 40 Gramm gehackte Mandeln, 40 Gramm gehackte Nüsse und 40 Gramm Rosinen in etwas Rum einweichen.
Teigbereitung: Eier mit Honig und geriebener Zitronenschale schaumig schlagen. Butter mit Sojamehl ebenfalls schaumig rühren. Dann die Eier-Honig-Masse, die Butter-Soja-Masse und das frischgemahlene Weizenvollkornmehl mit Backpulver gut vermischen. Zuletzt die Früchte unterziehen.
Eine Bischofsbrotform oder eine Kastenform gut fetten, mit Vollkornmehl ausstauben. Die Masse einfüllen und im vorgeheizten Ofen bei 170°C zirka 50 bis 60 Minuten lang backen.
Nach dem Backen etwas abkühlen lassen, den Teekuchen vorsichtig herausgeben und die Oberseite mit vorgewärmter Aprikosen-/Marillenmarmelade „aprikotieren". Mit kleingehackten Mandeln bestreuen.
Diese saftigen Tee- oder Früchtekuchen stammen, wie könnte es anders sein, aus dem Land des Plum Pudding. In England werden die dicken Rosinen „plums" genannt.

Teekuchen		Eiweiß	Fett	Kohlenhydrate	kcal	kjoule
150 g	Weizen	17,6	3	104	513	2.154
50 g	Soja	21,7	3,4	18,3	190	798
200 g	Honig	0,6	—	162	648	2.722
200 g	Butter	1,4	166,4	1,4	1.508	6.334
250 g	5 Eier	35	30	—	410	1.720
40 g	Mandeln	7,6	21,6	7,8	256	1.075
40 g	Nüsse	6	25,6	5,4	276	1.159
40 g	Rosinen	1	0,2	25,6	107,6	450
970 g	Teiggewicht	90,9	250,2	324,5	3.908,6	16.412
900 g	Ausbackgewicht					
in 100 g	Gebackenem	10	28	36	434	1.824

1 BE = 11 g — *Arbeitszeit:* zirka 40 Minuten
1 Schnitte 55 g = zirka 5 BE = 236 Kilokalorien

HIRSEBISKOTTEN

150 g Hirse, fein vermahlen
6 Eidotter
6 Eiklar
75 g Honig
abgeriebene Zitronenschale, ungespritzt
1 Prise Salz

Vorbereitungsarbeiten: Backblech mit Pergamentpapier belegen, Papier mit flüssiger Butter bestreichen.
Teigbereitung: Eidotter mit Honig und Zitronenschale schaumig schlagen, Eiklar mit einer Prise Salz zu steifem Schnee schlagen. Feingemahlene Hirse

und Schnee unter die Honig-Dotter-Masse heben. Mit einem Dressiersack drückt man die Masse in Biskottenform auf das Backblech. Im vorgeheizten Ofen bei 180 Grad Celsius zirka zehn Minuten backen.

Hirsebiskotten	Eiweiß	Fett	Kohlen-hydrate	kcal	kjoule
150 g Hirse	15,9	5,9	106,5	573	2.406
300 g 6 Eier	42	36	—	492	2.064
75 g Honig	0,2	—	60,8	243	1.020,8
525 g Teiggewicht	58,1	41,9	167,3	1.308	5.490,8
438 g Ausbackgewicht					
in 100 g Gebackenem	13,5	9,5	39	299	1.295

1 BE = 19 g
1 Biskotte 10 g = zirka 0,5 BE = 30 Kilokalorien

Arbeitszeit: zirka 35 Minuten

LINZERTORTE

300 g Weizenvollkornmehl
240 g Butter
200 g Honig
200 g geriebene Mandeln
5 Dotter
5 Eiklar
10 g Zimt
10 g Backpulver
geriebene Zitronenschale, ungespritzt
Johannisbeermarmelade
Oblaten

Zubereitung: Butter und Honig schaumig rühren, Dotter langsam unterschlagen. Vollkornmehl mit Zimt vermischen und mit den geriebenen Mandeln und der geriebenen Zitronenschale leicht einmelieren. Eiklar mit einer Prise Salz zu steifem Schnee schlagen und sehr sorgfältig unter die Masse heben.
Tortenform fetten und mit Vollkornmehl ausstauben. Den Teig gleichmäßig einstreichen, zirka 200 Gramm übrig-

Linzertorte	Eiweiß	Fett	Kohlen-hydrate	kcal	kjoule
300 g Weizen	35,1	6	207,9	1.026	4.308
240 g Butter	1,7	199,7	1,7	1.809,6	7.600,8
200 g Honig	0,6	—	162	648	2.722
200 g Mandeln	38	108	39	1.280	5.376
80 g 5 Dotter	14	27	0,5	300	1.260
150 g 5 Eiklar	16,5	0,5	1,5	75	315
100 g Johannisbeermarmelade	0,5	0,2	30,0	115	483
1270 g Teiggewicht	106,4	341,4	442,6	5.253,6	22.064,8
1200 g Ausbackgewicht					
in 100 g Gebackenem	10,04	32,21	41,75	495,62	2.074,7

1 BE = 10 g
1 Stück 80 g = 8 BE = 400 Kilokalorien

Arbeitszeit: zirka 45 Minuten

lassen (zum Gitter zuspritzen!). Mit Oblaten belegen, Johannisbeermarmelade aufstreichen und mit dem restlichen Teig ein Gitter und einen Rand spritzen. Im vorgeheizten Rohr bei einer Temperatur von 180 Grad Celsius 60 Minuten backen.
Die Linzertorte zählt seit langem zu den Meisterwerken vieler Feinbäckereien und paßt auf jede Kaffeetafel.

BISKUIT-NUSSTORTE

150 g Weizenvollkornmehl
120 g Honig
100 g geriebene Walnüsse
6 Eidotter
6 Eiklar
geriebene Zitronenschale, ungespritzt
1 Prise Salz

Vorbereitungsarbeiten: Weizenvollkornmehl frisch vermahlen. Den Boden der Tortenringform mit Pergamentpapier bedecken und den Rand rundherum einschlagen.
Teigbereitung: Honig, Dotter und Zitronenschale schaumig rühren. Wei-

Biskuit-Nußtorte (Torte ohne Creme)		Eiweiß	Fett	Kohlenhydrate	kcal	kjoule
150 g	Weizen	17,6	3	104	513	2.154
120 g	Honig	0,4	—	97,2	389	1.633
100 g	Walnüsse	15	64	13,5	690	2.898
300 g	6 Eier	32	36	—	492	2.064
670 g	Teiggewicht	65	103	214,7	2.084	8.749
600 g	Ausbackgewicht					
in 100 g	Gebackenem	11	17	35	347	1.458

1 BE = 15 g
1 Stück 50 g = zirka 3,3 BE = 173 Kilokalorien
Arbeitszeit: zirka 65 Minuten

Nußcreme		Eiweiß	Fett	Kohlenhydrate	kcal	kjoule
100 g	Walnüsse	15	64	13,5	690	2.898
30 g	Gelatine	—	—	—	76,20	318,90
100 g	Honig	0,3	—	81	324	1.361
500 g	Schlagsahne	11	180	13	1715	7.205
730 g		26,30	244	107,50	2.805,20	11.782,90
100 g		3,60	33,42	14,72	384,27	1.614,09

Arbeitszeit: zirka 20 Minuten

		Eiweiß	Fett	Kohlenhydrate	kcal	kjoule
730 g	Nußcreme	26,30	244	107,50	2.805,20	11.762,90
600 g	Biskuit-Nußtorte	65	103	214,70	2.084	8.749
1330 g	Gesamtgewicht	91,30	347	322,20	4.889,20	20.531,90
100 g		7	26	24	377	1.539

1 BE = 14 g
1 Stück 110 g = zirka 8 BE = 418 Kilokalorien

zenvollkornmehl und geriebene Nüsse einmelieren. Aus dem Eiklar und einer Prise Salz einen steifen Schnee schlagen und vorsichtig unter die Masse heben. In die Tortenringform einfüllen und im vorgeheizten Ofen bei 170 Grad Celsius zirka 50 bis 60 Minuten backen. Die Hälfte der Backzeit die Torte mit Pergamentpapier abdecken.
Nach dem Erkalten einmal durchschneiden. Nußcreme einfüllen.

Nußcreme
100 Gramm Walnüsse, fein vermahlen. Fünf Blatt Gelatine fünf Minuten in kaltem Wasser einlegen und mit 100 Gramm Honig über Dampf auflösen. Einen halben Liter Schlagsahne steif schlagen und mittels eines Schneebesens unter die bereits ausgekühlte Honig-Gelatine-Masse heben. Die 100 Gramm geriebenen Walnüsse vorsichtig einziehen.

MÖHREN-(KAROTTEN-)TORTE

100 g Weizenvollkornmehl
150 g Honig
250 g fein geriebene Mandeln
300 g fein geriebene Möhren/Karotten
6 Eidotter
6 Eiklar
Zitronensaft
1 Prise Salz
20 g Rum
5 g Backpulver
zirka 750 g süße Sahne

Vorbereitungsarbeiten: Weizenvollkornmehl frisch mahlen. Möhren/Karotten und Mandeln reiben. Den Boden der Tortenringform mit Pergamentpapier bedecken.

Teigbereitung: Honig, Dotter und Zitronensaft schaumig rühren. Nun mengt man die geriebenen Möhren/Karotten und die Mandeln dazu. Dann das Weizenvollkornmehl — mit Backpulver vermischt — einziehen. Zum Schluß Eiklar mit einer Prise Salz zu steifem Schnee schlagen und unterheben. Die Masse in die vorbereitete Tortenform abfüllen. Im vorgeheizten Rohr bei 170 Grad Celsius zirka 50 bis 60 Minuten backen. Wenn die Torte ausgekühlt ist, in der Mitte durchschneiden, mit Möhren/Karottensaft beträufeln und mit Schlagsahne bestreichen. Einen Rest von Schlagsahne behält man zum Garnieren der Torte zurück.

Möhren-(Karotten-)Torte		Eiweiß	Fett	Kohlenhydrate	kcal	kjoule
100 g	Weizen	11,70	2	69,30	342	1.436
150 g	Honig	0,45	—	121,50	486	2.041,5
250 g	Mandeln	47,50	135	48,75	1.600	6.720
300 g	Möhren/Karotten	3,30	0,6	26,10	123	516
300 g	6 Eier	42	36	—	492	2.064
20 g	Rum	—	—	6	33	140
750 g	Schlagsahne	18	237,75	25,5	2.317	9.735
1570 g	Teiggewicht	122,95	411,35	297,15	5.393	22.652,50
1400 g	Ausbackgewicht					
in 100 g	Gebackenem	9	29,5	22	387	1.625

1 BE = 13 g
1 Stück 120 g = zirka 9 BE = 465 Kilokalorien

Arbeitszeit: zirka 50 Minuten

KAKAOTORTE

200 g Weizenvollkornmehl, fein vermahlen
200 g Butter
150 g Honig
20 g Kakao
4 Eidotter
4 Eiklar
halbe Vanilleschote, gerieben
Aprikosenmarmelade

Teigbereitung: Die Butter bis zur Rührfähigkeit erwärmen und mit Honig, Kakao und geriebener Vanilleschote stark schaumig rühren. Nach und nach die Dotter einrühren. Eiklar zu festem Schnee schlagen und unter die Butter-Honig-Dotter-Masse heben. Weizenvollkornmehl vorsichtig untermischen. In Tortenform abfüllen und bei 180 Grad Celsius backen. Nach dem Auskühlen in der Mitte durchschneiden und mit Aprikosenmarmelade füllen. Außen ebenfalls mit Aprikosenmarmelade bestreichen und mit gerösteten, gehobelten Mandeln bestreuen.

Tip: Bitte, lagern Sie Kakao sehr trocken und vor allem bei gleichbleibender Temperatur!

Kakaotorte		Eiweiß	Fett	Kohlenhydrate	kcal	kjoule
200 g	Weizen	23,40	4	138,6	684	2.872
200 g	Butter	1,40	166,4	1,4	1.508	6.334
150 g	Honig	0,45	—	121,5	486	2.041,5
20 g	Kakao	4,80	2,4	3,4	54,4	228,4
220 g	4 Eier	28	24	—	328	1.376
150 g	Aprikosenmarmelade	0,6	—	98,85	397,5	1.663,5
870 g	Teiggewicht	58,65	196,8	363,75	3.457,9	14.514,9
830 g	Ausbackgewicht					
in 100 g	Gebackenem	6,8	23	42	397	1.664

1 BE = 14 g
1 Stück 75 g = zirka 5,5 BE = 300 Kilokalorien
Arbeitszeit: zirka 50 Minuten

SOJAKUCHEN

200 g Sojamehl, fein vermahlen
200 g Honig
200 g Butter
5 ganze Eier
50 g Nüsse, klein gehackt
20 g Rosinen
10 g Backpulver
ungespritzte Zitronenschale, gerieben

Vorbereitungsarbeiten: 50 Gramm Nüsse klein hacken und mit 20 Gramm Rosinen in etwas Rum einweichen.
Teigbereitung: Eier mit Honig und geriebener Zitronenschale schaumig schlagen. Butter schaumig rühren. Sojamehl mit Backpulver gut vermischen. Dann die Eier-Honig-Masse, die Butter und das abgemischte Sojamehl gut vermischen. Zuletzt die eingeweichten Nüsse und Rosinen unterziehen.
Zwei Backformen gut fetten, mit gehobelten Mandeln ausstreuen und die Masse einfüllen. Die Oberfläche mit kleingehackten Nüssen bestreuen und im vorgeheizten Ofen bei 170 Grad Celsius zirka 45 Minuten backen.
In Soja sind die Nährstoffe in einem ausgewogenen Verhältnis vorhanden. Außerdem bleibt der mit Sojamehl hergestellte Kuchen sehr lang frisch.

Sojakuchen		Eiweiß	Fett	Kohlenhydrate	kcal	kjoule
200 g	Soja	74	36	54	836	3.512
200 g	Honig	0,6	—	162	648	2.722
200 g	Butter	1,4	166,4	1,40	1.508	6.334
280 g	5 Eier	35	30	—	410	1.720
50 g	Nüsse	7,5	32	6,75	345	1.449
20 g	Rosinen	0,5	—	12,80	53,8	225
10 g	Backpulver	—	—	—	—	—
960 g	Teiggewicht	119	264,4	236,95	3.800,8	15.962
900 g	Ausbackgewicht					
in 100 g	Gebackenem	13,5	29,5	27	423	1.770

1 BE = 12 g

Arbeitszeit: zirka 40 Minuten

1 Stück 70 g = zirka 6 BE = 296 Kilokalorien

Mürbteiggebäck

Mürbteig wird meistens für Kuchen, Teegebäck, Schnitten, Torten und Tortenböden verwendet. Er ist ein schwerer, fettreicher Teig von mürber Beschaffenheit. Diese entsteht, weil Vollkornmehl, Honig und Butter in einem bestimmten Mengenverhältnis zueinander stehen. Man kann den Teig mit Eiern und ohne diese herstellen. Eine bessere Qualität wird mit Zugabe von Eiern erzielt: Der Teig krümelt nicht so leicht, er hat mehr Halt.
Wir kennen Mürbteig in verschiedenen Sorten: außer dem Kuchen- und Teegebäckmürbteig gibt es noch den braunen und weißen Linzerteig.
Besonders gut wird Mürbteig durch die Zugabe von Mandeln, gerösteten Haselnüssen und Früchten. Sehr wichtig: Bei der Herstellung sollen alle Zutaten möglichst kalt sein: auch bei der Verarbeitung soll — genau wie bei Blätterteig — kalt gearbeitet werden. Man kann Mürbteig ohne weiteres in größeren Mengen herstellen und im Kühlschrank zwei Tage lagern. Ein abgelagerter kühler Teig läßt sich besser verarbeiten. Besondere Aufmerksamkeit muß man dem Teigmachen widmen. In das kühle Vollkornmehl wird eine Mulde gedrückt, in diese die Zutaten geben. Butter vorher etwas weich arbeiten und rasch zusammenmischen. Durch langes Mischen wird sie weich, und der Teig verliert an Bindung. In der Fachsprache heißt es, der Teig wird „brandig“. Mürbteig soll nie geknetet, sondern immer nur mit den Handballen verrieben werden. Wenn Sie diese Regel beachten, werden Sie Mißerfolge von Anfang an ausschalten. Den Teig, bis er verarbeitet wird, an einen kühlen Ort geben.
Außer dieser Art von Mürbteigherstellung kennt man noch die Spritzmassen. Diese werden hauptsächlich zu feinem Teegebäcken verarbeitet und enthalten viel Butter. Der Honig- und Eieranteil ist niedriger. Die Backtemperatur bei gespritztem Teegebäck soll zirka 220 Grad Celsius betragen — bei ausgestochenem Mürbteig soll die Ofenhitze nie 190 Grad Celsius übersteigen, weil die Bräunung zu schnell ist und nicht gut durchbäckt.

GRUNDREZEPT FÜR MÜRBTEIG

750 g Weizenvollkornmehl
500 g Butter
250 g Honig
1-2-3-Teig
6 Dotter
geriebene Zitronenschale, ungespritzt

Arbeitsanleitung siehe Seite 158.
1-2-3-Teig heißt er, weil er aus einem Teil Honig, zwei Teilen Butter und drei Teilen Mehl besteht.
1 Stück 10 g = 1 BE = 50 Kilokalorien

Mürbteig		Eiweiß	Fett	Kohlen-hydrate	kcal	kjoule
750 g	Weizen	87,75	15	519,75	2.565	10.770
500 g	Butter	3,50	416	3,50	3.770	15.835
250 g	Honig	0,75	—	202,50	810	3.402,5
100 g	6 Dotter	16,80	32,4	0,60	360	1.512
	Zitronenschale	—	—	—	—	—
1600 g	Teiggewicht	108,80	463,4	726,35	7.505	31.519,5
1500 g	Ausbackgewicht					
in 100 g	Gebackenem	7,25	31	44,5	50,1	2.101

1 BE = 10 g
1 Stück 10 g = 1 BE = 50 Kilokalorien
Arbeitszeit: zirka 20 Minuten

FEINES, GESPRITZTES TEEGEBÄCK

350 g Weizenvollkornmehl
360 g Butter
240 g geröstete, fein geriebene Haselnüsse
200 g Honig
6 Eidotter
etwas Vanille und Zimt
Himbeermarmelade

Zubereitung: Butter, Honig und Dotter werden schaumig gerührt. Dazu werden Gewürze, die geriebenen Haselnüsse und zuletzt das Vollkornmehl flüchtig eingearbeitet, damit die Masse nicht zäh wird. In den Dressierbeutel eine Sternfülle geben und Stangen, Hörnchen/

Teegebäck		Eiweiß	Fett	Kohlen-hydrate	kcal	kjoule
350 g	Weizen	40,95	7	242,55	1.197	5.026
360 g	Butter	2,52	299,52	2,52	2.714	11.401,2
240 g	Haselnüsse	31,20	146,40	32,88	1.574,4	6.612
200 g	Honig	0,60	—	162,00	648	2.722
100 g	6 Dotter	16,80	32,40	0,60	360	1.512
	Vanille usw.	—	—	—	—	—
1250 g	Teiggewicht	92,07	485,32	440,55	6.493,4	27.273,2
1150 g	Ausbackgewicht					
in 100 g	Gebackenem	8	42,2	38,3	564,6	2.371,6

1 BE = 9 g
1 Keks 9 g = 1 BE = 50 Kilokalorien
Arbeitszeit: zirka 70 Minuten

Kipferl, Ringe usw. aufdressieren. Im vorgeheizten Rohr bei 180 Grad Celsius backen. Auskühlen lassen und die Teile mit Himbeermarmelade zusammensetzen. Die Enden kann man je nach Geschmack in temperierte Marmelade tunken und mit gerösteten, gehobelten Mandeln bestreuen.

SCHWARZWEISSGEBÄCK

750 g Weizenvollkornmehl
500 g Butter
250 g Honig
6 Dotter
geriebene Zitronenschale, ungespritzt

Zubereitung: Die Zutaten sind wie Mürbteig (siehe Seite 159) zu vermischen. Den Teig in zwei Teile teilen. In einen Teil 80 Gramm Kakaopulver und zwei Eidotter zusätzlich einarbeiten. Je nach Geschmack kann man weiters 100 Gramm feingehackte, geröstete Mandeln geben. Im Kühlschrank kalt stellen. Die beiden Teige gleichmäßig dünn ausrollen und zu beliebigen Mustern zusammenlegen. Einen hellen Fleck auf einen dunklen legen und zu einer Roulade aufrollen. Oder helle und dunkle Streifen abwechselnd neben- und übereinander legen. Das ergibt ein Schachbrettmuster. Im Kühlschrank absteifen lassen, schneiden und bei 180° Celsius im vorgeheizten Ofen backen.

Schwarzweißgebäck		Eiweiß	Fett	Kohlenhydrate	kcal	kjoule
750 g	Weizen	87,75	15	519,75	2.565	10.770
500 g	Butter	3,50	416	3,50	3.770	15.835
250 g	Honig	0,75	—	202,50	810	3.402,5
100 g	6 Dotter	16,80	32,4	0,60	360	1.512
1600 g	Teiggewicht	108,80	463,4	726,35	7.505	31.519,5
1525 g	Ausbackgewicht					
in 100 g	Gebackenem	7,2	30,3	48,42	500,3	2.101,3

1 BE = 10 g
1 Keks 10 g = 1 BE = 48 Kilokalorien

Arbeitszeit: zirka 80 Minuten

LINZERSCHNITTEN

zirka 600 g Mailänderteig
zirka 1500 g Linzermasse
250 g Johannisbeermarmelade

Die Zutaten zu einem Teig mischen wie Mürbteig. Dann gleich zum Absteifen in den Kühlschrank stellen.

Mailänderteig
250 g Weizenvollkornmehl
150 g Butter
120 g Honig
2 Eier
1 Prise Salz
Vanille und Zitrone je nach Geschmack

LINZERMASSE

280 g Butter
280 g Honig
7 ganze Eier
100 g süßes Vollkornpaniermehl (Vollkornbrösel)
200 g geröstete, geriebene Haselnüsse
10 g Zimt
200 g Weizenvollkornmehl

Butter und Honig schaumig rühren, Eier langsam unterschlagen. Vollkornmehl mit Haselnüssen, Paniermehl (Brösel) und Zimt gut vermischen, unter die Masse heben und gut einmelieren.

Linzermasse		Eiweiß	Fett	Kohlenhydrate	kcal	kjoule
280 g	Butter	2	233	2	2.111,2	8.867,6
280 g	Honig	0,8	—	226,8	907,2	3.810,8
350 g	7 Eier	49	42	—	574	2.408
100 g	Paniermehl/Brösel	11,6	1,7	69	338	1.419,6
200 g	Haselnüsse	26	122	27,4	1.312	5.510
200 g	Weizenmehl	23,4	4	138,6	684	2.872
10 g	Zimt	—	—	—	—	—
1420 g	Teiggewicht	112,8	402,7	463,8	5.926,4	24.888
1250 g	Ausbackgewicht					
in 100 g	Gebackenem	8,7	31	35,68	455,9	1.914

1 BE = 33 g — *Arbeitszeit:* zirka 20 Minuten

LINZERSCHNITTEN

Backblech fetten, den Mailänderteig (siehe Seite 160) ausrollen, auf das Blech legen und die Ränder hochziehen. Den Boden mit einer Gabel stupfen. Die Linzermasse gleichmäßig aufstreichen und mit Oblaten (weiß) belegen. Johannisbeermarmelade daraufstreichen. Von zirka 20 Gramm Linzermasse wird ein Gitter aufdressiert.
Im vorgeheizten Rohr bei einer Temperatur von 170 Grad Celsius 60 Minuten lang backen.

Linzerschnitten		Eiweiß	Fett	Kohlenhydrate	kcal	kjoule
600 g	Mailänderteig	55,8	177	339,6	3.173,4	13.326
1500 g	Linzermasse	130,5	465	535,2	6.838,5	28.717,5
250 g	Ribiselmarmelade	1,3	—	159,5	642,5	2.687,5
2350 g	Teiggewicht	187,6	642	1.034,3	10.654,4	44.731
2300 g	Ausbackgewicht					
in 100 g	Gebackenem	8,7	29,8	48,1	495,5	2.080,5

1 BE = 10 g — *Arbeitszeit:* zirka 40 Minuten
1 Schnitte 100 g = 10 BE = 485 Kilokalorien

HAFERKEKS

250 g Hafervollkornmehl, fein vermahlen
500 g Weizenvollkornmehl, fein vermahlen
500 g Butter
300 g Honig
100 g Mandeln
6 Dotter
geriebene Zitronenschale, ungespritzt

Vorbereitungsarbeiten: 100 Gramm Mandeln kleinhacken und rösten.
Teigbereitung: Die Zutaten sind wie Mürbteig zu vermischen. Hafer- und Weizenvollkornmehl gut vermischen, eine Mulde in das Mehl drücken und die Zutaten hineingeben. Die Butter soll in weichem Zustand sein. Die Zutaten rasch zusammenmischen und kühl stellen. Nach Absteifung des Teiges verschiedene Keksfiguren ausstechen, mit Eidotter bestreichen und mit Haferflocken bestreuen. Im vorgeheizten Ofen bei 190 Grad Celsius backen.
Hafer gilt als Kräftespender und war früher *das* Kraftfutter für Pferde, die ja große Energieleistungen vollbringen mußten. Zweifellos können Haferkeks, in dieser Form hergestellt, als „Kraftfutter“ für Sportler oder überhaupt als gesundes „Zwischendurch“ für uns alle ein wertvoller Energieträger sein.

Haferkeks		Eiweiß	Fett	Kohlenhydrate	kcal	kjoule
250 g	Hafer	31,5	17,75	157,5	967,5	4.062,5
500 g	Weizen	58,5	10,0	346,5	1.710,0	7.180,0
500 g	Butter	3,5	416,0	3,5	3.770,0	15.835,0
300 g	Honig	0,9	—	243,0	972,0	4.083,0
100 g	Mandeln	19,0	54,0	19,5	640,0	2.688,0
100 g	6 Dotter	16,8	32,4	0,6	360,0	1.512,0
1750 g	Teiggewicht	226,5	530,15	770,6	8.419,5	35.360,5
1700 g	Ausbackgewicht					
in 100 g	Gebackenem	14,2	33,13	48,16	526,2	2.210

1 BE = 10 g
1 Keks 10 g = 1 BE = 52 Kilokalorien

Arbeitszeit: zirka 40 Minuten

APFELKRONEN

zirka 1500 g Linzermasse
zirka 500 g Streusel
150 g Himbeermarmelade
60 g gestiftelte Mandeln
zirka 600 g Apfelspalten

Linzermasse

280 g Butter
280 g Honig
7 ganze Eier
100 g süße Vollkornpaniermehl (Brösel)
200 g geröstete, geriebene Haselnüsse
10 g Zimt
200 g Weizenvollkornmehl

Butter und Honig schaumig rühren, Eier langsam unterschlagen. Wenn Eier gut untergeschlagen sind, Vollkornmehl mit Haselnüssen, Paniermehl/Brösel und Zimt gut vermischen, unter die Masse geben und gut einmelieren.

Streusel

250 g Weizenvollkornmehl
170 g Honig
170 g Butter

Die Zutaten zu einem Teig mischen und in den Kühlschrank geben.

Herstellung der Apfelkronen:
Diese Masse reicht für drei bis vier Apfelkronen. Tortenformen fetten und mit einem Dressiersack die Linzermasse aufdressieren (spiralenförmig). Apfelspalten dünn aufgeteilt auflegen. Dann die Himbeermarmelade, ebenfalls spiralenförmig, aufdressieren, mit Vollkornstreusel bestreuen und mit gestiftelten Mandeln verzieren.
Im vorgeheizten Ofen bei 180 Grad Celsius zirka 50 Minuten lang backen.

Apfelkronen		Eiweiß	Fett	Kohlenhydrate	kcal	kjoule
1500 g	Linzermasse	130,5	465	535,20	6.838,5	28.717,5
500 g	Streusel	28	133	283,75	2.442,5	10.261,5
150 g	Himbeermarmelade	0,9	—	102	411	1.719
600 g	Mandeln	11,4	32,4	11,70	384	1.612,8
60 g	Apfelspalten	1,2	3,6	81	360	1.506
2810 g	Teiggewicht	172	634	1.013,65	10.436	43.816,8
2700 g	Ausbackgewicht					
in 100 g	Gebackenem	6,6	24,4	38,98	401,38	1.685,3

1 BE = 12 g — *Arbeitszeit:* zirka 65 Minuten
1 Apfelkrone 100 g = zirka 8 BE = 401 Kilokalorien

MÜRBTEIG-AUSGESTOCHENES

750 g Weizenvollkornmehl
500 g Butter
250 g Honig
6 Dotter
geriebene Zitronenschale, ungespritzt

Zubereitung: Die Zutaten sind wie Mürbteig zu vermischen. Im Kühlschrank kalt stellen. Verschiedene Figuren ausstechen, mit Eidotter bestreichen und mit Mandeln, Haselnüssen, Walnüssen, Belegkirschen oder Rosinen belegen. Im vorgeheizten Ofen bei 190 Grad Celsius goldbraun backen.
Eine Möglichkeit ist auch, den Boden mit Kirschen zu belegen. Kaum ein anderes Obst gibt Kuchen und Torten soviel fruchtige Frische wie Kirschen. Egal, ob damit der Boden belegt wird oder die Früchte in den Teig kommen.

Mürbteig-Ausgestochenes		Eiweiß	Fett	Kohlenhydrate	kcal	kjoule
750 g	Weizen	87,75	15	519,75	2.565	10.770
500 g	Butter	3,50	416	3,50	3.770	15.835
250 g	Honig	0,75	—	202,50	810	3.402,5
100 g	6 Dotter	16,80	32,4	0,60	360	1.512
	Zitronenschale	—	—	—	—	—
1600 g	Teiggewicht	108,80	463,4	726,35	7.505	31.519,5
1500 g	Ausbackgewicht					
in 100 g	Gebackenem	7,25	30,9	48,42	500,33	2.101,3

1 BE = 10 g — *Arbeitszeit:* zirka 90 Minuten
1 Keks 10 g = 1 BE = 50 Kilokalorien

MÜRBTEIGSCHNITTEN MIT WEINTRAUBEN

Vorgekühlten Mürbteig viereckig ausrollen, auf dem Rollholz aufwickeln und auf ein gefettetes Backblech legen. Die Ränder hochdrücken und den Boden mit einer Gabel anstechen. Selbstgemachte Marzipanfülle aufstreichen und dicht mit Weintrauben belegen. Mit einem Reibeisen den vorgekühlten Butterstreusel (300 Gramm Weizenvollkornmehl, 200 Gramm Butter, 200 Gramm Honig) überstreuen und im vorgeheizten Ofen bei 190 Grad Celsius backen. Vor dem Aufschneiden gut auskühlen lassen.

Die Früchte können auch hier wieder, je nach Jahreszeit, wechseln. Ebenfalls das Bestreichen des Bodens je nach Geschmacksrichtung: Nußfülle, Mohnfülle oder Marmelade. Weintraubenschnitten backt man meist im September und Oktober, wenn die Trauben reif werden.

Mürbteigschnitten mit Weintrauben		Eiweiß	Fett	Kohlenhydrate	kcal	kjoule
700 g	Mürbteig	50,75	216,30	338,94	3.502,31	14.707
100 g	Marzipanfülle	11,30	37,25	34,20	516,90	2.170,40
1500 g	Weintrauben	10,50	4,50	253,50	1.095	4.575
300 g	Weizen	35,10	6	207,90	1.026	4.308
200 g	Butter	1,40	166,80	1,40	1.508	6.334
200 g	Honig	0,60	—	162	648	2.722
3000 g	Teiggewicht	109,65	430,85	997,94	8.296,24	34.816
2850 g	Ausbackgewicht					
in 100 g	Gebackenem	3,65	14,36	33,26	276,54	1.160,53

1 BE = 17 g
in 100 g = zirka 5,7 BE = 277 Kilokalorien

Arbeitszeit: zirka 30 Minuten

MÜRBTEIG — APFELMOHNTORTE

Apfelfülle:
600 g Äpfel, geschält, klein gehackt
70 g süßes Paniermehl/Brösel
6 g Zimt
80 g Butter
60 g Rosinen
80 g Honig
60 g Haselnüsse, gerieben
abgeriebene Zitronenschale

Butter wird warm gemacht und mit dem Paniermehl/Bröseln vermischt. Anschließend werden alle Zutaten — außer den gespaltenen Äpfeln — beigemischt.

Mohnfülle:
500 g Mohn, gemahlen
350 g Milch
50 g Rum
50 g Mandelsplitter
4 ganze Eier
10 g Zimt
100 g Honig
100 g Butter

Butter, Honig und Eier schaumig rühren, Milch und Rum unterschlagen und dann Mohn, Zimt und Mandelsplitter einmelieren.

Das Tortenrezept
Eine befettete Tortenform mit Mürbteig (siehe Seite 158/159) auslegen, den Rand hochziehen. Mürbteigboden abtupfen, Apfelfülle auftragen, Mohnfülle darüberstreichen und dicht mit Mandelsplittern bestreuen. Aus Mürbteig kleine Sterne ausstechen und den Rand rundum belegen. Sterne mit Ei bestreichen. Im vorgeheizten Ofen bei 180 Grad Celsius 60 Minuten lang backen. Variation: Mürbteigboden mit Quark/Topfenfülle bestreichen und Apfelfülle darauf geben. Mürbteig mit Flüssigkeit weich machen und einen Rand und ein Gitter aufspritzen.

Apfel/Mohntorte		Eiweiß	Fett	Kohlenhydrate	kcal	kjoule
600 g	Äpfel	1,2	3,6	81	360	1.506
70 g	Paniermehl/Brösel	8,2	1,2	48,3	236,6	993,7
80 g	Butter	0,6	66,6	2,2	603,2	2.533,6
60 g	Rosinen	1,4	0,3	38,4	161,4	675
80 g	Honig	0,2	—	64,8	259,2	1.088,8
60 g	Haselnüsse	7,8	36,6	8,2	393,6	1.653
	Zimt, Zitronenschale	—	—	—	—	—
950 g	Teiggewicht	19,4	108,3	242,9	2.014	8.450,1
900 g	Ausbackgewicht					
in 100 g	Gebackenem	2,15	1,2	27	223,8	938,9

1 BE = 15 g
1 Stück 100 g = zirka 7 BE = 333 Kilokalorien
Arbeitszeit: zirka 70 Minuten

SALZ-/KÜMMELSTANGEN

500 g Weizenvollkornmehl
300 g Butter
200 g geriebener Emmentaler
3 Eier
5 g Salz

Teigbereitung: Die Zutaten wie einen Mürbteig (siehe Seite 158/159) vermischen, kalt stellen. Den Fleck zirka 3 Millimeter dick ausrollen und in kleine Stangen von 2 x 6 Zentimeter schneiden.

Salz-/Kümmelstangen		Eiweiß	Fett	Kohlenhydrate	Kcal	Kjoule
500 g	Weizen	58,5	10	346,5	1.710	7.180
300 g	Butter	2,1	249,6	2,1	1.508	9.501
200 g	Emmentaler	54,8	61	6,8	796	3.344
150 g	3 Eier	10,5	9	—	123	5.160
5 g	Salz	—	—	—	—	—
1155 g	Teiggewicht	125,9	329,6	355,4	4.137	25.185
1100 g	Ausbackgewicht					
in 100 g	Gebackenem	10,9	28,7	30,9	359,7	2.190

1 BE = 12 g
1 Salz-/Kümmelstange 18 g = 1,5 BE = 65 Kilokalorien
Arbeitszeit: zirka 70 Minuten

Mit Ei bestreichen, mit Kümmel und etwas Salz bestreuen. Auf gefettetes Backblech setzen und im vorgeheizten Ofen bei 190 Grad Celsius hellbraun backen.

Diese pikanten Salz- und Kümmelstangen passen ausgezeichnet zu Bier und Wein. Ein solches Knuspergebäck ersetzt jedes Fernsehgebäck aus hochleistungsfähigen Maschinen.

SESAMKONFEKT

150 g Honig
100 g Wasser
100 g Nüsse, klein gehackt
120 g Sesam

Teigbereitung: Honig und Wasser in einen Topf geben, aufkochen und bei schwacher Hitze unter ständigem Rühren langsam weiterkochen lassen, bis eine dicke Masse (Sirup) entsteht. Vom Herd nehmen.
Die kleingehackten Nüsse werden nun mit Sesam gut vermischt, dann unter die dicke Honig-Wasser-Masse gemengt. Noch einmal aufkochen lassen und zirka 7 Minuten bei mäßiger Temperatur weiterkochen lassen. Dabei muß ständig gerührt werden, damit die Masse nicht ansetzt. Nun wird ein Backblech mit kaltem Wasser abgespült und die Konfektmasse daraufgegeben. Eine Teigspachtel in kaltes Wasser tauchen und damit die Konfektmasse gleichmäßig verteilen. Bei zirka 200 Grad Celsius backen. Etwas auskühlen lassen, aber noch in weichem Zustand 3 Zentimeter große Würfel schneiden. Sollte das Messer kleben, wiederholt in heißes Wasser tauchen.
Bis zum nächsten Tag trocknen lassen, dann Sesamkonfekt vom Blech nehmen.

Sesamkonfekt		Eiweiß	Fett	Kohlenhydrate	kcal	kjoule
150 g	Honig	0,45	—	121,5	486	2.041,5
100 g	Wasser	—	—	—	—	—
100 g	Nüsse	15	64	13,5	690	2.898
120 g	Sesam	24	60	19,2	712,8	2.994
470 g	Teiggewicht	39,45	124	154,2	1.888,8	7.933,5
400 g	Ausbackgewicht					
in 100 g	Gebackenem	9,8	31	39	472	1.983

1 BE = 8 g
1 Sesamkonfekt 16 g = 2 BE = 75 Kilokalorien

Arbeitszeit: zirka 70 Minuten

HIRSEBUSSERL (HIRSELAIBCHEN)

400 g Hirse, fein gemahlen
50 g Sojamehl, fein gemahlen
50 g Weizenvollkornmehl, fein gemahlen
450 g Butter
200 g Honig
5 ganze Eier
100 g kleingehackte Mandeln
50 g Rosinen
15 g Backpulver
etwas Zitronensaft.

Teigbereitung: Butter und Honig schaumig rühren, Eier langsam unterschlagen, ebenfalls den Zitronensaft. Hirse, Soja und Weizenvollkornmehl mit Backpulver gut vermischen und unter die aufgeschlagene Masse ziehen. Zum Schluß die Früchte einarbeiten. Zirka 15 Minuten quellen lassen, dann kleine Häufchen formen. Auf ein gefettetes Blech setzen und im vorgeheizten Ofen bei 170 Grad Celsius backen. Die Hirsebusserl können sehr gut auf Vorrat gebacken werden, denn sie bleiben — in einer verschlossenen Dose aufbewahrt — lange frisch. Man kann sie aber auch einfrieren. Vor dem Servieren müssen sie allerdings im Rohr noch einmal kurz überbacken werden.

	Hirsebusserl/Hirselaibchen	Eiweiß	Fett	Kohlenhydrate	kcal	kjoule
400 g	Hirse	42,4	15,6	284	1.528	6.416
50 g	Sojamehl	21,7	3,4	18,3	190	798
50 g	Weizen	5,9	1	34,7	171	718
450 g	Butter	3,2	374,4	3,2	3.393	14.251,5
200 g	Honig	0,6	—	162	648	2.722
300 g	5 Eier	35	30	—	410	1.720
100 g	Mandeln	19	54	19,5	640	2.688
50 g	Rosinen	1,2	0,3	32	134,5	562,5
15 g	Backpulver	—	—	—	—	—
1615 g	Teiggewicht	129	478,7	553,7	7.114,5	29.876
1600 g	Ausbackgewicht					
in 100 g	Gebackenem	8,6	31,9	36,91	474,3	1.991,7

1 BE = 11 g

Arbeitszeit: zirka 50 Minuten

1 Hirsebusserl 20 g = zirka 2 BE = 95 Kilokalorien

Für unsere Kleinen — Tiere aus Vollkornteig

Eine Kinderparty zu geben, will vorher gut geplant sein. Die schwierigste Frage ist: Wie kann ich die Kinder beschäftigen, ohne daß ein totales Chaos entsteht? Ein Vorschlag: Lassen Sie die Kinder doch Tiere aus Vollkornteig herstellen. Die Begeisterung und die Kreativität, die sie dabei entwickeln, ist bemerkenswert.

Heute laden Klassenkameraden, Nachbarskinder oder Kinder aus dem Freundeskreis einander ein: Ein Alptraum für manche Mutter, aber nur dann, wenn sie nicht weiß, wie man den Sprößlingen die Zeit vertreibt, wie man sie über längere Zeit intensiv beschäftigt. Gerade Kinder legen großen Wert auf originellen Zeitvertreib. Zeigen Sie ihnen, wie man nachfolgende Tierfiguren aus Hefeteig herstellt, die sie nachher bestimmt mit großem Appetit verzehren können.

TIERE AUS VOLLKORNTEIG

1000 g Weizenvollkornmehl
zirka 650 g Wasser
40 g Hefe
50 g Honig
20 g Salz
2 ganze Eier
100 g Butter

Hefe, Honig in der Milch auflösen und mit dem Vollkornmehl vermischen. Salz und Eier miteinander verrühren, langsam beigeben. Den Teig besonders gut durcharbeiten, bis er plastisch ist. Butter erst zum Schluß dazugeben. 15 Minuten liegen lassen, noch einmal gut durcharbeiten. Für 15 Minuten in den Kühlschrank geben, dann kann mit dem Aufarbeiten begonnen werden.
Die Tiere mit Ei bestreichen und im vorgeheizten Rohr bei 170 Grad Celsius backen.

Tiere aus Vollkornteig		Eiweiß	Fett	Kohlenhydrate	kcal	kjoule
1000 g	Weizen	117	20	693	3.420	14.360
650 g	Wasser	—	—	—	—	—
40 g	Hefe	4,84	0,20	4,40	38,4	161,2
50 g	Honig	0,15	—	40,50	162	680,5
20 g	Salz	—	—	—	—	—
100 g	2 Eier	14	12	—	164	688
100 g	Butter	0,70	83,20	0,70	754	3.167
1960 g	Teiggewicht	136,69	115,40	738,6	4.538,4	19.056,7
1640 g	Ausbackgewicht					
in 100 g	Gebackenem	8,3	7	45	277	1.159

1 BE = 19 g — *Arbeitszeit:* zirka 150 Minuten
1 Tier 80 g = zirka 4,5 BE = 221 Kilokalorien

IGEL

Teigstücke rundwirken und tropfenförmig kurz ausrollen. Auf der spitzen Seite mit einem runden Ausstecher abgrenzen (leicht abdrücken), damit ein Kopf entsteht. Auf dem ganzen Körper mit der Schere gleichmäßig schöne Stacheln einschneiden. Diese sollen womöglich reihenmäßig angeordnet sein. Mit Rosinen die beiden Augen markieren. Mit Ei leicht bestreichen und im vorgeheizten Rohr bei 170 Grad Celsius backen.

KROKODIL

Teigstück rundwirken und länglich ausrollen, so daß eine ovale Körperform entsteht. Die Kopfseite rundlich, die Schwanzseite eher spitz formen. Den Kopf mit einem Ausstecher leicht abdrücken. Die beiden Fußpaare aus dünn ausgerolltem Teigstrang abschneiden und leicht nach vorne gebogen unter dem Körper plazieren. Den Rachen mit einer Schere horizontal einschneiden, in den Körper und den Schwanz mit einer Gabel längliche Konturen zeichnen. Die Zehen ebenfalls mit einer Gabel markieren.

Tiere aus Vollkornteig: Begeisterung und Kreativität erwecken.

SCHILDKRÖTE

Zuerst formen wir die Fußpaare: Aus einem dünnen Teigstrang zwei gleich lange Stücke abschneiden und kreuzweise aufs Blech legen. Nun wird ein weiterer, dünner Teigstrang abgeschnitten und ein Ende tropfenförmig ausgerollt. Dieses Teigstück mit spitzem Ende nach innen gerichtet ablegen, das tropfenförmige Endstück bleibt als Kopf heraußen. Für das Schildplatt wird ein Teigstück rundgewirkt und flachgedrückt.
Über die aufgelegten Teigstränge legen. Die Füße und der Kopf müssen heraußen bleiben. Die Schildplatte leicht andrücken und mit einem Messer ein rautenförmiges Schildplattprofil einschneiden.

HASE

Teigstrang ausrollen. Auf einer Seite soll er, zunehmend, etwas dicker sein. Dieses dickere Ende nach unten abbiegen, damit eine sitzende Position entsteht. Kugelförmiges Teigstück als Kopf gut anpressen, mit einem Messer von der Spitze her bis zur Hälfte einschneiden, die Ohren etwas auseinanderbiegen und gut andrücken. Als Schwänzchen befestigen Sie einen kleinen Teigstrang unter dem Körper. Das Auge mit einer Rosine markieren.

KATZE

Teigstück rundwirken und zu einem konisch verlaufenden Teigstrang ausrollen. Das etwas dickere Ende nach unten abbiegen, als würde die Katze auf den Hinterpfoten sitzen. Ein rundes, kleineres Teigstück als Kopf gut anpressen und die Schnauze mit einer Schere durch kreuzweises Einschneiden markieren. Die Ohren fertigen wir aus einem 3 Millimeter dicken Teigstrang, den wir leicht unter den Kopf schieben. Die Augen mit Rosinen markieren.

SCHWAN

Teigstücke rundwirken, einen Strang ausrollen, der auf einer Seite zunehmend dicker werden soll. Dieses dickere Ende zum Schluß spitz machen. Den Teigstrang so auflegen, daß der dünnere Teil des Stranges den schlanken Hals darstellt und das dickere Ende den schwimmenden Körper. Flügel mit rundem Ausstecher aus ausgerolltem Teig mondsichelförmig ausstechen, mit Ei an den Körper ankleben und mit einer Klinge die Federn ritzen.

ELEFANT

Teigstücke rundwirken, eine kurze, gleichmäßige Teigrolle machen und als Körper absetzen. Ein rundes Teigstück für Kopf und Rüssel tropfenförmig formen, es an den Körper drücken und den dünnen Teil als Rüssel leicht nach oben biegen. Aus zirka 5 Millimeter dick ausgerolltem Fleck kleine runde Teigstücke ausstechen und auf den flach gedrückten Kopf anlegen. Den Mund mit einer Schere einschneiden, das Auge mit einer Rosine markieren. Als Schwänzchen setzen wir einen dünneren Teigstrang am hinteren Körperende fest.

SCHNECKE

Teigstück rundwirken und einen Teigstrang als länglich ovale Körperform ausrollen. Die Kopfseite soll etwas runder sein, die andere eher spitz. Als Schneckenhäuschen einen längeren Teigstrang gleichmäßig wie eine Spirale rollen. Die oval ausgerollte Körperform in der Mitte etwas flach drücken und dort das Häuschen aufsetzen. Die Augen mit einer Rosine und das Fühlerpaar mit zwei gestiftelten Mandeln markieren.

Festtagsgebäcke während des Jahreslaufes

Festtagsgebäcke für Ostern, Muttertag, Vorweihnachts- und Weihnachtszeit, Taufe oder Hochzeiten haben einen gemeinsamen Grundgedanken: *Brot erzeugt Kraft.* Insbesondere die Gebäcke, die zu diesen Festtagen hergestellt werden. Brote, die etwa vor Weihnachten oder am Karfreitag gebacken werden, gelten als heilbringend.

Für Gläubige ist das Brot nicht nur ein Nahrungsmittel, sondern es verkörpert das Leben überhaupt. Gesegnetes Karsamstagsbrot etwa wird auf die Familienmitglieder aufgeteilt; jeder, der davon ißt, nimmt den Ostersegen in sich auf.

Die gebräuchlichsten Festgebäcke in der heutigen Zeit sind: Oster- und Weihbrote, Osterlämmer und Osterhasen, natürlich nicht zu vergessen die Osterpinzen, die — von Salzburg ausgehend — Österreich erobert haben.

Es ist nicht leicht, mit Rezepten den Duft nach Zimt, Honig und nach Weihnachtsgewürzen heraufzubeschwören.

In manchen Gegenden werden bei Taufen kleine Brote hergestellt, die „Kindlbettbrote", die der Pate der glücklichen Mutter schenkt. Ähnliches Brauchtum gibt es für Hochzeiten. Als typisches Hochzeitsgebäck gilt der „Hochzeitsbag'n", der unter den verschiedensten Bezeichnungen hergestellt wird, zum Beispiel als Hochzeitskranz.

ORANGENKUCHEN

350 g Weizenvollkornmehl
100 g Sojamehl
400 g Butter
400 g Honig
6 ganze Eier
100 g Kokosflocken
50 g Rum
3 Orangen, Saft und Schale
1 halbe Vanilleschote, gerieben
1 Messerspitze Piment, gemahlen
1 Messerspitze Muskat, gemahlen
100 g Orangeat
20 g Backpulver

Vorbereitungsarbeiten: Besorgen Sie sich in einem Haushaltsgeschäft eine gerippte Prinzeß-Kuchenform. Mit flüssiger Butter ausstreichen und mit Vollmehl ausstauben.
Teigbereitung: Butter und Honig schaumig rühren, die Eier langsam dazuschlagen, ferner Orangenschale und -saft, Rum und Gewürze zugeben, Weizenvollkornmehl, Sojamehl, Kokosflocken und Backpulver gut vermischen und einrühren. Zum Schluß Orangeat unterziehen. Die Masse reicht für zwei Kuchenformen. Sollte nur eine Prinzeßkuchenform vorhanden sein, können Sie die übrige Masse etwa in einer Rehrückenform backen. Im vorgeheizten Ofen bei einer Temperatur von 170 Grad Celsius zirka 60 Minuten backen. Nach dem Auskühlen aus der Form heben und mit einer erwärmten Orangenmarmelade überziehen.

Orangeat kann man selbst herstellen: Dieses macht man nicht aus Orangen, sondern aus Pomeranzen. Deren Schale ist stark mit ätherischen Ölen durchsetzt und hat einen intensiven, bittersüßen Geschmack. Die Schalen in Salzwasser konservieren und anschließend in eine Aniglösung geben. Zirka eine Woche im Kühlschrank lagern und dann trocknen lassen.

Der Orangenkuchen wird sehr gerne in England gegessen, weil seine Zusammensetzung hervorragend auf das feine Teearoma abgestimmt ist. Es gibt heute sehr viele fertiggemahlene Gewürzmi-

Orangenkuchen		Eiweiß	Fett	Kohlenhydrate	kcal	kjoule
350 g	Weizen	40,95	7	242,55	1.197	5.026
100 g	Sojamehl	43,40	6,7	36,60	380	1.596
400 g	Butter	2,80	332,8	2,80	3.016	12.668
400 g	Honig	1,20	—	324	1.296	5.444
300 g	6 Eier	32	36	—	492	2.064
100 g	Kokosflocken	4,20	34	11	367	1.541
50 g	Rum	—	—	15	83	348,5
250 g	Orangensaft	—	—	—	—	—
100 g	Orangeat	1,5	0,5	24	110	460
1	Vanilleschote, gerieben	—	—	—	—	—
5 g	Muskatblüte	—	—	—	—	—
2050 g	Teiggewicht	126,05	417	655,94	6.941	29.147
1900 g	Ausbackgewicht					
in 100 g	Gebackenem	6,63	21,95	34,53	365,32	1.534

1 BE = 13 g *Arbeitszeit:* zirka 65 Minuten
1 Schnitte Orangenkuchen 50 g = zirka 4 BE = 183 Kilokalorien

schungen. Das volle Gewürzaroma kommt aber erst richtig zur Geltung, wenn Sie die Gewürze im Mörser oder in einer Pfeffermühle zerkleinern.

LEBKUCHEN

500 g Weizenvollkornmehl
100 g Roggenvollkornmehl
500 g Honig
100 g Butter
4 ganze Eier
20 g Natron
15 g Zimt
5 g Nelken, gemahlen
5 g Piment, gemahlen
1 Messerspitze Kardamon, gemahlen
1 Messerspitze Ingwer, gehahlen
abgeriebene Zitronenschale
30 g Kirschwasser

Anstelle der angeführten Gewürze können Sie auch ein Päckchen Lebkuchengewürz nehmen!

Teigbereitung: Butter und Honig leicht erwärmen, sämtliche Gewürze — einschließlich Zitronenschale und Kirschwasser — dazugeben. Natron mit den Eiern verrühren und ebenfalls dazugeben. Roggen- und Weizenvollkornmehl gut vermischen, zur übrigen Masse rühren und gut durchkneten. Über Nacht kühl stellen, am nächsten Tag aufarbeiten.

Wir haben jetzt die Wahl: Wir können den Lebkuchenteig zirka 5 Millimeter dick ausrollen und mit Formen ausstechen. In der Vorweihnachtszeit sind Nikolaus und Krampus die gebräuchlichsten Figuren. Haben wir keine Form zur Hand, zeichnen wir eine Schablone, legen sie auf den Fleck und schneiden mit dem spitzen Messer aus.

Mit Ei bestreichen, mit Nüssen, Mandeln, Dörrzwetschken und Rosinen belegen.

Fertigen wir die Schablonen selbst an, so sind unserer Phantasie keine Grenzen gesetzt.

Hampelmänner oder Gebildebrot können auf diese Weise in kürzester Zeit in der Weihnachtswerkstätte entstehen.

Eine andere Möglichkeit ist, den Lebkuchen zu füllen.

Lebkuchen (ohne Fülle)		Eiweiß	Fett	Kohlenhydrate	kcal	kjoule
500 g	Weizen	58,5	10	346,5	1.710	7.180
100 g	Roggen	11,6	1,7	69	338	1.420
500 g	Honig	1,5	—	405	1.620	6.805
100 g	Butter	0,7	83,2	0,7	754	3.167
300 g	4 Eier	28	24	—	328	1.376
50 g	Gewürze	—	—	—	—	—
30 g	Kirschwasser	—	—	—	78	329
1580 g	Teiggewicht	100,3	118,9	821,2	4.828	20.277
1500 g	Ausbackgewicht					
in 100 g	Gebackenem	6,7	8	55	322	1.351

1 BE = 17 g

Arbeitszeit: ausgebacken: zirka 100 bis 120 Minuten
gefüllt: zirka 70 Minuten

in 1 Stück 70 g = zirka 4 BE = 224 Kilokalorien

Fülle:
300 g Marmelade (halb Johannisbeeren, halb Zwetschken)
100 g Nüsse, grob gehackt
100 g Orangeat
70 g Rosinen
50 g Rum
geriebene Zitronenmarmelade

Wir rollen zwei Teigplatten aus und füllen auf den einen Fleck die zusammengemischte Fülle. Die Teigplatte vorher auf ein Backblech geben. Die Fülle gleichmäßig verstreichen und mit dem zweiten Fleck belegen. Mit Ei bestreichen und mit gestiftelten Mandeln bestreuen. Backtemperatur: 190 Grad Celsius im vorgeheizten Backrohr.

CHRISTSTOLLEN

1000 g Weizenvollkornmehl
200 g Honig
60 g Hefe
20 g Salz
500 g Butter
400 g Milch
5 g Zimt
5 g Kardamon
1 Messerspitze Muskatblüte, gerieben
abgeriebene Zitronenschale

Vorbereitungsarbeiten: 500 Gramm Rosinen, 300 Gramm Nüsse und 300 Gramm Mandeln gehackt in zirka 300 Gramm Rum einweichen.
Teigbereitung: Mit der Hefe der Milch (35 Grad Celsius) und 400 Gramm Weizenvollkornmehl einen Vorteig („Dampfl") machen. Stehdauer: 30 Minuten. Dann mit den übrigen Zutaten einschließlich der Gewürze zu einem Teig mischen. Den Teig kräftig durchkneten und über Nacht in den Kühlschrank stellen. Wenn sich die Hefe langsam vermehren kann, entwickelt der Teig einen viel besseren Geschmack und wird auch feinporiger. Am nächsten Tag die in Rum eingeweichten Früchte gut untermischen. Noch einmal 30 Minuten liegen lassen. Teigstücke (je 600 Gramm) abwiegen,

Christstollen		Eiweiß	Fett	Kohlenhydrate	kcal	kjoule
1000 g	Weizen	117	20	693	3.420	14.360
200 g	Honig	0,6	—	162	648	2.722
60 g	Hefe	28,8	0,8	22,80	284	894,60
20 g	Salz	—	—	—	—	—
500 g	Butter	3,5	416	3,50	3.770	15.835
400 g	Milch	12,8	14	18,80	252	1.060
15 g	Gewürze	—	—	—	—	—
500 g	Rosinen	11,5	2,5	320	1.345	5.625
300 g	Nüsse	45	192	40,50	2.070	8.694
300 g	Mandeln	57	162	58,50	1.920	8.064
300 g	Rum	—	—	90	498	2.091
3595 g	Teiggewicht	276,20	807,3	1.409,10	14.207	59.345
3000 g	Ausbackgewicht					
in 100 g	Gebackenem	9,2	27	47	474	1.983

1 BE = 11 g
1 Stück 60 g = zirka 6 BE = 283 Kilokalorien

Arbeitszeit: zirka 65 Minuten

rundwirken und viereckig zu einer Größe von 30 x 20 Zentimeter ausrollen. 100 Gramm selbstgemachte Marzipanfülle aufstreichen, zusammenrollen und mit dem Schluß nach oben in eine gefettete, mit gehobelten Mandeln ausgestreute Stollenform legen. Mit Ei bestreichen und mit gehobelten Mandeln bestreuen. Nach einer Gärzeit von 30 Minuten im vorgeheizten Ofen bei einer Temperatur von 180 Grad Celsius zirka 60 bis 70 Minuten backen.
Die üppigen Früchtekuchen und Früchtebrote, die zum Weihnachtsfest gebacken werden, stammen aus der zuckerlosen Zeit, als Honig das einzige Süßmittel war. Getrocknete Früchte gab es in jedem Haushalt, sie wurden je nach Geschmack verwendet. Weißes Mehl war unbekannt, es wurde nur mit Vollmehl gebacken. Christstollen sollten etwa eine Woche lagern, bevor sie angeschnitten werden. Gut aufbewahrt, halten sie wochenlang saftig. Am besten in einem Tontopf, mit einem Tuch bedeckt und kellerkühl; oder frieren Sie ihn ein. Dann bei Zimmertemperatur langsam aufgehen lassen.

BUTTERNÜSSCHEN

400 g Weizenvollkornmehl
400 g Butter
100 g Honig
50 g Sojamehl
20 g Rum
10 g Backpulver
1 halbe Vanilleschote, gerieben

Teigbereitung: Die Butter bei schwacher Hitze schmelzen und leicht bräunen, dann abkühlen lassen. Butter mit Honig, Vanille und Rum schaumig rühren. Weizenvollkornmehl mit Sojamehl und Backpulver gut vermischen und unterkneten. Den Teig zwei Stunden kühl stellen. Anschließend in kleine Teile teilen und „Nüßchen“ formen. Auf gefettetes Backblech setzen und im vorgeheizten Rohr bei 190 Grad Celsius hellbraun backen.
Ein Gebäck, das auf der Zunge zergeht! Wer kennt nicht die Sucht, die einem befällt, wenn man einmal hingegriffen hat, und man ißt so lange, bis das letzte Nüßchen — heimlich oder unheimlich — verschlungen wurde.

Butternüßchen		Eiweiß	Fett	Kohlenhydrate	kcal	kjoule
400 g	Weizen	46,8	8	277,2	1.368	5.744
400 g	Butter	2,8	332,8	2,8	3.016	12.668
100 g	Honig	0,3	—	81	324	1.361
50 g	Sojamehl	21,7	3,4	18,3	190	798
20 g	Rum	—	—	—	—	—
970 g	Teiggewicht	71,6	344,2	379,3	4.898	20.571
950 g	Ausbackgewicht					
in 100 g	Gebackenem	7,9	38,2	42,2	544,2	2.285,6

1 BE = 9 g
1 Nüßchen 18 g = 2 BE = 108 Kilokalorien

Arbeitszeit: zirka 60 Minuten

VANILLEKIPFERL (VANILLEHÖRNCHEN)

400 g Weizenvollkornmehl
300 g Butter
300 g Honig
300 g geschälte, gemahlene Mandeln
3 Eidotter
3 Vanilleschoten, gerieben

Teigbereitung: Weizenvollkornmehl, Mandeln, Honig, Butter und gemahlene Vanilleschoten mit den Eidottern gut verrührt zu einem Teig mischen. Gut durchkneten, aber nicht zu lange. Zwei Stunden kühl stellen. Anschließend den Teig in kleine Stücke aufteilen und daraus kleine Kipferl (Hörnchen) formen. Auf Backbleche setzen und im vorgeheizten Ofen bei 180 Grad Celsius backen. Vanillekipferl sind ein sehr mürbes Gebäck und zerbrechen leicht. Sparen Sie aber trotzdem nicht an Butter. Was Sie hier zusetzen, sparen Sie an Honig wieder ein.

Vanillekipferl		Eiweiß	Fett	Kohlenhydrate	kcal	kjoule
400 g	Weizen	46,8	8	277,2	1.368	5.744
300 g	Butter	2,1	249,6	2,1	2.262	9.501
300 g	Honig	0,9	—	243	972	4.083
300 g	Mandeln	57	162	58,5	1.920	8.064
50 g	3 Dotter	8,4	16,2	0,3	180	756
1350 g	Teiggewicht	115,2	435,8	581,1	6.702	28.148
1300 g	Ausbackgewicht					
in 100 g	Gebackenem	9,2	3,5	46,5	536,2	2.251,8

1 BE = 10 g — *Arbeitszeit:* zirka 70 Minuten
1 Vanillekipferl 15 g = 1,5 BE = 79 Kilokalorien

WEIHBROT (OSTERFLADEN)

1000 g Weizenvollkornmehl
50 g Hefe
zirka 550 g Milch
100 g Honig
120 g Butter
2 ganze Eier
15 g Salz

Teigbereitung: Milch auf 35 Grad Celsius erwärmen, Honig und Hefe darin auflösen und mit Weizenvollkornmehl zu einem Teig mischen. Eier mit Salz verrühren und langsam dazumischen. Zum Schluß wird die Butter untergemischt. 30 Minuten liegen lassen, abermals kräftig durchmischen und nach einer weiteren Teigruhe von 30 Minuten aufarbeiten. Zirka 300 Gramm vom Teig wegnehmen, zu einem Fleck von vier Millimeter Dicke ausrollen und zum Absteifen in den Gefrierschrank legen. Den übrigen Teig in drei gleiche Teile aufteilen und rundwirken. Nach dem Rundwirken auf den gestaubten Arbeitsplatz wegsetzen. 10 Minuten liegen lassen. Während dieser Zeit füllt man in ein Tuch Mehl ein und faßt es zu einem Ballen zusammen. Mit diesem das rundgewirkte Teigstück in der Mitte flachdrücken, so daß außen ein Rand entsteht. Das Teigstück 15 Minuten angaren lassen und noch einmal flachdrücken. Auf gefettete Bleche setzen und mit einem scharfen Messer ein sternförmiges Muster in den Teigrand hineinschneiden. Nach einer Gärzeit von 30 Minuten mit Ei bestreichen. Den ausgerollten Fleck aus dem Gefrierschrank holen, die Oberfläche mit Vollmehl stauben und Osterhasen ausstechen. Die Osterhasen in die flachgedrückte Innenseite legen und bei einer Temperatur von 190 Grad Celsius (vorgeheiztes Rohr) zirka 40 Minuten backen.

In manchen Gegenden wird dieses Brot auch „Karfreitagsbrot", in Kärnten „Osterreindling" genannt, und dem Brauch entsprechend werden damit die Patenkinder beschenkt. Einer alten Tradition entsprechend, wurden früher auch Geldstücke eingebacken. Heute werden die Geldscheine nur mehr beigelegt.

Weihbrot (Osterfladen)		Eiweiß	Fett	Kohlenhydrate	kcal	kjoule
1000 g	Weizen	117	20	693	3.420	14.360
50 g	Hefe	6	0,20	7,5	48	201,5
550 g	Milch	17,6	19,25	25,85	346,5	1.457,5
100 g	Honig	0,3	—	81	324	1.361
120 g	Butter	8,4	99,80	8,40	904,8	3.800,4
100 g	2 Eier	14	12	—	164	688
15 g	Salz	—	—	—	—	—
1935 g	Teiggewicht	163,3	151,25	815,75	5.207,3	21.868,4
1620 g	Ausbackgewicht					
in 100 g	Gebackenem	10	9,5	51	322	1.346

1 BE = 16 g
1 Stück 60 g = zirka 4 BE = 192 Kilokalorien

Arbeitszeit: zirka 50 Minuten

OSTERNEST

1000 g Weizenvollkornmehl
zirka 550 g Milch
80 g Hefe
200 g Butter
150 g Honig
15 g Salz
2 ganze Eier
Zitronensaft
1 halbe Vanilleschote, gerieben

Teigbereitung: Hefe und Honig in der auf 35 Grad Celsius erwärmten Milch wärmen und mit dem Vollkornmehl vermischen. Eier, Salz, Zitronensaft und geriebene Vanilleschote gut verrühren und langsam dem Teig beigeben. Zum Schluß die Butter untermischen. Den gut durchgekneteten Teig 90 Minuten in einem kühlen Raum mit feuchtem Tuch abgedeckt liegen lassen. Nach dieser kühlen Ruhezeit Teigstücke mit je 50 Gramm abwiegen und rundwirken. Nach einer weiteren Ruhezeit von 10 Minuten Teigstränge mit einer Länge von zirka 40 Zentimeter ausrollen. Je drei Stück werden zu Zöpfen zusammengeflochten. Die Zöpfe rundbiegen, die beiden Enden gut zusammendrücken, auf gefettete Bleche absetzen und mit Ei bestreichen. Zirka 40 Minuten gut aufgehen lassen und in die Mitte ein rotes gefärbtes Ei legen. Noch einmal den Kranz mit Ei bestreichen und im vorgeheizten Ofen bei 170 Grad Celsius backen. Dieses Osternest entspricht dem Brauchtum des Osternestsuchens. Man muß sich die Kinderaugen vorstellen, die nicht nur Ostereier erblicken, sondern auch das dazugebackene Nest. Direkt aus der Vollwertbäckerei des Osterhasen...

Osternest		Eiweiß	Fett	Kohlenhydrate	kcal	kjoule
1000 g	Weizen	117	20	693	3.420	14.360
550 g	Milch	17,6	19,25	25,85	346,5	1.457,5
80 g	Hefe	9,7	0,3	8,80	76,8	322,4
200 g	Butter	1,4	166,4	1,40	1.508	6.334
150 g	Honig	0,45	—	121,50	486	2.041,5
15 g	Salz	—	—	—	—	—
100 g	2 Eier	14	12	—	164	688
2095 g	Teiggewicht	160,15	217,95	850,55	6.001,3	25.203,4
1750 g	Ausbackgewicht					
in 100 g	Gebackenem	9	12,5	49	343	1.436

1 BE = 15 g

Arbeitszeit: zirka 55 Minuten

1 Stück 50 g = zirka 3,5 BE = 171 Kilokalorien

OSTERPINZEN

1000 g Weizenvollkornmehl
80 g Hefe
zirka 500 g Milch
15 g Salz
150 g Honig
300 g Butter
6 ganze Eier
4 Dotter
350 g geriebene Mandeln
200 g Rosinen in
100 g Rum einweichen
Zitronensaft

Teigbereitung: Butter mit Honig, Salz und Zitronensaft gut schaumig rühren, die ganzen Eier und die Dotter nach und nach beigeben. Mit Hefe, 200 Gramm Milch, 35 Grad Celsius, und 200 Gramm Vollkornmehl einen Vorteig („Dampfl") machen. Diesen gut zugedeckt zirka 20 Minuten stehen lassen, dann mit der gerührten Masse und dem Vollkornmehl, den geriebenen Mandeln und den übrigen Zutaten zu einem Teig mischen. Zum Schluß werden die in Rum eingeweichten Rosinen untergemischt. Nach einer Teigruhe von 20 Minuten gut ausstoßen, noch einmal 20 Minuten liegen lassen und aufarbeiten. Teigstücke mit 400 Gramm auswiegen, rundwirken und auf gefettete Bleche setzen. Nach kurzer Gärzeit (15 Minuten) mit Ei bestreichen und in einen kühlen Raum zum Trocknen stellen. Wenn die Teigstücke abgetrocknet sind, abermals mit Ei bestreichen, mit der Schere von der Mitte gegen den Rand drei tiefe Schnitte einschneiden und im vorgeheizten Ofen (180 Grad Celsius) zirka 35 Minuten backen. Wassergefäß dazustellen.

Früher wurden die Brauchtumsgebäcke nur aus sehr einfachem Teig hergestellt, meist nur aus Vollmehl, Wasser, Salz, etwas Hefe, und vielleicht wurden als Süßungsmittel getrocknete Birnen dazugegeben. Inzwischen hat sich auch hier — bei Rezepten für das Brauchtumsgebäck — ein Wandel vollzogen. Genauso wie sich der Wohlstand der Menschen gehoben und verfeinert hat, haben sich diese teils aus dem Aberglauben entstandenen Gebäcke verfeinert.

Osterpinzen		Eiweiß	Fett	Kohlen-hydrate	kcal	kjoule
1000 g	Weizen	117	20	693	3.420	14.360
80 g	Hefe	9,70	0,3	8,8	76,8	322,40
500 g	Milch	16	17,5	23,5	315	1.325
15 g	Salz	—	—	—	—	—
150 g	Honig	0,45	—	121,5	486	2.041,50
300 g	Butter	2,10	249,6	2,1	2.262	9.501
300 g	6 Eier	28	24	—	328	1.376
60 g	4 Dotter	11,20	21,6	0,4	240	1.008
350 g	Mandeln	66,50	189	68,3	2.240	9.408
200 g	Rosinen	4,60	1	128	538	2.250
2955 g	Teiggewicht	255,55	523	1.045,6	9.905	41,591,90
2470 g	Ausbackgewicht					
in 100 g	Gebackenem	10,5	21	42	401	1.679

1 BE = 13 g
1 Stück 60 g = zirka 5 BE = 240 Kilokalorien

Arbeitszeit: zirka 45 Minuten

OSTERHASEN

Teigbereitung: Wir mischen den Teig wie er bei Osterfladen beschrieben ist (siehe Seite 175). Den gut durchgekneteten Teig 60 Minuten in einem kühlen Raum mit feuchtem Tuch abgedeckt liegen lassen. Nach dieser Ruhe Teigstücke in drei verschiedenen Größen auswiegen: 100, 40 und 25 Gramm. Die Teigstücke rundwirken und nach Größe auf einem gefetteten Blech übereinanderlegen. Unten — als „Unterkörper" — das größte Teigstück, als Mittelstück nehmen wir jenes mit 40 Gramm. Und als Kopf wird ein Teigstück mit 25 Gramm etwas langgerollt und aufgesetzt. Mit einem scharfen Messer werden die Ohren eingeschnitten und auseinandergelegt. Mit Ei bestreichen, Rosinenaugen hineindrücken. 40 Minuten gären lassen und im vorgeheizten Ofen bei 170 Grad Celsius backen. Nach dem Auskühlen mit einem bunten Band zwischen Unter- und Mittelteil eine große Masche binden.

OSTERLÄMMER UND OSTERHASEN

200 g Butter
200 g Honig
5 ganze Eier
10 g Backpulver
zirka 350 g Weizenvollkornmehl
Zitronensaft

Vorbereitungsarbeiten: Besorgen Sie sich Osterlamm- und Osterhasenformen in einem Haushalts- oder Geschirrgeschäft.

Teigbereitung: Butter und Honig schaumig rühren, Eier langsam darunterschlagen, ferner Zitronensaft. Weizenvollkornmehl mit Backpulver vermischen und unter die Honig-Butter-Masse ziehen. Die Formen mit flüssiger Butter ausstreichen und mit Vollkornmehl bemehlen. Die Masse einfüllen, aber nur bis zwei Drittel der Form, und im vorgeheizten Rohr bei 170 Grad Celsius

zirka 40 Minuten backen. Danach zirka 30 Minuten auskühlen lassen, die Form öffnen und mit Vollwert-Schokolade die Augen in Form eines Tupfens markieren.
Als Dekor binden Sie dem Lämmchen ein lila Band, dem Hasen ein rotes Band um den Hals.

Selbstgemachte Schokolade
60 Gramm Butter schaumig rühren und mit 100 Gramm Kakao, 150 Gramm Honig, 60 Gramm Schlagsahne, 5 Gramm Zimt, eine halber Vanilleschote, gerieben, zirka 5 Gramm Agar-Agar, vermischen. Gut durcharbeiten und kühl stellen.

Osterlämmer und Osterhasen		Eiweiß	Fett	Kohlen-hydrate	kcal	kjoule
200 g	Butter	1,40	166,4	1,4	1.508	6.334
200 g	Honig	0,60	—	162	648	2.722
250 g	5 Eier	35	30	—	410	1.720
350 g	Weizen	40,95	7	242,6	1.197	5.026
10 g	Backpulver	—	—	—	—	—
1010 g	Teiggewicht	77,95	203,4	406	3.763	15.802
950 g	Ausbackgewicht					
in 100 g	Gebackenem	8,38	21,9	43,65	404,6	1.699,1

1 BE = 16 g *Arbeitszeit:* zirka 70 Minuten
1 Osterhase 165 g = zirka 10,5 BE = 528 Kilokalorien

HOCHZEITSKRANZ

1000 g Weizenvollkornmehl
zirka 650 g Milch
150 g Honig
200 g Butter
20 g Salz
40 g Hefe
4 Eidotter
100 g Marzipanfülle
abgeriebene Zitronenschale, ungespritzt
5 g Muskatblüte
5 g Piment

Vorbereitungsarbeiten: Hefe in 250 Gramm Milch (35 Grad Celsius) auflösen und mit 250 Gramm Weizenvollkornmehl einen Vorteig („Dampfl") machen. Diesen gut zugedeckt kühl stellen. Die kühle Gärdauer soll wegen besserer Geschmacksbildung drei Stunden betragen.
Teigbereitung: Honig in der restlichen erwärmten Milch auflösen, zum Vorteig dazugeben und mit dem restlichen Vollkornmehl zu einem Teig mischen. Salz, Zitronenschale und Gewürze mit den Eiern gut verrühren und langsam dem Teig beigeben. Die Butter erst nach zwei Dritteln des Mischvorganges dazugeben. Den Teig so lange kneten, bis er sich leicht von der Schüssel löst und sich hauchdünn ausziehen läßt. 30 Minuten gären lassen und die locker aufgeschlagene Marzipanfülle gut einarbeiten. Den Teig noch einmal kräftig durchkneten, gut zudecken und in einem kühlen Zimmer zwei Stunden garen lassen. Nach dieser Teigruhe muß sich das Volumen wesentlich vergrößert haben. Abermals kräftig durcharbeiten und in vier gleiche Teile teilen.
Zuerst rundwirken, dann gleichmäßig dicke Stränge ausrollen. Diese sollen zirka 50 Zentimeter lang sein. Locker umeinander legen und die zwei Enden fest zusammendrücken. Die Kränze auf

ein gefettetes Backblech setzen und zirka 30 Minuten gären lassen. Mit Eigelb bestreichen und mit gehobelten Mandeln bestreuen. Im vorgeheizten Ofen bei 200 Grad Celsius zirka 35 bis 40 Minuten backen.
Dieser Hochzeitskranz schmeckt nicht nur den Hochzeitsgästen. Wenn Sie zum Beispiel von Ihren Freunden zu einer Geburtstagsfeier eingeladen werden, bringen Sie einen selbstgebackenen Mandelkranz mit. Verzieren Sie ihn mit einer weißen — oder auch mit einer bunten — Schleife...

Hochzeitskranz		Eiweiß	Fett	Kohlenhydrate	kcal	kjoule
1000 g	Weizen	117	20	693	3.420	14.360
650 g	Milch	20,80	22,75	30,55	409,5	1.722,5
150 g	Honig	0,45	—	121,50	486	2.041,5
200 g	Butter	1,40	166,40	1,40	1.508	6.334
20 g	Salz	—	—	—	—	—
40 g	Hefe	4,84	0,20	4,40	38,4	161,2
60 g	Dotter	11,20	21,60	0,40	240	1.008
100 g	Marzipan	6,70	20	56	431	1.810
10 g	Gewürze	—	—	—	—	—0
2230 g	Teiggewicht	162,39	250,95	907,25	6.532,9	27.437,2
1860 g	Ausbackgewicht					
in 100 g	Gebackenem	8,5	13,9	49	351	1.471

1 BE = 14,5 g
1 Stück 75 g = zirka 5 BE = 263 Kilokalorien
Arbeitszeit: zirka 60 Minuten

HOCHZEITSBAGN

1000 g Weizenvollkornmehl
zirka 650 Milch
350 g Honig
250 g Butter
70 g Hefe
15 g Salz
6 Eidotter
100 g Rum
400 g Rosinen
200 g Orangeat, gehackt
10 g Muskatnuß, gerieben
Zitronenschale gerieben

Vorbereitungsarbeiten: Rosinen und Orangeat in Rum einweichen. Hefe in 300 Gramm Milch (auf 35 Grad Celsius erwärmt) auflösen und mit 300 Gramm Weizenvollkornmehl einen Vorteig („Dampfl") machen. Diesen gut durcharbeiten und, kühl gestellt, zugedeckt zirka vier Stunden gären lassen.

Teigbereitung: Honig in der restlich erwärmten Milch auflösen und zum reifen Vorteig („Dampfl") geben. Mit dem Vollkornmehl zu einem Teig kneten. Salz, Zitronenschale, Muskatnuß und geriebene Zitronenschale mit den Eiern verühren und langsam beigeben. Die Butter erst dem Teig beigeben, wenn er bereits gut geknetet ist. Ganz zum Schluß die Früchte untermischen. 30 Minuten gären lassen, noch einmal kräftig durchkneten, sonst würden die in Rum aufgeweichten Rosinen zermalmt werden. Nach einer weiteren kühlen Teigruhe (gut zugedeckt) aufarbeiten. In vier gleichgroße Teile teilen. Rundwirken und zirka 40 Zentimeter lange Teigstränge ausrollen. Diese mit einem Rollholz breit machen, so daß ein Viereck von 40 x 8 Zentimeter entsteht.

Auf zwei Teigstränge Mohnfülle, auf die anderen beiden Teigstränge Nußfülle aufdressieren. Die Füllen einschlagen und gut abdrücken. Nun nimmt man eine Nuß- und eine Mohnrolle und legt sie locker umeinander. Die zwei Enden festdrücken und den „Hochzeitsbagn" in eine (gefettete) 2,5-Liter-Pfanne absetzen. Zirka 30 Minuten gären lassen, mit Ei bestreichen, mit gestiftelten Mandeln bestreuen und im vorgeheizten Rohr bei einer Temperatur von 170 Grad Celsius zirka 60 bis 70 Minuten backen.
Eine Volksweisheit sagt: „Wenn der Hochzeitsbagn gelingt, dann geht auch die Ehe in Ordnung."
Daher werden für eine „gelungene Ehe" die besten Hochzeitsköchinnen aufgeboten, um diesen „Bagn" zu backen.

Hochzeitsbagn		Eiweiß	Fett	Kohlenhydrate	kcal	kjoule
1000 g	Weizen	117	20	693	3.420	14.360
500 g	Milch	16	17,5	23,50	315	1.325
350 g	Honig	1,05	—	283,50	1.134	4.763,5
250 g	Butter	1,75	208	1,75	1.885	7.917,5
70 g	Hefe	8,47	2,8	7,70	67,2	282,1
15 g	Salz	—	—	—	—	—
100 g	Dotter	16,80	32,4	0,60	360	1.512
100 g	Rum	—	—	30	166	697
400 g	Rosinen	9,20	2	256	1.076	4.500
200 g	Orangeat	4,60	1,2	138,8	66	276
10 g	Gewürz	—	—	—	—	—
2995 g	Teiggewicht	174,87	283,9	1.434,85	8.489,2	35.633,1
2450 g	Ausbackgewicht					
in 100 g	Gebackenem	7,5	11,5	58,5	347	1.454

1 BE = 14 g
1 Stück 70 g = 5 BE = 232 Kilokalorien

Arbeitszeit: zirka 50 Minuten

KINDLBETTBROT

1000 g Weizenvollkornmehl
850 g Honig
zirka 150 g Milch
10 g Zimt
5 g Nelken, gemahlen
5 g Anis, gemahlen
10 g Koriander, gemahlen
geriebene Zitronenschale
1 Prise Ingwer, gemahlen
1/16 l Kirschwasser
5 g Hirschhornsalz
5 g Pottasche

Teigbereitung: Honig wird in Milch erwärmt, die Gewürze eingerührt. Hirschhornsalz und Pottasche werden in Kirschwasser aufgelöst und dazugegeben. Mit dem Vollkornmehl zu einem Teig mischen, diesen aber nicht zu fest werden lassen, er „steift" nach. Kräftig durchmischen und zugedeckt in einem kühlen Raum zwei Tage lagern. Vor dem Aufarbeiten noch einmal kräftig durchkneten, auf der bemehlten Arbeitsfläche ausrollen und in mit Mehl bestaubte Modeln drücken. Herausklopfen und über Nacht noch einmal ruhen lassen. Am nächsten Tag auf gefettete Backbleche setzen und bei 200 Grad Celsius zirka 15 Minuten lang backen.

Diese Brauchtumsbrote werden nicht verziert.
Zum Backen gibt es schöne, handgeschnitzte Holzmodel.
Sie können den Teig auch ganz einfach ausrollen und mit verschiedenen Formen ausstechen.

Nach der kirchlichen Taufzeremonie gibt es meist eine kleine Feier im engsten Kreis, wo diese Kindlbettbrote vom Taufpaten der Mutter oder auch den Gästen geschenkt werden. In manchen Gegenden wird die Mutter 14 Tage hindurch mit diesen Broten versorgt.

Kindlbettbrot		Eiweiß	Fett	Kohlenhydrate	kcal	kjoule
1000 g	Weizen	117	20	693	3.420	14.360
850 g	Honig	25,5	—	688,50	2.754	11.568,5
150 g	Milch	4,8	5,25	7,05	94,5	397,5
50 g	Gewürze	—	—	—	—	—
2050 g	Teiggewicht	147,3	25,25	1.388,55	6.268,5	26,325,0
1850 g	Ausbackgewicht					
in 100 g	Gebackenem	8	1,36	75	339	1.423

1 BE = 15 g
1 Model 45 g = 3 BE = 146 Kilokalorien

Arbeitszeit: zirka 120 Minuten

Teigwaren

NUDELN MIT SOJA

350 g Weizenvollkornmehl, ganz fein gemahlen
150 g Soja
5 g Salz
5 ganze Eier
zirka 200 g Wasser
60 g Getreidekeimöl

Teigbereitung: Für die Nudelherstellung muß das Getreide besonders fein vermahlen werden. Werden nämlich Nudelmaschinen verwendet, kann es, wenn die Kleinteile zu groß sind, vorkommen, daß der Teig durch die sehr schmalen und engen Spritzformen nicht durchgedrückt werden kann.
Das Mehl auf ein Brett häufen, eine Mulde hineindrücken, sämtliche Zutaten hineingeben und mischen. Den Teig — ähnlich wie Mürbteig — mit den Handballen gut durchkneten. Nach dem Mischen die Oberfläche mit Öl gut bestreichen und zirka 40 bis 45 Minuten kühl lagern. Nach dieser Zeit mit einem Rollholz zirka zwei Millimeter dick ausrollen. Gleichmäßige breite Streifen schneiden, mit Vollmehl bestauben, übereinander legen und mit einem scharfen Messer die Nudeln schneiden. Die Vollkornnudeln zwei Tage in einem trockenem Raum lagern. Dann ist die Trockenreife beendet, und Sie können die Nudeln in einem Behälter oder in einer Papiertüte aufbewahren.

Nudeln in Soja		Eiweiß	Fett	Kohlen-hydrate	kcal	kjoule
350 g	Weizen	40,95	7	242,55	1.197	5.026
150 g	Sojamehl	65,10	10,05	54,90	570	2.394
300 g	5 Eier	35	30	—	410	1.720
200 g	Wasser	—	—	—	—	—
60 g	Getreidekeimöl	—	59,90	—	539,4	2.260
5 g	Salz	—	—	—	—	—
1065 g	Teiggewicht	141,05	106,95	297,45	2.716,4	11.400
in 100 g		20	15	43	388	1.629

1 BE = 15 g
100 g = zirka 6,6 BE = 388 Kilokalorien

Arbeitszeit: zirka 75 Minuten

NUDELN MIT HIRSE

300 g Weizenvollkornmehl, ganz fein gemahlen
200 g Hirsemehl, ganz fein vermahlen
5 g Salz
7 ganze Eier
zirka 200 g Wasser
80 g Getreidekeimöl

Teigbereitung: Der Vorgang des Mischens ist genau der gleiche wie bei der Herstellung der Vollkornnudeln mit Sojamehl.
Hirse ist sehr reich an Mineralstoffen und enthält sehr viel Kieselsäure. Diese ist gut für den Haarwuchs sowie für die Zahn- und Knochenbildung.

Nudeln mit Hirse		Eiweiß	Fett	Kohlen-hydrate	kcal	kjoule
300 g	Weizen	35,1	6	415,8	1.026	2.872
200 g	Hirsemehl	21,2	7,8	142	764	3.208
200 g	Wasser	—	—	—	—	—
400 g	7 Eier	49	42	—	574	2.408
80 g	Getreidekeimöl	—	79,9	—	719,2	3.020,8
5 g	Salz	—	—	—	—	—
1185 g	Teiggewicht	105,3	135,7	557,8	3.083,2	11.508,8
in 100 g		13	17	70	385	1.438

1 BE = 11 g
100 g = zirka 9 BE = 385 Kilokalorien

Arbeitszeit: zirka 75 Minuten

Rezepte für Coeliakie-Kranke

HERSTELLUNG VON NATURSAUERTEIG FÜR GLUTENFREIE VOLLWERTBROTE

SAUERTEIG FÜR COELIAKIEBROT

30 Gramm Buchweizen, frisch vermahlen, und 30 Gramm Wasser (25 Grad Celsius) zu einem Teig mischen, mit Zwiebelscheiben bedecken und 24 Stunden stehen lassen. Zwiebelringe weggeben und den Grundteig noch einmal mit 30 Gramm Buchweizen, frisch vermahlen, und 30 Gramm Wasser (25 Grad Celsius) zu einem Teig mischen. Weitere 24 Stunden stehen lassen und noch einmal mit 30 Gramm Buchweizen (frisch vermahlen) und mit 30 Gramm Wasser (25 Grad Celsius) gut vermischen. Dieser Teig bleibt 12 Stunden stehen, und Sie haben einen fixfertigen Natursauerteig, der sofort backfähig ist.

Wollen Sie nun aber einen Natursauerteig haben, der längere Zeit haltbar ist, dann ist das Aufreiben der Graupen (Gerstl) eine Maßnahme, durch die ein Sauerteig tagelang ohne Schäden konserviert werden kann, da sich der Teig zu feinen Krümeln aufreiben läßt. Durch die verhältnismäßig große Fettmenge und die geringe Feuchtigkeit kommt die Gärung in den Graupen (im Gerstl) weitgehend zum Stillstand. Vor der Verwendung müssen die Graupen (Gerstl) wenigstens eine Stunde im Wasser eingeweicht werden. Erst dann kann der Brotteig gemacht werden.

BUCHWEIZENBROT

500 g Buchweizen, fein vermahlen
100 g Leinsamen
zirka 350 g Wasser
20 g Salz
25 g Hefe
30 g Johannisbrotkernmehl
Sauerteig

Vorbereitungsarbeiten: 100 Gramm Leinsamen in 150 Gramm Wasser (35 Grad Celsius) drei Stunden vor der Teigbereitung einweichen.

Teigbereitung: 140 Gramm Sauerteig-Graupen (Gerstl) vor Gebrauch in 250 Gramm Wasser (35 Grad Celsius) einweichen und nach einer Stunde gut verrühren. 300 Gramm Buchweizenmehl dazugeben und zu einem Teig mischen. Diesen fünf Stunden stehen lassen. Nach dieser Zeit 150 Gramm Sauerteig weggeben und mit Buchweizenvollkornmehl zu Graupen (Gerstl) verreiben. Zugedeckt in den Kühlschrank geben und dort für die nächste Brotbereitung aufbewahren.

Hefe in restlichem Wasser auflösen und mit sämtlichen anderen Zutaten zu einem Teig mischen. Diesen 30 Minuten liegen lassen und mehrmals kräftig durchmischen. Nach einer weiteren Teigruhe von 30 Minuten aufarbeiten. Teig in zwei gleich große Stücke teilen,

rundwirken, zu Wecken formen und in zwei gefettete Backformen setzen. Diese können mit Buchweizenvollkornmehl ausgestaubt werden. Zirka 40 Minuten gären lassen, die Oberfläche mit Wasser bestreichen und mit etwas Leinsamen bestreuen. Im vorgeheizten Ofen bei einer Temperatur von 270 Grad Celsius backen. Wassergefäß hineinstellen, vorsichtig etwas Wasser ins Rohr schütten und bei einer Ausbacktemperatur von 180 Grad Celsius fertigbacken.
Backdauer: zirka 1 Stunde.
Johannisbrotkernmehl ist der vermahlene Samen des Johannisbrotbaumes. Dieser Samen hat ein sehr hohes Ausquellungsvermögen und eignet sich hervorragend als Bindemittel für das glutenfreie Buchweizenmehl. Johannisbrotmehl ist im Reformhaus erhältlich.

Buchweizenbrot		Eiweiß	Fett	Kohlen-hydrate	kcal	kjoule
500 g	Buchweizen	49	8,5	362	1.820	7.615
100 g	Leinsamen	20	50	16	594	2.494,80
350 g	Wasser	—	—	—	—	—
20 g	Salz	—	—	—	—	—
25 g	Hefe	3,02	0,1	2,75	24	100,75
150 g	Sauerteig	17,40	25,5	103,50	507	2.129,40
30 g	Johannisbrot-kernmehl	—	—	—	—	—
1175 g	Teiggewicht	89,42	84,1	484,25	2.945	12.339,95
1000 g	Ausbackgewicht					
in 100 g	Gebackenem	8,9	8,4	78	294	1.233

1 BE = 17 g
1 Schnitte 50 g = zirka 3 BE = 150 Kilokalorien
Arbeitszeit: zirka 50 Minuten

BUCHWEIZENBROT MIT SOJA

500 g Buchweizen, fein vermahlen
zirka 500 g Wasser
20 g Salz
25 g Hefe
30 g Johannisbrotkernmehl
Sauerteig
100 g Sojaschrot

Vorbereitungsarbeiten: 100 Gramm Sojaschrot in 130 Gramm Wasser (35 Grad Celsius) drei Stunden vor der Teigbereitung einweichen.
Teigbereitung: 150 Gramm Sauerteig-Graupen (Gerstl) vor Gebrauch in 250 Gramm Wasser (35 Grad Celsius) einweichen und nach einer Stunde gut verrühren. 300 Gramm Buchweizenmehl dazugeben und zu einem Teig mischen. Diesen fünf Stunden stehen lassen. Nach dieser Zeit 150 Gramm Sauerteig weggeben und mit Buchweizenvollkornmehl zu Graupen (Gerstl) verreiben. Zugedeckt in den Kühlschrank geben und dort für die nächste Brotbereitung aufbewahren.
Hefe in restlichem Wasser auflösen und mit sämtlichen anderen Zutaten zu einem Teig mischen. 30 Minuten liegen lassen und mehrmals kräftig durchmischen. Nach einer weiteren Teigruhe

von 30 Minuten aufarbeiten. Teig in zwei gleich große Stücke teilen, rundwirken, zu Wecken formen und in zwei gefettete Backformen setzen. Diese können mit Buchweizenvollkornmehl ausgestaubt werden. Zirka 40 Minuten gären lassen, die Oberfläche mit Wasser bestreichen und im vorgeheizten Ofen bei einer Temperatur von 270 Grad Celsius backen. Wassergefäß hineinstellen, vorsichtig etwas Wasser hineinschütten und bei einer Ausbacktemperatur von 180 Grad Celsius fertigbacken.
Backdauer: zirka 1 Stunde.

Buchweizenbrot		Eiweiß	Fett	Kohlenhydrate	kcal	kjoule
500 g	Buchweizen	49	8,5	362	1.820	7.615
500 g	Wasser	—	—	—	—	—
100 g	Sojaschrot	43,4	6,7	36,60	380	1.596
20 g	Salz	—	—	—	—	—
25 g	Hefe	3	0,1	2,75	24	101
30 g	Johannisbrotkernmehl	—	—	—	—	—
1025 g	Teiggewicht	95,4	15,3	401,35	2.224	9.312
900 g	Ausbackgewicht					
in 100 g	Gebackenem	10,5	1,7	44,5	247	1.035

1 BE = 25 g
1 Schnitte 50 g = 2 BE = 123 Kilokalorien

Arbeitszeit: zirka 50 Minuten

BUCHWEIZENBROT MIT SONNENBLUMENKERNEN

500 g Buchweizen, fein vermahlen
zirka 350 g Wasser
20 g Salz
25 g Hefe
30 g Johannisbrotkernmehl
Sauerteig
100 g Sonnenblumenkerne

Vorbereitungsarbeiten: 100 Gramm Sonnenblumenkerne in 150 Gramm Wasser (35 Grad Celsius) drei Stunden vor der Teigbereitung einweichen.
Teigbereitung: 150 Gramm Sauerteig-Graupen (Gerstl) vor Gebrauch in 250 Gramm Wasser (35 Grad Celsius) einweichen und nach einer Stunde gut verrühren. 300 Gramm Buchweizenmehl dazugeben und zu einem Teig mischen. Diesen fünf Stunden stehen lassen. Nach dieser Zeit 150 Gramm Sauerteig weggeben und mit Buchweizenvollkornmehl zu Graupen (Gerstl) verreiben. Zugedeckt in den Kühlschrank geben und dort für die nächste Brotbereitung aufbewahren.
Hefe in restlichem Wasser auflösen und mit sämtlichen anderen Zutaten zu einem Teig mischen. Diesen 30 Minuten liegen lassen und mehrmals kräftig durchmischen. Nach einer weiteren Teigruhe von 30 Minuten aufarbeiten. Teig in zwei gleich große Stücke teilen, rundwirken, zu Wecken formen und in zwei gefettete Backpfannen setzen. Diese können mit Buchweizenvollkornmehl ausgestaubt werden. Zirka 40 Minuten gären lassen, die Oberfläche mit Wasser bestreichen und mit Sonnenblumenkernen bestreuen. Im vorgeheizten Ofen bei einer Temperatur von 270 Grad Celsius backen. Wassergefäß hineinstellen, vorsichtig etwas Wasser in das Rohr schütten und bei 180°C fertigbacken. *Backdauer:* zirka 1 Stunde.

Buchweizenbrot		Eiweiß	Fett	Kohlen-hydrate	kcal	kjoule
500 g	Buchweizen	49	8,5	362	1.820	7.615
100 g	Sonnenblumenkerne	27	36	23	524	2.201
350 g	Wasser	—	—	—	—	—
20 g	Salz	—	—	—	—	—
25 g	Hefe	3	0,1	2,75	24	101
30 g	Johannisbrot-kernmehl	—	—	—	—	—
1025 g	Teiggewicht	79	44,6	387,75	2.368	9.917
900 g	Ausbackgewicht					
in 100 g	Gebackenem	8,8	4,9	43	263	1.102

1 BE = 22 g
1 Schnitte 60 g = zirka 3 BE = 156 Kilokalorien

Arbeitszeit: zirka 50 Minuten

MAISBROT

400 g Maismehl, fein vermahlen
120 g Buchweizen, fein vermahlen
zirka 350 g Wasser, 30 Grad Celsius
30 g Salz
30 g Hefe
10 g Kümmel, fein vermahlen
50 g Maisöl

Vorbereitungsarbeiten: Mais, Buchweizen und Kümmel fein vermahlen.
Teigbereitung: Die Hefe in Wasser auflösen und mit den anderen Zutaten zu einem Teig mischen. Das Maisöl erst im letzten Drittel des Teigmischens dazugeben. Den Teig 20 Minuten liegen lassen und dann noch einmal durchkneten. Nach einer weiteren Teigruhe von 15 Minuten aufarbeiten. Teigstücke in zwei gleiche Teile aufteilen, rundwirken und auf ein gefettetes Backblech setzen. Die Gärdauer soll zirka 30 Minuten betragen. Dann mit Wasser bestreichen, mit grob geschrotetem Buchweizen bestreuen und im vorgeheizten Rohr bei 250 Grad Celsius backen. Gefäß mit Wasser hineingeben, vorsichtig etwas

Maisbrot		Eiweiß	Fett	Kohlen-hydrate	kcal	kjoule
400 g	Maismehl	36,8	15,2	284	1.420	5.964
120 g	Buchweizen	11,76	2,04	86,88	436,8	1.827,6
550 g	Wasser	—	—	—	—	—
30 g	Salz	—	—	—	—	—
30 g	Hefe	3,63	0,12	3,30	28,8	120,9
10 g	Kümmel	—	—	—	—	—
50 g	Maisöl	—	50,0	—	450,0	1.888
1190 g	Teiggewicht	52,19	67,36	374,18	2.335,6	9.800,5
990 g	Ausbackgewicht					
in 100 g	Gebackenem	5,2	7	38	236	988

1 BE = 22 g
1 Stück 65 g = zirka 3 BE = 153 Kilokalorien

Arbeitszeit: zirka 50 Minuten

Wasser ins Rohr schütten. Bei einer Ausbacktemperatur von 190 Grad Celsius fertigbacken.
Backdauer: zirka 50 Minuten.
Maisbrot sollte innerhalb von drei Tagen verzehrt werden. Nachher neigt es zum Krümeln und wird trocken. In frischem Zustand schmeckt es sehr gut und ist eine Abwechslung auf dem Frühstückstisch. Der Mais stammt eigentlich aus Mexiko und wird in seiner Heimat bis zu fünf Meter hoch, eine besondere Züchtung sogar sieben Meter. In weiten Teilen Nordamerikas ist er zum beliebtesten Getreide neben dem Weizen geworden.

BUCHWEIZENLAIBCHEN MIT KÜMMEL

500 g Buchweizen, fein vermahlen
20 g Salz
25 g Hefe
30 g Johannisbrotkernmehl
Sauerteig

Vorbereitungsarbeiten: 500 Gramm Buchweizen mit 20 Gramm Kümmel und 10 Gramm Koriander fein vermahlen.
Teigbereitung: 150 Gramm Sauerteig-Graupen (Gerstl) vor Gebrauch in 250 Gramm Wasser (35 Grad Celsius) einweichen und nach einer Stunde gut verrühren. 300 Gramm Buchweizenmehl dazugeben und zu einem Teig mischen. Diesen fünf Stunden stehen lassen. Nach dieser Zeit 150 Gramm Sauerteig weggeben und mit Buchweizenvollkornmehl zu Graupen (Gerstl) verreiben. Zugedeckt in den Kühlschrank geben und dort für die nächste Brotbereitung aufbewahren.
Hefe im restlichen Wasser auflösen und mit sämtlichen anderen Zutaten zu einem Teig mischen. Diesen 30 Minuten liegen lassen und abermals kräftig durchmischen. Nach einer weiteren Teigruhe von 30 Minuten aufarbeiten. Teigstücke mit 70 Gramm abwiegen, rundwirken und zu Laibchen formen. Auf gefettete Backbleche setzen, mit Wasser bestreichen und mit Kümmel bestreuen. Nach einer Gärdauer von zirka 30 Minuten in den vorgeheizten Ofen bei einer Temperatur von 240 Grad Celsius geben. Wassergefäß hineinstellen, vorsichtig etwas Wasser in das Rohr schütten und bei einer Temperatur von 210 Grad Celsius fertigbacken.

Buchweizenlaibchen		Eiweiß	Fett	Kohlenhydrate	kcal	kjoule
500 g	Buchweizen	49	8,5	362	1.820	7.615
350 g	Wasser	—	—	—	—	—
20 g	Salz	—	—	—	—	—
25 g	Hefe	3	0,1	2,75	24	100,75
30 g	Johannisbrotkernmehl	—	—	—	—	—
150 g	Sauerteig	17,4	25,5	103,50	507	2.129,40
1075 g	Teiggewicht	69,4	34,1	468,20	2.351	9.845,15
900 g	Ausbackgewicht					
in 100 g	Gebackenem	7,5	4	52	262	1.084

1 BE = 20 g
1 Laibchen 60 g = 3 BE = 157 Kilokalorien
Arbeitszeit: zirka 65 Minuten

Backdauer: zirka 20 bis 25 Minuten.
Nach dem Ausbacken werden die Laibchen, die nicht sofort für den Verzehr bestimmt sind, in noch heißem Zustand in den Gefrierschrank gegeben. Zirka drei Stunden vor Gebrauch aus dem Schrank nehmen, auftauen lassen und noch einmal kurz (zirka fünf Minuten) bei 220 Grad Celsius in den Backofen schieben.

Auf diese Weise haben Sie die Möglichkeit, bei jeder Gelegenheit frische Buchweizenlaibchen servieren zu können.

HIRSEBROT

300 g Hirse, fein vermahlen
400 g Hirse, gedämpft
100 g Sojabohnen, fein vermahlen
40 g Salz
35 g Hefe
5 g Fenchel, fein vermahlen
zirka 450 g Wasser
40 g Johannisbrotmehl
80 g Butter
Sauerteig

Vorbereitungsarbeiten: 400 Gramm Hirse dämpfen, die restliche Hirse mit Sojabohne und Fenchel fein vermahlen.
Teigbereitung: 200 Gramm Sauerteig-Graupen (Gerstl) vor Gebrauch in 300 Gramm Wasser (35 Grad Celsius) einweichen und nach einer Stunde gut verrühren. 200 Gramm Hirsemehl dazugeben und zu einem Teig mischen. Diesen drei Stunden stehen lassen. Danach 200 Gramm Sauerteig weggeben und mit Buchweizenmehl zu Graupen (Gerstl) verreiben. Zugedeckt in den Kühlschrank geben und dort für die nächste Teigbereitung aufbewahren.
Hefe in restlichem Wasser auflösen, Johannisbrotmehl mit Hirsemehl gut vermischen und mit sämtlichen anderen Zutaten zu einem Teig mischen. Diesen zirka 30 Minuten liegen lassen, abermals kräftig durchmischen und nach einer weiteren Teigruhe von 30 Minuten aufarbeiten. In zwei Teile aufteilen und in gefettete, mit Hirsemehl ausgestaubte Backformen geben. Die Oberfläche mit Hirse dünn bestreuen und nach einer Gärzeit von zirka 20 Minuten in den vorgeheizten Ofen einschießen.
Anfangstemperatur: 270 Grad Celsius, Wassergefäß hineinstellen, etwas Wasser vorsichtig in das Rohr schütten und bei einer Ausbacktemperatur von 170 Grad Celsius fertigbacken.
Backdauer: zirka 60 Minuten

Hirsebrot		Eiweiß	Fett	Kohlenhydrate	kcal	kjoule
700 g	Hirse	74,2	27,3	497	2.674	11.228
100 g	Soja	37	18	27	418	1.756
40 g	Salz	—	—	—	—	—
35 g	Hefe	4,2	0,1	3,85	33,6	141
450 g	Wasser	—	—	—	—	—
80 g	Butter	0,6	66,5	0,60	603,2	2.533,6
40 g	Johannisbrotmehl	—	—	—	—	—
1445 g	Teiggewicht	116	111,9	528,45	3.728,8	15.658,6
1210 g	Ausbackgewicht					
in 100 g	Gebackenem	9,5	9	44	309	1.273

1 BE = 18 g
1 Schnitte 55 g = 3 BE = 165 Kilokalorien

Arbeitszeit: 65 Minuten

Hirse ist bekanntlich das Getreide der Sanguiniker. In Italien wird dieses Brot „pan di miglio“ genannt und in warmem Zustand verzehrt.

REISBROT

300 g Vollreis, fein vermahlen
300 g Vollreis, aufgedämpft
100 g Sojabohne, fein vermahlen
35 g Salz
35 g Hefe
5 g Anis, fein vermahlen
zirka 450 g Wasser
40 g Johannisbrotmehl
40 g Butter
Sauerteig

Vorbereitungsarbeiten: 300 Gramm Vollreis dämpfen, den restlichen Vollreis mit Sojabohne und mit Anis fein vermahlen.
Teigbereitung: 200 Gramm Sauerteig-Graupen (Gerstl) vor Gebrauch in 300 Gramm Wasser (35 Grad Celsius) einweichen und nach einer Stunde gut verrühren. 200 Gramm Vollreismehl dazugeben und zu einem Teig mischen. Diesen drei Stunden stehen lassen. Nach dieser Zeit 200 Gramm Sauerteig weggeben und mit Buchweizenmehl zu Graupen (Gerstl) verreiben. Zugedeckt in den Kühlschrank geben und dort für die nächste Brotbereitung aufbewahren.
Hefe im restlichen Wasser auflösen, Johannisbrotmehl mit Vollreismehl gut vermischen und mit sämtlichen anderen Zutaten zu einem Teig mischen. Diesen rund 30 Minuten liegen lassen, abermals kräftig durchmischen und nach einer weiteren Teigruhe von 30 Minuten aufarbeiten. Den Teig in zwei Teile aufteilen und in vorgefettete, mit Maismehl ausgestaubte Backformen geben. Die Oberfläche mit Vollreis dünn bestreuen und nach einer Gärzeit von zirka 20 Minuten in den vorgeheizten Ofen bei einer Temperatur von 250 Grad Celsius schieben. Wassergefäß dazustellen, vorsichtig Wasser ins Rohr schütten und bei einer Ausbacktemperatur von 170 Grad Celsius fertigbacken.

Reisbrot		Eiweiß	Fett	Kohlenhydrate	kcal	kjoule
300 g	Vollreis verm.	44,4	13,2	452,40	2.106	8.844
300 g	Vollreis ged.	44,4	13,2	452,40	2.106	8.844
100 g	Soja	37	18	27	418	1.756
35 g	Salz	—	—	—	—	—
35 g	Hefe	4,2	0,1	3,85	33,6	141
450 g	Wasser	—	—	—	—	—
40 g	Butter	0,3	33,3	0,30	301,6	1.266,8
200 g	Sauerteig	23,2	34	138	676	2.839,2
40 g	Johannisbrotmehl	—	—	—	—	—
1500 g	Teiggewicht	109,1	98,6	621,55	3.535,2	14.847
1250 g	Ausbackgewicht					
in 100 g	Gebackenem	8,5	8	43	283	140

1 BE = 17 g
1 Schnitte 50 g = zirka 3 BE = 140 Kilokalorien

Arbeitszeit: 65 Minuten

REIS-GUGELHUPF (REIS-NAPFKUCHEN)

250 g Reismehl, fein vermahlen
50 g Sojamehl, fein vermahlen
200 g Honig
200 g Butter
5 ganze Eier
50 g Rosinen
30 g Rum
10 g Backpulver
ungespritzte Zitronenschale, gerieben

Vorbereitungsarbeiten: 50 Gramm Rosinen in 30 Gramm Rum einweichen.
Teigbereitung: Eier mit Honig und geriebener Zitronenschale schaumig schlagen, Butter mit Sojamehl ebenfalls schaumig rühren. Reismehl mit Backpulver gut vermischen. Dann die Eier-Honig-Masse, die Butter-Soja-Masse und das abgemischte Reismehl gut vermischen. Zuletzt die eingeweichten Rosinen unterziehen. Zwei Gugelhupfformen (Napfkuchenformen) gut fetten, mit kleingehackten Nüssen ausstreuen und die Masse einfüllen. Im vorgeheizten Ofen bei 180 Grad Celsius zirka 50 Minuten backen.

Reisguglhupf (Napfkuchen)		Eiweiß	Fett	Kohlen-hydrate	kcal	kjoule
250 g	Reismehl	18	1,75	197,50	877,5	3.685
50 g	Sojamehl	21,7	3,35	18,30	190	798
200 g	Honig	0,6	—	162	648	2.722
200 g	Butter	1,4	166,40	1,40	1.508	6.334
280 g	5 Eier	35	30,00	—	410	1.720
50 g	Rosinen	1,15	0,25	32	134,5	562,5
30 g	Rum	—	—	9	49,8	209,1
10 g	Backpulver	—	—	—	—	—
1070 g	Teiggewicht	77,85	201,75	420,20	3.817,8	16.030,6
890 g	Ausbackgewicht					
in 100 g	Gebackenem	9	23	48	430	1.796

1 BE = 12 g
1 Stück 60 g = 5 BE = 258 Kilokalorien

Arbeitszeit: 45 Minuten

BUCHWEIZEN-MAISKUCHEN

200 g Buchweizen, fein vermahlen
100 g Mais, fein vermahlen
200 g Honig
200 g Butter
6 ganze Eier
60 g Rosinen
40 g Rum
10 g Backpulver
1 halbe Vanilleschote, gerieben

Vorbereitungsarbeiten: 60 Gramm Rosinen in 40 Gramm Rum einweichen.
Teigbereitung: Eier mit Honig und Vanille schaumig rühren. Butter ebenfalls schaumig aufschlagen. Buchweizen, Mais und Backpulver gut vermischen. Dann die Eier-Honig-Masse, Butter und die abgemischte Vollmehlmischung gut verrühren, zuletzt die eingeweichten Rosinen unterziehen. Zwei Backformen gut fetten, mit gehobelten Mandeln ausstreuen und die Masse einfüllen. In vorgeheiztem Ofen bei zirka 170 Grad Celsius backen.
Backdauer: zirka 50 Minuten.
In unseren Breitegraden ist die Kombination Buchweizen-Mais ungewöhnlich. Um so mehr ein Grund, diese Gaumenfreude kennenzulernen.

Buchweizen-Maiskuchen		Eiweiß	Fett	Kohlenhydrate	kcal	kjoule
200 g	Buchweizen	19,6	3,4	144,8	728	3.046
100 g	Mais	9,2	3,8	71,0	355	1.491
200 g	Honig	0,6	—	162	648	2.722
200 g	Butter	1,4	166,4	1,4	1.508	6.334
340 g	6 Eier	42	36	—	492	2.064
60 g	Rosinen	1,4	0,3	38,4	161,4	675
40 g	Rum	—	—	12	66,4	279
10 g	Backpulver	—	—	—	—	—
1150 g	Teiggewicht	74,2	209,9	429,6	3.958,8	16.611
960 g	Ausbackgewicht					
in 100 g	Gebackenem	9	22	45	413	1.726

1 BE = 12 g — *Arbeitszeit:* 45 Minuten
1 Stück 60 g = 5 BE = 247 Kilokalorien

BUCHWEIZENKUCHEN

350 g Buchweizen, fein vermahlen
100 g Sojamehl, fein vermahlen
150 g Butter
150 g Honig
6 ganze Eier
10 g Backpulver
Saft und Abrieb einer ungespritzten Zitrone

Teigbereitung: Butter, Honig, Dotter und Zitronensaft schaumig rühren. Buchweizen und Sojamehl mit Backpulver gut vermischen. Eiklar zu steifem Schnee schlagen und die aufgeschlagene Masse gleichzeitig mit den abgemischten Vollmehlen unterheben. Die Masse in gefettete Tortenform setzen und im vorgeheizten Ofen bei 170°C backen.
Backzeit: zirka 50 Minuten

Im Buchweizen sind sehr viele Mineralstoffe enthalten. Bedeutend ist der reiche Lezithingehalt. Buchweizen ist ein aufbauendes Nahrungsmittel und kann besonders in Zeiten der Rekonvaleszenz eine fördernde Rolle spielen.

Buchweizenkuchen		Eiweiß	Fett	Kohlenhydrate	kcal	kjoule
350 g	Buchweizen	34,30	6	253,4	1.274	5.330,5
100 g	Sojamehl	43,40	6,7	36,6	380	1.596
150 g	Butter	1	124,8	1	1.131	4.750
150 g	Honig	0,45	—	121,5	486	2.041,5
350 g	6 Eier	42	36	—	492	2.064
10 g	Backpulver	—	—	—	—	—
1110 g	Teiggewicht	121,15	173,5	412,5	3.763	15.782,5
1000 g	Ausbackgewicht					
in 100 g	Gebackenem	12	17	41	376	1.578

1 BE = 15 g — *Arbeitszeit:* 45 Minuten
1 Stück 60 g = 4 BE = 222 Kilokalorien

Immer frische Vitamine — durch Keimen

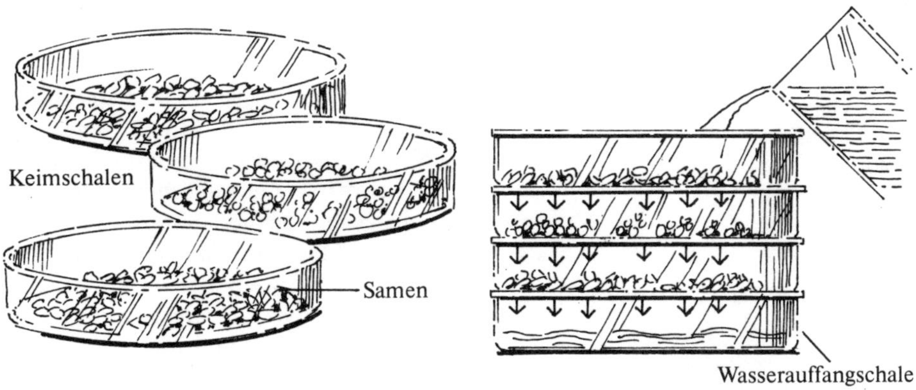

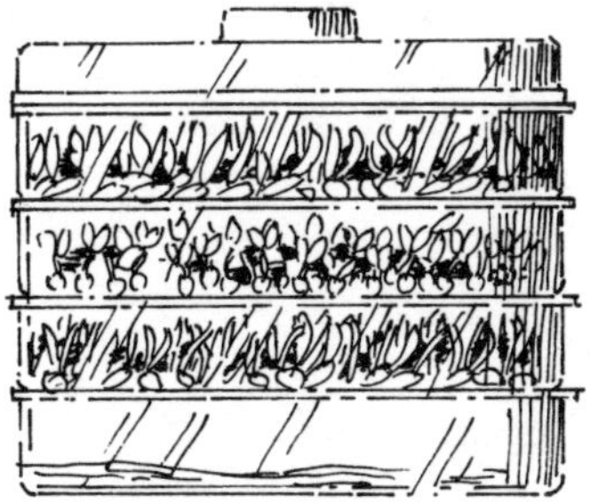

Genußfertig nach 2-5 Tagen

Das ganze Jahr über — vor allem aber in der Winterzeit — liefert uns gekeimtes Korn frische Vitamine ins Haus. Auch Sie sollten sich dazu entschließen, Getreide zu keimen. Sie ergänzen damit Ihren lebensnotwendigen B- und E-Vitaminbedarf. Und Sie haben so frische Kost auf dem Tisch wie durch kaum ein anderes Nahrungsmittel, mit erheblichen pflanzlichen Eiweißmengen, ungesättigten Fettsäuren und Mineralien. Dabei schmecken Keimlinge herrlich (denken Sie etwa an frische Kresse!), und das Keimen ist wirklich keine Hexerei.

Und zum Schluß ein paar kleine Kostproben auf Getreidebasis

REISAUFLAUF

1 Liter Milch
250 g Vollreis
6 Eßlöffel Butter
4 Eier
4 Eßlöffel Honig
3 Äpfel
etwas Zimt
Rosinen
Vollkornpaniermehl (Brösel)
Butter für die Auflaufform

Der gewaschene Reis wird mit einem Liter Milch und 2 Eßlöffel Butter zugestellt und so lange kochen gelassen, bis die Milch aufgesaugt ist. Nun die Masse etwas nachquellen lassen und abkühlen. Butter, Dotter und Honig schaumig schlagen, die gewaschenen Rosinen in die Reismasse untermischen, den steif geschlagenen Schnee unterziehen und nun die Masse in eine gefettete, mit Paniermehl (Brösel) bestreute Auflaufform füllen. Die blättrig geschnittenen Äpfel darauf legen und mit etwas Zimt bestreuen. Nun die zweite Hälfte der Reismasse darübergeben und bei mittlerer Hitze eine Stunde backen. Der Auflauf sollte so frisch wie möglich serviert werden, da er, je länger er steht, in sich zusammenfallen könnte.

PIZZA

Zutaten für den Teig:
150 g Quark (Topfen)
100 g Butter
2—3 Eßlöffel Milch
1 Ei
1 Teelöffel Kräutersalz
1 Teelöffel gemahlener Kümmel
300 g frisch gemahlender Weizen
1 Päckchen Backpulver

Die Butter schaumig rühren, Quark (Topfen), Milch, Ei und Salz einrühren. Mehl mit Backpulver versieben und daruntermengen. Mit der Hand weiterverarbeiten, bis geschmeidiger Teig entsteht. 1 Stunde im Kühlschrank rasten lassen. Danach ausrollen, auf ein befettetes Blech geben und belegen.

Für den Belag benötigt man:

2 Eßlöffel Vollkornsemmelbrösel (= Paniermehl)
1 Bund Schnittlauch
250 g Pilze
350 g Tomaten
1—2 Pfefferoni nach Schärfe
2—3 Oliven
1 Teelöffel Oregano
1 Messerspitze Paprika
1 Messerspitze Currypulver
geriebenes Bohnenkraut
125 g Appenzellerkäse

Der Pizzaboden wird nun mit Vollkornbrösel (= Paniermehl) bestreut, feingeschnittenen Pilzen, Tomatenscheiben belegt. Darauf kommen feingeschnittene Oliven und Pfefferoni, darüber feingehackten Schnittlauch und die Gewürze streuen. Zum Schluß mit grob geriebenem Käse abdecken. Bei 230 Grad im vorgeheizten Ofen auf mittlerer Schiene 30—35 Minuten backen.

HAFERFRIKADELLEN

150 g Haferflocken
1/2 Liter Milch
3 Eier
1 Eßlöffel Vitam-Gemüsebrühe
1 große Zwiebel
2 Eßlöffel Butter
2 Eßlöffel Petersilie
3 Eßlöffel Vollmehl
1 Teelöffel Backpulver
1 Teelöffel Oregano
Öl zum Herausbacken

Die Haferflocken werden mit heißer Milch begossen. Drei Stunden quellen lassen. Dann die Zwiebel feinschneiden und in Fett glasig anrösten. Petersilie daruntermischen, mit den Haferflocken gut vermengen, Oregano dazugeben und abschmecken. Die Eier verquirlen, mit den Haferflocken verrühren, Mehl hinzufügen, dann auch das Backpulver.
Lassen Sie den Teig noch eine halbe Stunde quellen. Mit angefeuchteten Händen kleine Frikadellen formen und in heißem Öl herausbacken. Am besten paßt dazu als Beilage gedünstetes Gemüse. Wer Frikadellen eher pikant liebt, soll durchaus noch etwas Currypulver dazumischen.

GERSTENFRIKADELLEN

(für 4 Personen)

400 g gemahlene Gerste
750 g Wasser
2 Kaffeelöffel Vitam-Gemüsebrühe
1 große Zwiebel
1 Knoblauchzehe
70 g Haselnüsse, leicht geröstet und gemahlen
frische, feingehackte Kräuter (Majoran, Schnittlauch, Liebstöckel, Selleriegrün, Basilikum), frisch geriebene Muskatnuß, Kräutersalz

Die kleingeschnittene Zwiebel mit der Gemüsebrühe aufkochen und die feingeschrotete Gerste einrieseln lassen. Dann alle Zutaten gut vermengen. Frikadellen formen und in nicht zu heißem Fett hellbraun braten.

WEIZENKEIMSALAT

6 Eßlöffel Weizenkeime
150 g Hüttenkäse oder frischer Topfen (Quark)
1 großer säuerlicher Apfel
150 g Feldsalat (Vogerlsalat)
2 Eßlöffel Zitronensaft
2 Eßlöffel Distelöl
Salz
Zitronenmelisse
30 g Nüsse, grob gehackt

Die Weizenkeime mit Hüttenkäse (oder Quark = Topfen) mischen; die Äpfel mit Schale in Scheiben schneiden, vierteln und zur Körndlmasse geben. Feldsalat (Vogerlsalat) waschen, putzen, marinieren. Körndl-Käsesalat anrichten, darüber den Feldsalat, die Zitronenmelisse und Nüsse locker verteilen.

GERSTENCREMESUPPE

30 g feingemahlene Gerste in 1/4 Liter kochende Gemüsebrühe einrühren. 10 Minuten leicht kochen lassen, mit gemahlenem Kümmel, Fenchel und etwas Kräutersalz würzen, 15 Minuten quellen lassen.
Diese Suppe langsam essen, gut einspeicheln. Gut bei Magenleiden.

Dreimal Müsli, einmal Kruska

FRISCHKORNMÜSLI NACH DR. BRUKER

Pro Person werden 3 Eßlöffel Weizen in der Getreidemühle oder einer Kaffeemühle geschrotet.
Das Mahlen sollte nach Möglichkeit jedesmal frisch vor der Zubereitung vorgenommen werden. Nicht auf Vorrat mahlen, Sie verlieren die biologische Qualität! Das Getreide wird mit Tafelwasser zu einem Brei gerührt und 5 bis 12 Stunden stehen gelassen. Die Wassermenge wird so berechnet, daß nach dem Quellen nichts weggegossen werden muß. Nach 5 bis 12 Stunden wird dieser Brei durch Zugabe von frischem Obst je nach Jahreszeit fertiggestellt, nach Möglichkeit mit einem frischgeriebenen Apfel, etwas Zitronensaft, 1 Teelöffel Honig (muß nicht sein; auch von Honig kann man Karies bekommen); 1 Eßlöffel Sahne oder Joghurt, geriebene Nüsse nach Art des Benner-Müslis. Gerade bei diesem Müsli ist es jedoch wichtig, daß das Ganze nicht wie ein Einheitsbrei aussieht, bei dem einem nach kürzester Zeit der Appetit vergeht. Es soll besonders appetitlich und attraktiv angerichtet werden. Wir essen nicht nur mit dem Mund, sondern auch mit den Augen und der Nase! Gerade für Müslis gibt es sehr viele verschiedene Rezepte, und jeder Vollwertkostfan hat seine eigenen Rezepte.

FRISCHKORNMÜSLI MIT TROCKENFRÜCHTEN

Pro Person zwei Eßlöffel Weizen, 1 Eßlöffel Gerste nehmen, grob schroten und mit dem Saft der Trockenfrüchte einweichen. Einige Zeit stehen lassen. Dann die vorbereiteten Trockenfrüchte beimengen, einen halben, frischen Apfel hineinreiben. Dazu kommen 2 Eßlöffel Joghurt und 1 Eßlöffel Nüsse nach Wahl. Alles vermengen und eventuell mit etwas süßer Sahne verzieren. Die Zutaten lassen sich auf den individuellen Geschmack abstimmen. (Pflaumen, Rosinen, Datteln, Feigen, Aprikosen, Pfirsiche usw. nach Wahl verwenden.)

BIRCHER-BENNER-MÜSLI

Zwei Eßlöffel Haferflocken eine halbe Stunde in rund fünf Eßlöffel Wasser einweichen. Einen Eßlöffel geriebene Mandeln, Haselnüsse oder Sonnenblumenkerne dazugeben, 200 g Äpfel hineinreiben und vermischen. Je nach Geschmack mit Honig süßen. Eventuell Leinsamen oder Hirseflocken beimengen. Ein Frühstücksmüsli, an das man sich schnell gewöhnt.

KRUSKA NACH WIENER ART

Zutaten pro Person:
1/8 Liter Saft eingeweichter Trockenfrüchte
je 1 Eßlöffel Weizen- und Gerstenschrot
3 Eßlöffel Trockenfrüchte
1 Eßlöffel Hafer
1 Eßlöffel Hirseflocken
etwas Frischmilch
1/2 Apfel (gerieben)
eventuell frische oder tiefgekühlte Beeren und geriebene Nüsse

Weizen- und Gerstenschrot im Saft der Trockenfrüchte zwei bis drei Minuten aufkochen. Wasser beigeben, wenn die Masse zu dick werden sollte. Nach drei bis fünf Minuten die Trockenfrüchte hinzufügen, nochmals aufwallen lassen und vom Feuer nehmen. Nun die Hafer- und Hirseflocken einrühren und in den dicken Brei etwas Milch gießen, den geriebenen Apfel und die Beeren beimengen. Mit Nüssen garniert servieren. Wer keine Beeren daheim hat, der möge Rohfruchtmarmelade verwenden.

Einige besonders köstliche Marmeladen

BROMBEER-ROHMARMELADE

Frische Brombeeren in der Kühltruhe einfrieren und nur jeweils jene Menge herausnehmen, die man gerade benötigt. Also 500 g Brombeeren auftauen und zur selben Zeit einen Kaffeelöffel Agar Agar in einem halben Liter Wasser kurz aufkochen. Die Brombeeren pürieren, mit etwas Honig süßen, das Agar-Agar-Wasser mit den Brombeeren vermengen und kalt stellen. Diese Früchterohmarmelade können Sie im Kühlschrank einige Tage aufheben. Im Tiefkühlfach hält die Marmelade noch viel länger. Der Vorteil dieser Zubereitungsmethode liegt auf der Hand: Wir erhalten damit die Wirkung der rohen Früchte, weil diese nicht erhitzt und damit beeinträchtigt wurden.

BROMBEERMARMELADE

1 Liter Beeren (möglichst frische, große Waldbrombeeren) waschen, zerdrücken und danach mit 500 g Honig unter ständigem Umrühren etwa 30 Minuten lang kochen.

VOGELBEER-FRUCHTMARMELADE

250 g gewaschene Äpfel
1000 g Vogelbeeren
700 g Honig
1 Eßlöffel Rum

Die Äpfel samt Schale und Kerngehäuse in Stücke schneiden, dann so hoch mit Wasser aufgießen, bis die Früchte gerade bedeckt sind. Weichkochen und durch ein Sieb passieren. Die Vogelbeeren mit Honig vermischen und zu der Apfelmasse geben. Unter ständigem Rühren 25 Minuten einkochen, bis das Mus richtig zäh wird. Sofort in vorbereitete Gläser füllen und auf jedes Glas einen Eßlöffel Rum gießen. Luftdicht verschließen und trocken aufbewahren.

Drei Aufstriche

BROTAUFSTRICH MIT QUARK (TOPFEN)

250 g Quark/Topfen
1 Zwiebel
Bärlauch

Man nimmt Quark (Topfen), vermengt ihn mit frisch-kleingehackter Zwiebel und gibt in gleicher Menge feingeschnittenen Bärlauch hinzu. Das Ganze gut durchmischen und als Brotaufstrich verwenden.

KRÄUTERBUTTER

150 g Butter
Dille
Schnittlauch
Boretsch
Zwiebel
Zitronensaft
Kräutersaft
Pfeffer

Schlagen Sie 150 g Butter cremig und vermengen Sie einen Eßlöffel Dille, Schnittlauch, feingehackten Boretsch, ebenso zerkleinerte Zwiebel, etwas Zitronensaft, eine Spur Kräutersalz und eine Brise Pfeffer mit der Butter. Gut durchkneten, zu einer Rolle formen und in Alufolie verpackt bis zum Verbrauch im Kühlschrank lagern. Die Butter eignet sich als Brotaufstrich, aber auch als Beigabe zu Grillgerichten.

KALORIENARMER BROTAUFSTRICH

(auch für Diabetiker geeignet). Quark, gehackte Zwiebel, Joghurt und zwei passierte harte Eier miteinander vermischen, mit Knoblauch, Basilikum, Majoran, Bohnenkraut, Senfkraut und Salz abschmecken.

Kalorienarmer Brotaufstrich (auch für Diabetiker)		Eiweiß	Fett	Kohlenhydrate	kcal	kjoule
750 g	Quark (Topfen)	129	4,5	13,5	607	2.540
200 g	Zwiebel	2,8	0,4	15,5	77	322
200 g	Joghurt	7,2	3,2	9,6	96	402
150 g	Eier	10,5	9,6	1,2	123	515
40 g	Knoblauch	2,4	—	11,2	53	222
2 TL	Basilikum	—	—	—	—	—
2 TL	Majoran	—	—	—	—	—
2 TL	Bohnenkraut	—	—	—	—	—
1 TL	Senfkraut	—	—	—	—	—
1 Prise	Salz	—	—	—	—	—
1390 g	Teiggewicht	151,90	17,70	51,10	956	4.001
100 g	Ausbackgewicht					
in 100 g	Gebackenem	10,86	1,27	3,68	68,80	288

1 BE = 53 g
Sämtliche Zutaten mischen und eine Stunde lang im Kühlschrank ruhen lassen.

Zwei Spezialitäten

SESAMKUGELN

3 Eßlöffel Sesam, 2 Eßlöffel Haferflocken in einer Pfanne trocken rösten. Anschließend mit 3 Eßlöffel Honig vermengen, daraus Kugeln formen und in geriebenen Pistazien rollen. Einen Tag trocknen lassen.
Eine andere Variation:
3 Eßlöffel Sesam, 3 Eßlöffel Haferflocken und 2 Eßlöffel geriebene Haselnüsse in einer Pfanne goldgelb rösten. Dann mit zwei Eßlöffel Orangensaft vermengen. Eventuell einen Spritzer Zitronensaft beifügen. Etwas Honig daruntermischen. Aus der Masse Kugeln formen. Diese in geriebenen Haselnüssen rollen und trocknen.

KRAFTKUGELN

Zutaten: Je 50 g eingeweichte Feigen, Aprikosen, Pfirsiche, Rosinen. Klein hacken und mit 50 g Haferflocken, 50 g geriebenen Nüssen, 50 g Birnex oder Honig vermengen. Den Saft einer Zitrone, 50 g angerösteten Sesam, 1 Messerspitze Piment dazumengen. Je nach Geschmack mit einigen Tropfen Rum aromatisieren. Aus dieser teigigen Masse Kugeln formen, diese in geriebenen Nüssen wälzen und einen Tag zum Trocknen stehen lassen. Kühl aufbewahrt, sind die Kugeln bis zu einer Woche problemlos haltbar.

Register

REZEPTE UND BACKHINWEISE

INDIKATIONEN